논리학 論理學

명제논리와 술어논리

손병홍 지음

LOGIC

장서원 도서출판

머리말

1998년 3월에 연역논리의 입문서인 「기초 논리학」의 초판이 출판된 후 세 번째 개정판인 「논리학-명제논리와 술어논리」가 발간되게 되었다. 우선 그 동안 관심을 가지고 필자의 책을 통해 논리학을 공부한 학생들을 포함한 독자들의 성원에 감사드린다.

필자가 저술한 최초의 논리학입문서인 「기초 논리학」은 논리학의 기본개념들과 명제논리만을 다룬 연역논리에 대한 기본적인 소개서이다. 이곳에서는 가장 기본적인 연역논리체계 중 하나인 술어논리가 다루어지지 않았다. 2002년에 발간된 「논리학」은 「기초 논리학」에서 다루어진 내용에 술어논리가 추가된 연역논리에 대한 본격적인 입문서라 할 수 있다. 명제논리와 술어논리를 본격적으로 다룬 「논리학」이 발간된 후 이 책을 통해 논리학을 공부한 독자들로부터 이 책이 안고 있는 문제점이나 보완해야할 점들에 대한 많은 의견들이 제시되었다. 「논리학」의 내용과 관련된 독자들의 의견들은 형식논리에 치우쳐 컴퓨터와 논리학의 관계 등 일상생활에서 적용될 수 있는 논리학의 유용성에 대한 설명이 부족하다는 점과 책의 내용에 대한 이해를 위한 연습문제의 양이 부족하다는 점 등으로 요약된다. 2009년에 발간된 두 번째 개정판은 이러한 문제점들을 보완하기 위하여 세 개의 장이 추가되었고, 명제논리와 논리학의 기본 개념들을 다룬 「논리학1」과 술어논리를 주로 다룬 「논리학 2」의 두 권으로 출판되었다. 완벽을 기하려 노력했지만 「논리학1」과 「논리학2」에서도 몇 가지 문제점이 발견되었다. 「논리학-명제논리와 술어논리」는 두 번째 개정판에 나타난 문제점들을 보완하려 시도한 연역논리를 위한 본격적인 입문서이다. 「논리학-명제논리와 술어논리」는 두 번째 개정판에 비해 몇 가지 큰 차이점을 드러내고 있다. 우선 명제논리와 술어논리를 별개의 책으로 나누어 다루었던 것을 하나의 책으로 묶었고 이 과정에서 「논리학1」의 13장과 「논리학2」의 1장을 "명제논리와 술어논리의 차이점은 무엇인가?"라는 제목의 장으로 통합하였다. 또한 정언명제들에 대한 현대적 해석과 관련된 '존재함축'에 대한 설명을 2부의 3장에 추가하였다.

완벽을 기하려 애썼지만 탈고한 지금 여전히 미진한 느낌을 지울 수 없다. 관심을 가진 독자들의 건전한 비판과 건설적인 의견을 기대하며 이러한 비판과 의견들을 계속해서 반영할 것을 약속드린다.

「논리학」의 머리말에서 밝혔듯이 필자가 논리학에 대한 입문서를 집필하게 된 이유는 20년 이상 논리학을 강의하면서 느낀 교재 선택의 어려움에 있다. 비록 최근에 발간된 논리학 교재들은 이전에 비해 눈부신 질적 향상을 보이고 있지만 여전히 대부분의 논리학 교재들은 그 다루는 내용이 방만하거나 체계적이지 못하여 논리학의 핵심적 내용들이 효과적으로 설명되지 못하고 있다는 인상을 주기 때문이다. 「논리학-명제논리와 술어논리」는 이러한 어려움을 극복하기 위한 하나의 시도라 할 수 있다.

주지된 사실로서 논리학은 형식적 체계화를 강조하는 연역논리와 귀납을 통한 귀납적 일반화를 강조하는 귀납논리로 대별되고, 연역논리는 다루는 주제나 특징에 따라 명제논리와 술어논리 외에도 관계논리, 양상논리, 인식논리, 규범논리, 시제논리, 다치논리, 적합논리, 자유논리 등 다양한 논리체계들로 구별된다. 이처럼 다양한 연역논리체계들이 있으나, 이들은 모두 가장 기본적인 연역논리체계인 명제논리와 술어논리를 기초로 하여 이들로부터 파생되었거나 확장된 논리체계들이라 할 수 있다. 이러한 이유로 명제논리와 술어논리는 기초논리 혹은 고전논리라 불리기도 한다.

「논리학-명제논리와 술어논리」의 집필 의도는 가장 기본적인 연역논리체계인 명제논리와 술어논리를 하나의 일관된 체계 속에서 조직적이고 효과적으로 설명하는 논리학 입문서를 저술하는 것이었다. 필자는 집필 과정에서 이러한 의도를 충족시키기 위해 노력했고 이러한 노력의 흔적은 이 책의 주요한 특징으로 곳곳에 나타나 있다고 자부한다.

「논리학 - 명제논리와 술어논리」를 통해 명제논리와 술어논리를 학습하게 될 학생들에게 참고 될 사항 두 가지만 언급하겠다.

첫째는 이 책에서는 '논리적 진실'이나 '진리함수적 진실', '양화적 진실' 사이의 개념적 차이를 구별하지 않고 있다는 점이다. 물론 '논리적 진실'이 다른 두 개념보다 포괄적인 개념이라는 차이는 있지만 진리함수적 진실의 문장이나 양화적 진실의 문장은 논리적 진실의 문장이므로 이 개념들 사이의 차이는 이 책에서의 설명에 영향을 끼치지 않는다. 또한 이 개념들 사이의 개념적 차이를 부각시키는 것은 하나의 일관된 체계 속에서 명제논리와 술어논리를 설명하는 데 장애가 될 수 있다는 판단이 이들 개념들을 구별하지 않은 큰 이유라 할 수 있다.

둘째는 앞에서 언급했듯이 이 책의 주된 특징은 명제논리와 술어논리의 핵심적 내용들에 대한 설명이 하나의 일관된 체계 속에서 이루어지고 있다는 점이다. 이러한 특징 때문에 각 장에서 다루어지는 내용들은 다른 장들의 내용들과 밀접한 관계를 가지고 있고 뒷장의 내용들에 대한 설명은 앞장에서 다루어진 내용들에 의존하고 있다. 따라서 이 책에 대한 효과적인 학습을 위해서는 선행하는 장들에서 다루어지는 내용들에 대한 충분한 이해가 요구된다. 또한 술어논리를 다룬 부분은 명제논리를 다룬 부분의 내용에 크게 의존하고 있다. 이러한 이유로 술어논리의 효과적인 학습을 위해서는 명제논리에 대한 충분한 이해가 전제되어야 한다.

끝으로 원고 정리를 도와준 아내와 장서원의 장석홍 사장에게 감사하며 이 책들이 논리학을 진지하게 공부하려는 학생들에게 작은 씨알의 역할을 할 수 있기를 바란다.

2007년 12월 춘천 봉의산 밑에서

손병홍

차 례

1부

논리학의 기본 개념들과 명제논리

1장 논리(Logic)란 무엇인가?

1) 논리(Logic)란 무엇인가?

일반적으로 논리학(Logic)은 철학의 한 분야로 간주되고 있다. 그러나 어원적으로 볼 때 논리학은 제반 학문이 학문이기 위해 필요한 공통 요소를 제공하고 있다고 할 수 있다. 심리학(Psychology), 사회학(Sociology), 인류학(Anthropology) 등과 같은 제반 학문에서 학문이나 이론 등을 의미하는 'logy'는 'logos'에서 유래한 것인데, 어원적으로 볼 때, 논리학은 'logos'의 학이기 때문이다.

실제로도 제반 학문이 학문으로 성립하기 위해서는 논리적인 요소가 필수적으로 요구되는 것으로 보인다. 학문에서 사용하는 추론과 논증에 대해 비판적 표준을 마련해 주는 역할을 하는 것이 논리학일 것이기 때문이다.

1.1) 논리학의 적용 범위는 어떠한가?

논리학의 적용 범위는 합리적인 탐구를 목적으로 하는 제반 학문만이 아니라 인간 생활의 모든 영역에 걸쳐 있다고 할 수 있다. 논리학에서 가장 중요하게 다루어지는 것이 논증인데 학문 영역만이 아니라 인간 생활의 거의 모든 부문에서 우리의 판단이나 의사 결정 등의 행위들은 논증에 근거하고 있다고 해도 과언이 아닐 것이기 때문이다.

과학과 같은 전통학문에서의 이론이나 학문적 주장들과 같은 학문행위들은 논증에 근거하고 있다. 한 예로 동물학에서의 '박쥐는 새가 아니라 포유동물이다'라는 판단은 조류와 포유동물에 대한 이론들을 전제로 유도된 결론이라 할 수 있다.

학문에서와 마찬가지로 일상생활에서 행해지는 대부분의 언어행위들도, 비록 많은 경우 숨겨진 형태이기는 하나, 논증의 형태를 취하고 있다. 한 예로 유명한 국가대표 축구선수가 페널티킥을 실축하는 것을 보고 축구경기를 관람하던 한 사람이 '괜찮아, 그럴 수도 있지' 라고 말했다면 그의 말은 '기계가 아닌 인간은 누구나 실수할 수 있다'는 일반론이나 페널티킥의 성공 확률에 대한 통계 자료와 같은 그가 가지고 있는 믿음들로부터 추론된 결론일 것이다. 또한 한 사람이 '그 커피숍의 커피 맛은 별로야' 라고 말했다면 그의 말은 그 커피숍에서 커피를 마셨던 과거의 경험들이나 주위 사람들로부터 들은 이야기로부터 추론된 귀납적 결론일 것이다.

1.2) 논리학은 어떤 역할을 하는가?

1.1)의 예들에서 보았듯이 제반 학문 활동을 포함한 인간 생활에서의 판단이나 주장과 같은 언어행위들은 논증에 근거하고 있다. 또한 2장에서 다루어지겠지만 논리학은 좋은 논증과 나쁜 논증을 구별하는 비판적이고 합리적인 표준을 제공한다. 따라서 논리학은 우리의 판단이나 주장이 근거하고 있는 논증을 평가하여 우리의 판단이나 주장들이 합리적이고 올바른 것인지 여부를 평가하며 동시에 우리가 올바르고 합리적인

판단을 할 수 있도록 비판적인 표준을 마련해 준다고 할 수 있다.

하나의 예를 통해 이에 대해 살펴보겠다.

a) 가평에 위치하고 있는 한 별장의 주인인 K씨가 살해당했는데 유력한 용의자로 A씨와 B씨가 지목되었다. A씨는 전과기록이 있는 험악한 범죄형 얼굴의 건장한 사나이인데 사건 당시 자동차로 두 시간 이상 걸리는 다른 곳에 있었다는 확실한 알리바이를 가지고 있었다. 반면에 B씨는 연약한 몸매의 순박하게 생긴 여학생이지만 사건 당시의 행적에 대해 설득력 있는 진술을 못하고 있다.

a)의 경우 두 용의자 중 한 사람을 범인으로 지목하기 위한 우리의 판단은 여러 가지 형태로 나타날 수 있다. 우선 A가 전과기록과 험악한 범죄형 얼굴을 가졌다는 것에 근거해 A가 범인이라고 판단할 수도 있다. 또한 유명한 점술인의 점괘에 따라 B를 범인이라고 판단할 수 도 있을 것이다. 끝으로 A는 확실한 알리바이를 가지고 있다는 것에 근거해 B를 범인이라고 지목할 수도 있을 것이다.

청부살인이나 공범의 경우를 제외한다면 a)의 경우에서 가장 합리적인 판단은 마지막 판단일 것이다. 앞의 두 판단은 A에 대해 우리가 가지고 있는 선입견이나 미신에 입각한 판단인데 비해 세 번째 판단은 '하나의 개체는 동시에 서로 다른 두 장소에 위치할 수 없다'는 원칙으로부터 도출된 결론이기 때문이다.

1.3) 논리학에 대한 정의는 어떠한가?

앞에서 우리는 논리학의 적용 범위와 역할에 대해 간략하게 살펴보았다. 여기서는 논리학에 대한 다양한 정의에 대해 살펴보겠다.

우리가 가장 흔하게 접하는 논리학에 대한 정의는 1.A)이다.

1.A) 논리학이란 사유의 형식과 법칙들을 다루는 학문이다.

그러나 정의 1.A)는 논리학에 대한 올바른 정의가 될 수 없다. 사유란 의식 행위의 일종으로 사유가 이루어지는 법칙에 대한 연구는 논리학이 아니라 심리학이 담당해야 할 것이기 때문이다. 또한 인간의 사유는 상상, 추리, 기억, 추론 등 여러 가지 범주로 나뉠 수 있다. 이들 다양한 사유 행위들 중에서 논리학과 밀접하게 관련되어 있는 것은 추론이라 할 수 있다. 따라서 다음의 1.B)는 1.A)보다 좋은 논리학의 정의라 할 수 있을 것이다.

1.B) 논리학이란 추론의 형식과 법칙들을 연구하는 학문이다.

정의 1.B)는 1.A)보다 나은 정의이나, 논리학에 대한 정확한 정의라고는 할 수 없다. 추론 자체는 여전히 의식 행위의 일종으로, 추론이라는 의식 행위가 어떠한 형식과 법칙에 따라 이루어지는 가를 연구하는 것은 논리학이 아니라 역시 심리학의 몫일 것이기 때문이다.

1.C) 논리학이란 올바른 추론(Correct Reasoning)과 올바르지 않은 추론을 구분해 내기위해 사용되는 방법들과 원칙들에 관해 연구하는 학문이다.

정의 1.C)는 *Introduction to Logic*에서 코피(Irving M. Copi)가 논리학에 대해 내린 정의이다. 1.C)는 1.A)와 1.B)보다 나은 논리학의 정의이다. 왜냐하면 논리학의 주된 기능은 완성된 논증이 타당한가의 여부를 결정하는 데에 있기 때문이다. 그러나 1.C)는 논리학을 오직 좋은 추론과 나쁜 추론을 구분하는 학문으로만 국한시키고 있고, 의식행위의 일종이라고 할 수 있는 추론이라는 개념에 의존하여 논리학을 정의하고 있다는 문제점을 내포하고 있다.

아리스토텔레스(Aristotle, B.C 384-322)로부터 계산해도 논리학은 2000년 이상의 역사를 가지고 있다. 또한 이 기간을 거쳐 논리학은 계승·변화·발전·확장되어 왔다고 말해도 과언이 아니다. 따라서 이처럼 다양하고 복잡한 양상을 함께 지닌 논리학을 몇 마디로 정의하려는 시도 자체가 무리일 것이다. 이러한 이유로 여기서는 이 책의 내용과 합치되며 동시에 비교적 온건한 방식으로 논리학의 정의를 제시하고자 한다.

1.D) 논리학이란 논증이나 명제들의 형식과 법칙들에 대해 연구하는 학문이다.

정의 1.D)에는 '논증'과 '명제'와 같은 설명되지 않은 새로운 개념들이 등장하고 있다. 이들에 대한 논의는 다음 장에서 다루어질 것이다.

1장과 관계된 문제들

1) 논리학과 자연과학과의 차이는 무엇인가?

2) 논리학의 필요성은 무엇인가?

3) 논리학의 적용 범위는 어떠한가?

2장 논증(Argument)이란 무엇인가?

2) 논증(Argument)이란 무엇인가?

하나의 논증이란 명제들로 구성된 집합이라 할 수 있다. 따라서 제목에서 제기한 문제에 답하기 위해서라도 논증을 구성하는 기본 요소인 '명제'라는 개념에 대한 설명이 필수적으로 요구된다.

2.1) 명제란 무엇인가?

일반적으로 명제란 '문장이 뜻하는 의미이다'라고 정의되고 있다. 그러나 여기서는 참이나 거짓으로 긍정되거나 부정될 수 있는 문장이 뜻하는 의미로 명제를 국한시켜 정의하고자 한다. 따라서 명제는 2.A)처럼 정의 될 수 있다.

2.A) 명제(Proposition)란 참이나 거짓일 수 있는 문장의 의미이다.

일부의 논리학자들은 '명제' 대신에 '진술(statement)'이라는 용어를 사용하고 있다. 그러나 대부분의 논리학자들은 논증을 구성하는 기본 요소로서 '명제'라는 개념을 선호하고 있다.

대표적인 예로 에이어(A. J. Ayer)는 문장과 진술, 그리고 명제라는 세 가지를 구분하고, 명제를 참이나 거짓일 수 있는 진술들의 부분집합이라고 규정하고 있다. 즉 그에 의하면 참이거나 거짓일 수 있는 것만이 명제이다. 따라서 이 책은 바로 에이어의 설명을 수용하고 있다고 할 수 있다.

2.2) 그렇다면 정의 2.A)에 따라, 명령문, 의문문, 감탄문 등은 그에 상응하는 명제를 가질 수 있는가?

명령문, 의문문, 감탄문에 상응하는 명제는 없다. 이들 문장들은 참이라고도 거짓이라고도 할 수 없기 때문이다.

a) 철수야, 창문을 열어라!

한 예로 a)에 상응하는 명제는 없다. a)는 명령문으로서 철수에게 일정한 행위를 요구하는 문장이기 때문에, 이 문장은 그 자체로서 참이라고도 거짓이라고도 할 수 없기 때문이다. 따라서 오직 직설문만이 상응하는 명제를 가질 수 있다.

2.3) 왜 문장이 아닌 명제를 논증의 기본적인 구성 요소로 택하는가?

논증의 기본 요소로서 '문장'이 아닌 '명제'를 취하는 여러 가지 이유들이 있다. 여기서는 이들 중 두 가지만을 제시하겠다.

우선 구체적인 문장들은 일정한 언어로 구성되어야 한다. 따라서 사용되는 언어에 따라 문장을 구성하는 기호들이 서로 다른 의미로 사용될 수 있고, 다른 기호들이 동일한 의미로 사용될 수도 있다.

b) 나는 너를 사랑한다.

I love you.
Ich liebe dich

한 예로 앞의 세 문장은 다른 기호들로 구성되어 있는 서로 다른 문장이지만 동일한 의미를 가지고 있다.

둘째로 한 언어에서 사용된 동일한 문장이 문맥이나 상황에 따라 다른 의미로 사용될 수 있다.

c) 철수와 영희는 지난 일요일에 도봉산에 갔다.

c)는 흔히 사용되는 문장이다. 그러나 c) 자체만으로는 c)의 의미가 파악될 수 없다. c)는 철수와 영희가 함께 지난 일요일에 도봉산에 갔다는 것을 의미하는 것으로 해석될 수도 있고, 또한 철수와 영희가 각자 따로 지난 일요일에 도봉산에 갔다는 것을 의미하는 것으로 해석될 수도 있기 때문이다. (문장 c)에 상응하는 명제는 정확하게 하나라고 해야 한다. 왜냐하면 c)를 발설한 당사자는 c)를 말함으로써 앞에 제시된 두 가지 중 하나를 나타내고자 의도했을 것이기 때문이다.)

d) 오늘 그는 미국에 갔다.

한 예로 d)는 그 자체로는 전혀 그 의미가 파악될 수 없는 문장이다. 그러나 우리가 d)를 발설한 사람과 장소 등을 포함한 d)와 관련된 상황들을 알게 되면, 우리는 d)의 의미를 파악할 수 있다. 따라서 d)의 의미로서 d)에 상응하는 정확히 하나의 명제가 있다고 할 수 있다.

2.4) 논증의 정의는 무엇인가?

앞에서 우리는 '논증은 명제들로 구성된 집합이다'라고 설명했다. 그러나 모든 명제들의 집합이 모두 논증이 될 수 있는 것은 아니다. 명제들의 집합들 중 일정한 관계가 성립하는 집합만이 논증으로 간주될 수 있다. 논증이기 위해서 성립해야만 하는 이 관계는 전제들과 결론 사이의 관계이다.

2.B) 하나의 논증의 전제(Premise)는 명제들의 집단인 논증의 한 구성 요소로서 그 논증을 구성하는 다른 명제를 지지하거나 증거로서 제시된 명제이다.

2.C) 하나의 논증의 결론(Conclusion) 이란 명제들의 집단인 논증의 한 구성 요소로서 그 논증을 구성하고 있는 다른 명제들로부터 지지받거나 다른 명제들을 증거로 삼고 있는 명제이다.

이제 2.B)와 2.C)를 이용하여 논증을 아래와 같이 정의내릴 수 있다.

2.D) 하나의 논증이란 전제들과 결론으로 구성된 명제들의 집합으로서 논리적으로 좋은 논증이기 위해서는 전제들과 결론 사이에 적절한 논리적 관계가 성립하여야 한다.

논증의 정의인 2.D)는 2·E)처럼 도식화될 수 있다.

2·E)

<table>
<tr><td>P1
P2
:
Pn
____
C</td><td>여기서 P1....Pn은 전제들이고 c는 결론이다. 또한 전제와 결론 사이의 수평선 위에 있는 것은 전제들이고, 수평선 아래에 있는 것은 결론이라는 것을 나타낸다. 그리고 전제들과 결론의 관계는 논리적 관계라 할 수 있다.</td></tr>
</table>

정의 2D)를 설명해 주는 하나의 예로서 다음의 논증 e)를 살펴보겠다.

e) 길동이는 죽을 것이다. 왜냐하면 생명이 있는 모든 것은 결국에는 죽을 것이고, 사람은 생명이 있고, 길동이는 사람이기 때문이다.

e)에서 첫 번째 문장인 '길동이는 죽을 것이다'가 이 논증의 결론이다. '왜냐하면' 이후에 나오는 문장은 '길동이는 죽을 것이다'라는 문장을 정당화시키기 위한 근거로 제시된 문장이기 때문이다. 따라서 e)는 f)처럼 도식화될 수 있다.

f) 생명이 있는 모든 것은 결국에는 죽는다.
사람은 생명이 있다.
길동이는 사람이다.
―――――――――――――――――
길동이는 죽을 것이다.

(*엄격하게 말하자면, f)의 전제는 하나이다. 필자는 논증 f)를 단순하게 도식화하기 위해 f)의 전제를 셋으로 나누어서 표현하였다.)

논증 f)는 세 개의 전제들과 하나의 결론으로 구성된 논증의 전형적인 예이다. 그러나 우리가 일상적으로 접하게 되는 많은 논증들이 모두 e)처럼 명확하고 간단하게 전제들과 결론으로 구별될 수 있는 것은 아니다. 대부분의 경우, 우리가 접하는 글 속에서 일정한 논증을 찾아내 그것을 전제와 결론으로 구별하는 작업은 일정한 훈련과 노력이 요구되는 작업이다. 성공적으로 이를 수행하기 위해서는 풍부하고 다양한 독서와 정밀한 분석이 필요하다.

2.5) 일상적인 글 속에서 논증을 구별해 그 전제와 결론을 구별해 내는 특별한 방법은 없는가?

앞에서 언급했듯이 정밀하고 분석적인 독서를 통한 훈련 이외에 이를 위한 왕도는 없다. 단지 전제와 결론을 나타내는 일정한 표현들의 예는 제시될 수 있다.

2.F) 결론을 나타내는 표현들: 그러므로 ~, 따라서 ~, 이런 연고로~

전제를 나타내는 표현들: 왜냐하면 ~, ~이므로, ~ 때문에

대체로 이러한 표현들의 앞이나 뒤의 공간에 나오는 문장들은 각기 전제와 결론이라 할 수 있다.

2.6) 논리적으로 좋은 논증이 되기 위해 요구되는 논리적 관계는 무엇인가?

앞에서 언급했듯이, 논리적으로 좋은 논증이기 위해서는 전제들과 결론 사이에 일정한 논리적 관계가 성립해야 한다. 그러나 좋은 논증이기 위해서 요구되는 논리적 관계가 모든 논증에 동일하게 적용되는 것은 아니다. 논증의 종류에 따라 전제와 결론 사이에 적용되는 논리적 관계는 달라질 수 있다. 여기서는 전제와 결론 사이의 논리적 관계를 크게 두 가지로 나누어 살펴보겠다.

2.G) 타당성의 관계 : 전제가 참이고 동시에 결론이 거짓일 가능성이 없는 관계 (전제를 참이라고 가정하면, 결론은 반드시 참이어야 한다.)

개연성의 관계 : 전제를 참이라고 가정했을 경우, 결론이 참일 가능성의 정도를 인정하는 관계

앞의 정의에 따르면, 타당성(Validity)의 관계는 정도를 인정하지 않는 반면에 개연성(Probability)의 관계는 정도를 인정하는 관계이다. 따라서 타당성의 관계가 성립하는 논증의 경우에 참인 전제들은 결론이 참임을 보증하는 반면에 개연성의 관계만이 성립하는 논증의 경우에는 전제들의 참이 결론의 참을 보증해 주지 못한다.

이제 2.G)에 따르면 논증들은 아래와 같이 네 가지로 구별될 수 있다.

2.H) 타당한 논증 : 전제들이 참이고 결론이 거짓일 가능성이 없는 논증

타당하지 않은 논증 : 전제들이 참이고 결론이 거짓일 가능성이 있는 논증

개연성이 높은 논증 : 전제가 참이라고 가정하면 결론도 참일 가능성이 높은 논증

개연성이 낮은 논증 : 전제가 참이라고 가정하면 결론이 참일 가능성이 낮은 논증

정의 2.G)에서 보았듯이 논리적으로 좋은 논증이기 위해서 전제와 결론 사이에 성립해야 하는 논리적 관계는 타당성의 관계와 개연성의 관계로 나뉠 수 있다. 논리학자들은 타당성의 관계를 연역논증에서 요구되는 논리적 관계로, 개연성의 관계를 귀납논증에서 요구되는 논리적 관계로 구분하고 있다. 이 구분에 따르면, 타당한 연역논증에서는 전제들이 참이면 결론도 반드시 참이어야 한다. 즉 타당한 연역논증은 전제들의 참이 결론이 참임을 보증해 주는 논증이다.

이에 반해서 귀납논증은 전제들의 참이 결론이 참임을 보증해 주지 못하는 논증이다. 개연성이 높은 귀납논증의 경우에는 전제가 참일지라도 결론이 거짓일 가능성이 항상 존재한다. 따라서 모든 귀납논증은 연역적으로 타당하지 않은 논증이라 할 수 있다.

머리말에서 언급했듯이 이 책은 연역논리에 속하는 명제논리와 술어논리에 대한 연구를 목적으로 하고 있다. 따라서 이 책에서 주로 다루어질 논증과 관련된 논리적 관계는 타당성의 관계이다.

2.7) 전제들이나 결론이 실제로 거짓이면서도 타당한 논증일 수 있는가?

논리적으로 좋은 논증이기 위해서 성립해야만 하는 타당성의 관계는 전제들이나 결론이 실제로 참이냐의 여부와는 전혀 관계가 없다. 따라서 전제나 결론이 실제로 거짓이면서도 타당한 논증일 수 있다.

수년간 논리학을 강의하면서 논리학을 접하는 많은 학생들이 2.7)과 관련하여 혼란을 겪고 있다는 것을 느꼈다. 따라서 2.7)에 대한 답변을 명백하게 하기 위해 타당한 논증의 정의를 다시 살펴보겠다.

2.H)에서 보듯이 '타당한 논증은 전제들이 참이고 결론이 거짓일 가능성이 없는 논증'이다. 그러나 이 정의에서의 '참'과 '거짓'은 전제나 결론이 '실제로 참'이나 '실제로 거짓'이라는 뜻으로 사용된 것이 아니라 단지 한 논증이 타당하기 위해서는 전제들이 참이면서 결론이 거짓일 가능성이 없어야 한다는 것을 나타내고 있는 것이다. 따라서 전제들이 실제로 참이 아닐지라도 만약 우리가 전제들을 참이라고 가정하면 이 가정 하에서 결론이 반드시 참이어야만 하는 논증일 경우, 그 논증은 타당한 논증인 것이다.

즉, 하나의 논증에서 타당성의 관계가 성립하느냐의 여부는 전제들이나 결론이 실제로 참이냐의 여부와 관계없이 결정될 수 있고, 한 논증이 타당하다는 것으로부터 우리가 알 수 있는 것은 참인 전제들로부터는 거짓인 결론이 도출될 수 없다는 것이다.

g) P1) 사자는 초식동물이거나 양서류이다.
P2) 사자는 양서류가 아니다.

C) 사자는 초식동물이다.

P1)과 P2)의 두 개의 전제들과 하나의 결론 C)로 구성되어 있는 논증 g)는 논리적으로 좋은 논증이기 위해서 성립해야 하는 타당성의 관계를 만족시키고 있다. P1)과 P2)를 모두 참이라고 가정하면, C)는 반드시 참이어야 하기 때문이다. 따라서 논증 g)는 타당한 연역논증이다.

타당성에 대한 우리의 정의에 따르면, 비록 논증 g)는 타당한 논증이지만 상식적으로 볼 때, 논증 g)는 좋은 논증이라 할 수 없다. 왜냐하면 결론인 C)(사자는 초식동물이다)는 명백한 거짓이기 때문이다. 그러나 결론인 C)가 실제로 거짓인 이유는 전제인 P1)이 거짓이기 때문이지, 논증 g)가 논리적으로 좋은 논증이기 위한 조건인 타당성의 관계를 만족시키지 못하기 때문이 아니다.

논증과 관련해서 논리학은 주로 전제와 결론 사이의 관계를 연구하는 학문이지, 논증을 구성하는 개개의 명제가 실제로 참이냐의 여부를 다루는 학문이 아니다. 개개의 명제가 실제로 참이냐의 여부는 논리학이 아닌 경험과학 등에서 다루어져야 한다. 따라서 논증 g)는 상식적으로 좋은 논증이라고 할 수는 없지만 논리적으로는 좋은 논증이다.

2.I) 거짓 정보(입력)	참 정보(입력)
⇩	⇩
컴퓨터	컴퓨터
⇩	⇩
거짓 정보(출력)	참 정보(출력)

거짓 전제들	참인 전제들
________ 논리적 관계	________ 논리적 관계
거짓 결론	참인 결론

타당성과 관련된 논리학의 이러한 특성은 컴퓨터에 비유하여 설명될 수 있다. 만약 우리가 한 컴퓨터에 옳은 정보를 입력했는데도 컴퓨터가 거짓 정보를 출력하게 되었다면, 그 컴퓨터는 분명 잘못된 컴퓨터이다. 그러나 만약 우리가 잘못된 정보를 컴퓨터에 입력하여 컴퓨터가 거짓 정보를 출력하게 되었다면 그 컴퓨터는 아주 정상적인 정보 처리를 수행한 것이므로 출력된 거짓 정보의 책임을 그 컴퓨터에게 돌릴 수는 없을 것이다. 실제로 거짓인 결론을 가진 타당한 논증은 거짓 정보를 입력받은 컴퓨터와 유사하다고 할 수 있다.

이처럼 논리적으로 옳은 논증이기 위해 요구되는 타당성의 관계는 참인 전제들로부터 거짓인 결론이 도출될 가능성을 배제하는 역할을 하며, 전제들과 결론이 실제로 참이냐의 여부와는 무관하게 성립한다. 따라서 전제들과 결론이 모두 실제로 참이면서도 타당하지 않은 논증이 있을 수 있고, 전제와 결론들이 모두 실제로 거짓인 타당한 논증도 있을 수 있다.

h) 미국의 수도는 워싱턴이다.
클린턴은 미국의 대통령이다.

L.A는 매우 큰 도시이다.

i) 보아는 장동건보다 키가 크다.
장동건은 마이클 조던보다 키가 크다.

보아는 마이클 조던보다 키가 크다.

논증 h)에서 전제들과 결론은 모두 실제로 참이다. 그러나 h)는 타당한 논증이 아니다. 반면에 i)는 전제들과 결론이 모두 실제로는 거짓이지만 타당한 논증이다.

2.8) 구체적으로 제시된 논증의 타당성 여부를 결정하는 방법은 무엇인가?

2.G)에 제시된 타당성의 정의에 따라 한 논증의 타당성 여부가 결정되어야 한다. 타당성의 정의에 따르면, 전제들이 모두 참이고 결론이 거짓일 가능성이 없다면 그 논증은 타당한 논증이고, 그러한 가능성이 있다면 타당하지 않은 논증이다. 따라서 한 논증의 타당성 여부를 결정하기 위한 다음과 같은 방법이 사용될 수 있다.

2.J) 논증의 타당성 결정 방법

i) 논증의 전제들이 모두 참이라고 가정하라. (즉, 전제들이 모두 참일 수

있는 가능 세계(상황)를 상상하라.)

ii) 전제들이 모두 참인 상황에서 결론이 모순 없이 거짓일 수 있는가를 살펴보라. (즉, 전제들이 모두 참이면서 결론이 거짓일 수 있는 가능세계(상황)를 상상하라.)

iii) 만약 전제들이 모두 참이면서도 결론이 거짓일 수 있으면 그 논증은 타당하지 않은 논증이고, 그럴 수 없으면 그 논증은 타당한 논증이다. (즉, 전제들이 모두 참이고 결론이 거짓인 가능세계(상황)를 모순 없이 상상할 수 있으면 그 논증은 타당하지 않다.)

2J)를 이용하여 논증 h)와 i)의 타당성 여부를 살펴보자. 논증 h)의 경우, 전제들이 모두 참이지만 결론이 거짓인 상황을 쉽게 상상할 수 있다. (L.A에 큰 지진이 발생하여 L.A시 자체가 지상에서 사라졌을 수도 있다.) 따라서 h)는 타당하지 않은 논증이다.

논증 i)의 경우, 전제들이 참이면서 결론이 거짓인 상황이 상상될 수 없다. 보아가 장동건보다 크고, 장동건이 마이클 조던보다 크다고 가정하면 반드시 보아가 마이클 조던보다 클 것이기 때문이다.

2.9) 타당한 논증은 논리적으로는 좋은 논증이지만 타당한 논증이 모두 실제로 유익하고 훌륭한 논증은 아니다. 그렇다면 상식적으로 또한 실제로 좋은 논증이라고 할 수 있는 논증은 어떤 논증인가?

논증의 타당성 여부는 전제들과 결론이 실제로 참이냐의 여부와 관계없이 결정될 수 있으므로 타당한 논증이 모두 실제로 좋은 논증은 아니다. 한 논증이 실제로 좋은 논증이기 위해서는 그 논증은 건전한 논증이어야 한다.

2.K) 한 논증이 건전한 논증이기 위해서는 그 논증은 아래의 두 가지 조건들을 만족시켜야 한다.

i) 타당하거나 개연성이 높다.

ii) 전제들과 결론이 모두 실제로 참이다.

2.K)에 따르면, 한 논증이 건전하면 그 논증은 타당하거나 개연성이 높은 동시에 전제들이 모두 실제로 참이다. 따라서 건전한 논증은 논리적으로 좋은 논증인 동시에 전제들이 실제로 참이며, 결론도 실제로 참인 논증이다. 그러므로 건전한 논증의 경우, 참인 전제들로부터 참인 결론이 논리적으로 좋은 논증이기 위해 요구되는 논리적 관계에 따라 추론되었으므로 건전한 논증은 일상적으로 유익하고 실제로 좋은 논증이다. 그러나 앞에서 언급했듯이 논리학은 명제들이 실제로 참이냐의 여부와는 무관한 학문이다. 따라서 논증의 건전성 여부는 이 책에서 중시되어 다루어지지 않을 것이다.

2.10) 타당성의 정의는 과연 논리적으로 좋은 논증에 대한 우리의 직관과 합치하는가?

2.G)에 따르면, 전제들이 모두 참이고 결론이 거짓일 가능성이 없는 논증은 모두 타당한 논증이다. 즉, 타당성의 정의는 참인 전제들로부터 거짓인 결론이 도출될 가능성을 배제하는 역할을 하는 것에 불과하다고 할 수 있다.

일부의 논리학자들은 타당성의 정의의 이러한 특징이 상식적으로 용납될 수 없는 논증을 논리적으로 좋은 논증의 범주에 속하게끔 한다고 2.G)와 같은 타당성의 정의를 비판하고 있다. 이들의 비판에 대해서 살펴보기 위해 아래의 논증 j)를 고찰해 보자.

j) P1) 길동이는 남자이다.
   P2) 길동이는 남자가 아니다.
   ____
   C) 지구는 둥글다.

논증 j)에서 P1)이나 P2)는 C)와는 전혀 무관한 명제들로서 상식적으로 볼 때, C)를 지지하거나 C)에 대한 증거로서 제시된 것이라고 할 수 없을 것이다. 따라서 우리의 상식적 직관에 따르면 논증 j)에서의 P1), P2)와 C)사이에는 논증이기 위한 기본적인 논리적 관계조차 성립하지 않는 것으로 보인다. 왜냐하면 P1)이나 P2)가 C)를 지지하거나 C)의 증거로서 제시된 것이라 할 수 없다면, P1)이나 P2)를 C)의 전제라 할 수는 없을 것이기 때문이다.

그러나 타당성의 정의인 2.G)에 따르면, j)는 타당한 논증이다. j)에서 P1)과 P2)는 서로 모순관계에 있는 명제들이다. 즉, P1)이 참이면 P2)는 반드시 거짓이고, P1)이 거짓이면 P2)는 반드시 참이어야 한다. 따라서 논증 j)에서 P1)과 P2)가 모두 참일 가능성은 존재하지 않는다.

이러한 결과를 2.G)에 적용하면 논증 j)는 타당한 논증이다. 왜냐하면 P1)과 P2)가 모두 참일 가능성이 없으므로 전제들(P1, P2)이 모두 참이고 결론(C))이 거짓일 가능성(타당하지 않음을 보여 주는 가능성)은 없기 때문이다.

앞에서 보았듯이 타당성의 정의를 논증 j)와 같은 논증에 적용하였을 경우, 그 결과는 논리적으로 좋은 논증에 대한 우리의 상식적 직관과 상충되는 것처럼 보이고, 이러한 이유 때문에 일부의 논리학자들은 2.G)와 같은 타당성의 정의를 비판하고 있다. 사실상 2.G)와 같은 타당성의 정의가 논리적으로 좋은 논증이기 위한 기준이 될 수 있는가의 문제는 철학적·논리학적으로 논란의 대상이 되고 있다.

여기서 필자는 타당성의 정의와 관련해 어느 한 쪽을 옹호하는 입장에서 있지는 않다. 그러나 논증 j)의 전제들이 결론과 전혀 무관한 것이 아니게끔 논증 j)를 재구성하려는 시도가 있었다는 것을 언급하고자 한다. 20세기 초의 한 논리학자(C. I. Lewis)는 논증 j)가 아래와 같이 재구성될 수 있다고 보았다.

k) P1) 길동이는 남자이다.

P1') 길동이는 남자이거나 지구는 둥글다.

P2) 길동이는 남자가 아니다.

C) 지구는 둥글다.

논증 k)는 논증 j)에 없는 P1')가 추가된 세 개의 전제들로 구성된 논증이다. 루이스에 의하면, P1')는 P1)으로부터 연역적으로 유도되는 명제이기 때문에 논증 j)에 P1')를 추가하는 것은 정당화될 수 있다.

l) P1) 길동이는 남자이다.

P1') 길동이는 남자이거나 지구는 둥글다.

논증 l)은 타당한 논증이다. 따라서 만약 우리가 루이스의 의견을 받아들인다면, P1')는 P1) 으로부터 연역적으로 유도된 결론으로서 새로운 전제로 추가될 수 있고, 이 경우 P1')가 추가된 논증 k)는 전제들이 결론과 전혀 무관한 논증이라고 할 수 없다. 결론인 C)는 전제들인 P1')와 P2)와 밀접하게 관련되어 있고, 이들로부터 직접적으로 유도된 결론이기 때문이다.

앞에서 보았듯이 타당성의 정의는 논증 j)와 같은 논증과 관련해서 숙고해야 할 문제점을 남기고 있다. 논리학 입문서인 이 책에서는 이 문제와 관련한 철학적·논리학적 문제는 더 이상 다루지 않을 것이다. 또한 다른 논리학 입문서와 마찬가지로 타당성의 정의 2.G)는 논리적으로 좋은 논증의 기준으로 사용될 것이다. 따라서 우리의 기준에 따르면, 논증 j)는 타당한 논증이고 논리적으로 좋은 논증이다.

2장과 관계된 문제들

1) 감탄문, 명령문, 의문문 이외에 상응하는 명제를 가질 수 없는 문장의 종류는 없는가?

2) 2.3)에서 제시된 두 가지 이유 이외에 문장 대신에 명제가 논증을 구성하는 기본 요소로 사용되어야 하는 다른 이유들을 찾아내라.

3) 아래 논증이 타당한가의 여부를 2.J를 사용하여 결정하라.

지금까지 계속해서 해는 동쪽에서 떴다.

내일도 해는 동쪽에서 뜰 것이다.

4) f),g),h),i)의 타당성과 건전성 여부를 결정하라.

5) 논증 j)의 결론을 어떤 다른 명제로 바꾸어도 그 논증이 타당한가?

6) 타당한 논증은 모두 실제로 좋은 논증인가?

7) '논리학은 형식에 관한 학문이다'라는 표현의 의미는?

3장 실제로 좋은 논증이란 무엇인가?

3) 실제로 좋은 논증이란 무엇인가?

2.9)에서 우리는 실제로 좋은 논증이기 위해서는 그 논증이 건전한 논증이어야 한다는 것에 대해 배웠다. 따라서 일상생활에서 우리가 흔히 접하게 되는 논증이 유익하고 좋은 논증인가는 그 논증이 건전한 논증인가의 여부에 달려 있다고 할 수 있다.

3.1) 일상생활에서 접하는 구체적 논증의 평가 기준은 무엇인가?

실제로 좋은 논증은 논리적으로 좋은 논증이고 동시에 전제들이 모두 실제로 참이어야 한다. 그러나 한 논증이 논리적으로 좋은 논증인가의 여부는 논증의 종류에 따라 다른 기준으로 평가되어야 한다. 즉, 한 논증이 논리적으로 좋은 논증인지의 여부는 연역논증의 경우 타당성 여부에, 귀납논증의 경우 개연성의 정도에 달려 있다. 따라서 구체적인 논증의 평가 방법은 아래의 3.A)처럼 정리될 수 있다.

3.A) 구체적 논증이 실제로 좋은 논증인가를 평가하는 방법

i) 연역논증인지 귀납논증인지를 구분하라.

ii) ① 연역논증일 경우 타당한가의 여부를 판단하라.

② 귀납논증일 경우 개연성이 높은가를 판단하라.

iii) 전제들이 실제로 참인가를 판단하라.

3.A)에 따르면 2장의 논증 f)는 타당한 연역논증이고 전제들이 실제로 참이므로 실제로 좋은 논증이다. 반면에 2장의 논증 g)는 타당한 연역논증이지만 첫 번째 전제인 '사자는 초식동물이거나 양서류이다'가 실제로 거짓이므로 실제로 좋은 논증이 아니다.

3.2) 전제들 중 일부나 결론이 생략된 논증은 어떻게 평가하는가?

앞에서 본 2장의 f)와 g)처럼 전제들과 결론이 명확하게 언급된 논증의 경우 3.A)에 따라 실제로 좋은 논증인가의 여부가 판정될 수 있다. 그러나 일상생활에서 우리들이 흔히 접하게 되는 많은 논증들의 경우 전제들 중의 일부나 결론이 생략되거나 명확하지 않게 기술된 것을 흔히 접하게 된다. 이럴 경우 3.A)에 따라 실제로 좋은 논증인가를 판단하기 위해서는 생략된 전제나 결론을 우리 스스로 찾아내거나 명확하지 않게 기술된 것을 명확하게 재 기술해야 한다. 한 예로 가정주부 갑순씨가 평일 오후 2시경에 자신이 자주 들리는 A백화점의 주차장을 보고 아래 a)처럼 말했다고 하자.

a) 주차장이 텅 비어 있는 것을 보니 이 백화점은 오늘 문을 열지 않았을 것이다.

a)는 논증의 형태를 갖추고 있다. '주차장이 텅 비어 있다'는 사실이 '이 백화점이 오늘 문을 열지 않았으리라'는 판단의 증거로 사용되고 있기 때문이다. 따라서 a)는 a')의 형태를 갖춘 논증이라 할 수 있다.

a') P1) A백화점 주차장이 텅 비어 있다.

C) A백화점은 오늘 문을 열지 않았다.

a')는 그 자체로서는 타당한 논증이 아니다. 그러나 갑순씨가 P1)으로부터 결론 C)를 도출해 내는 데에는 갑순씨의 과거의 경험이 일정한 역할을 했을 것이다. 아마도 갑순씨는 평일 오후 2시경에는 A백화점 주차장이 차들로 가득 차고 백화점도 고객들로 가득 찼었다는 경험들을 가지고 있을 것이고, 이 경험들이 오늘 A백화점의 주차장이 텅 비었다는 사실과 함께 결론 C)를 도출하는 역할을 했을 것이다. 따라서 갑순씨의 논증 a')는 a")처럼 재구성되어야 한다.

a") P1) 평일인 오늘 오후 2시에 A백화점의 주차장에 차들이 정차되어 있지 않다.

P2) 오늘 A백화점이 개장되어 있다면 오후 2시경 A백화점의 주차장은 차들이 많이 정차되어 있을 것이다.

C) 오늘 A백화점은 문을 열지 않았다.

a")는 타당한 논증이다. 또한 갑순씨의 예를 실제로 벌어진 일이라 가정할 경우 a")의 전제 P1)과 P2)는 실제로 참이라 할 수 있을 것이다. 따라서 a")는 3.A)에 따라 실제로 좋은 논증이라 할 수 있다.

a)에서 볼 수 있듯이 일상생활에서 접하는 논증의 경우에 전제가 너무 당연하거나 상황이나 문맥을 통해 파악될 수 있을 경우 그 전제는 생략될 수 있다. 이 경우 3.A)에 따라 그 논증을 평가하기 위해서는 그 생략된 전제들을 찾아내고 명확히 기술해야 한다. 하나의 전제가 생략되고 결론이 불명확한 다른 예를 살펴보겠다.

b)

b)에서 의사는 논증을 하고 있다. 의사의 논증의 결론은 두 번째 컷이고 세 번째와 네 번째 컷은 전제의 역할을 하고 있다. 의사의 논증은 c)처럼 정리될 수 있다.

c) P1) 만약 그가 몸을 씻으면 그는 물을 오염시킨다.
P2) 만약 그가 몸을 씻지 않으면 그는 공기를 오염시킨다.

C) 우리는 생태학적 상황(문제)에 직면해 있다.

c)에서는 하나의 전제가 생략되어 있고 결론이 명확하게 기술되어 있지 않다. 우선 c)의 결론 C)는 명확하게 기술되어 있지 않다. 우리가 직면한 생태학적 문제가 무엇인지 직시되지 않고 있기 때문이다. c)의 전제 P1)과 P2)를 고려할 때 우리가 직면한 생태학적 문제는 물의 오염이나 공기의 오염이다. 따라서 c)의 결론은 c')에서의 C)처럼 명확히 기술되어야 한다.

c') P1) 만약 그가 몸을 씻으면 그는 물을 오염시킨다.
P2) 만약 그가 몸을 씻지 않으면 그는 공기를 오염시킨다.

C) 그는 물을 오염시키거나 공기를 오염시킬 것이다.

c')의 P1)과 P2)로부터 직접적으로 결론 C)가 연역적으로 도출되지 않는다. c')에서 전제들로부터 C)가 유도되기 위해서는 '그는 몸을 씻거나 씻지 않을 것이다'라는 전제가 요구되기 때문이다. 새로운 전제를 추가 할 경우 c')는 c")처럼 기술되어야 한다.

c") P1) **만약 그가 몸을 씻으면 그는 물을 오염시킨다.**
P2) **만약 그가 몸을 씻지 않으면 그는 공기를 오염시킨다.**
P3) **그는 몸을 씻거나 씻지 않을 것이다.**

C) **그는 물을 오염시키거나 공기를 오염시킬 것이다.**

만화에서의 상황이 실제의 상황이라 가정하면 생략된 전제가 추가되고 결론이 명확하게 기술된 의사의 논증 c")는 타당한 논증이다. 그러나 c")가 실제로 좋은 논증이라고 하기는 어려울 것 같다. 만화에서 주인공의 몸이 더러워서 냄새가 나는 것은 자연 속에서 지내면서 자연적으로 발생한 것이므로 만화에서의 주인공이 몸을 씻지 않는 것이 전체 대기를 오염시킬 것이라는 주장은 과장된 주장일 것이기 때문이다.

3.3) 복잡한 일반 논증에 대한 평가는 어떻게 이루어지는가?

a)와 b)와 같은 논증에 대한 평가에서 보았듯이 일상생활에서 접하게 되는 논증이 간단한 논증형식으로 구성되었을 경우 생략된 전제나 결론을 찾아내거나 불명확한 명제들을 명확하게 재 기술함에 의해 그 논증이 실제로 좋은 논증인지의 여부를 판단할 수 있다. 그러나 신문의 사설 등에서 흔히 볼 수 있듯이 일상적으로 접하게 되는 논증들의 대부분은 간단한 논증형식으로 구성된 것이 아니라 여러 논증들이 함께 사용된 복잡한 형태이다. 이처럼 복잡한 논증들의 경우 그 논증이 실제로 좋은 논증

인가를 판단하기 위해서는 사용된 논증형식을 모두 찾아내야 한다. 구체적인 예를 통해 이를 살펴보겠다.

d) 바닷가에 사는 A 라는 어부는 동일한 구조와 재질 그리고 동일한 모양을 가진 두 척의 배를 사들여 한 척은 북한강호로 다른 한 척은 남한강호로 명명했다. 선원을 구하기 힘든 사정 때문에 A는 두 척 중 오직 북한강호만을 사용하고 남한강호는 포구에 정박시켜 놓았다. 북한강호만을 사용하여 조업행위를 하였기 때문에 북한강호를 구성하고 있는 부분들이 낡고 고장 나게 되었고, 이에 따라 A는 북한강호의 고장난 부분을 남한강호에서 떼어내서 대체하고 남한강호의 떼어낸 부분은 북한강호에서 떼어낸 부분으로 대체하였다. 이러한 과정을 통해 결국에는 북한강호를 구성하는 모든 부분들은 남한강호의 부분들로 대체되었고 남한강호를 구성하는 모든 부분들은 북한강호를 구성하고 있는 부분들로 대체되었다. 이 경우 A가 배 두 척을 사들인 시간을 To이라 하고 두 척의 배의 부분들이 완전히 서로 교체된 시간을 Tn이라 하면 To에서의 북한강호는 Tn에서의 어느 배와 동일한 배인가? 이 질문에 대해 "To에서의 북한강호는 Tn에서의 북한강호와 동일하다."고 답변하면 이 답변은 To에서의 북한강호는 Tn에서의 북한강호와 전혀 다른 부분들로 되어 있다는 사실과 상충된다. 반면에 "To에서의 북한강호는 Tn에서의 남한강호와 동일한 배이다"라는 답변은 T1, T2의 시간을 거쳐 Tn에 이르기 까지 북한강호의 하나의 부분들이 교체될 때마다 우리는 그 배를 북한강호라고 부르며 동일한 하나의 배로 취급해 왔다는 사실과 상충된다.

d)는 시공 속에서 끊임없이 변화하는 개체들이 시간의 경과에 따라 야기하는 철학적 문제를 하나의 예를 통해 나타낸 것이다. d)처럼 비교적 긴 지문으로 구성된 논증이 실제로 좋은 논증인가를 판단하기 위해서 제일 먼저 착수해야 할 일은 이 글의 결론을 찾아내는 것이다. 이 글에서 d)의 저자는 To에서의 북한강호를 Tn에서의 북한강호라 하는 것도 Tn에서의 남한강호라 하는 것도 문제가 있다는 주장을 하고 있다. 또한 저자는 'To에서의 북한강호는 Tn에서의 북한강호와 동일하다'는

대답은 To에서의 북한강호는 Tn에서의 남한강호와 전혀 다른 성분으로 구성되어 있다는 사실과 상충된다는 것과 'To에서의 북한강호는 Tn에서의 남한강호와 동일하다'는 대답은 To에서의 북한강호는 To에서 Tn에 이르기 까지 남한강호로 간주되지 않았다는 사실과 상충된다는 것을 자신의 주장의 근거로 삼고 있다. 이렇게 볼 때 d)의 논증은 개략적으로 e)처럼 정리될 수 있다.

e) P1) 'To에서의 북한강호는 Tn에서의 북한강호와 동일한 배이다'라 는 주장은 To에서의 북한강호와 Tn에서의 북한강호는 전혀 다른 성분으로 구성되었다는 사실과 상충된다.

P2) 'To에서의 북한강호는 Tn에서의 남한강호와 동일한 배이다'라 는 주장은 To에서의 북한강호는 To에서 Tn에 이르기까지 남한강호로 간주되지 않았다는 사실과 상충된다.

C) To에서의 북한강호는 Tn에서의 북한강호도 Tn에서의 남한강호도 아니다.

[e)에서의 결론은 논증을 명확하게 하기 위해 극단적인 주장으로 변형되었다.]

d)의 논증을 정리한 e)는 명확한 논증의 형식을 취하고 있다고 할 수 없다. e)에서의 전제들은 명제들 사이의 논리적 관계가 드러나도록 명확하게 기술되어 있지 않기 때문이다. 우선 e)의 P1)과 P2)에서 '일정한 주장이 일정한 사실과 상충된다.'는 표현은 매우 애매모호한 표현이다. 결론과의 관계를 고려할 때 P1)과 P2)는 각기 P1')과 P2')로 재 기술될 수 있고 따라서 전체 논증은 e')처럼 정리될 수 있다.

e') P1') ⓐ 만약 한 개체 A와 한 개체 B의 구성 성분이 완전히 다르다면 A와 B는 동일한 하나의 개체가 아니다.

ⓑ To에서의 북한강호는 Tn에서의 북한강호와 전혀 다른 구성 성분

을 가지고 있다.

ⓒ To에서의 북한강호는 Tn에서의 북한강호와 동일한 배가 아니다.

P2') ⓓ 만약 To에서 Tn에 이르기까지 하나의 개체 A를 B로 간주하지 않았다면 A와 B는 동일한 하나의 개체일 수 없다.

ⓔ To에서의 북한강호는 To에서 Tn에 이르기까지 남한강호로 간주되지 않았다.

ⓕ To에서의 북한강호는 Tn에서의 남한강호와 동일한 배가 아니다.

C) To에서의 북한강호는 Tn에서의 북한강호도 Tn에서의 남한강호도 아니다.

P1')에서 ⓐ는 ⓒ를 유도하기 위해 필요한 생략된 원칙이고 ⓑ는 d)의 글에서 기술된 내용이며 ⓒ는 ⓐ와 ⓑ로부터 귀결된 명제이다. 또한 P2')에서도 ⓓ는 ⓕ를 유도하기 위해 필요한 생략된 원칙이고 ⓔ는 d)의 글에서 기술된 내용이며 ⓕ는 ⓓ와 ⓔ로부터 귀결된 명제이다. e')에서 ⓐ와 ⓑ는 ⓒ를 위한 전제들로 사용되었고 ⓓ와 ⓔ는 ⓕ를 위한 전제들로 사용되었다. 또한 ⓒ와 ⓕ는 결론인 C)를 유도하기 위한 전제로 사용되었다. 결국 e')는 f)의 세 가지 논증이 함께 사용된 논증이라 할 수 있다.

f)

i)	ii)	iii)
ⓐ	ⓓ	ⓒ
ⓑ	ⓔ	ⓕ
——	——	——
ⓒ	ⓕ	C)

f)의 i)과 ii)와 iii)은 모두 타당한 논증이다. 결국 d)의 논증은 타당한 논증인 iii)의 전제들 ⓒ와 ⓕ 각각에 대해 타당한 논증인 i)과 ii)가 사용된 형식이라 할 수 있다. 따라서 우리가 타당성의 관계를 '↓'로 개연성의 관계를 '⇩'를 사용하여 나타낸다면 e)의 명제들의 논리적 관계는 g)처럼 표현될 수 있다.

g)

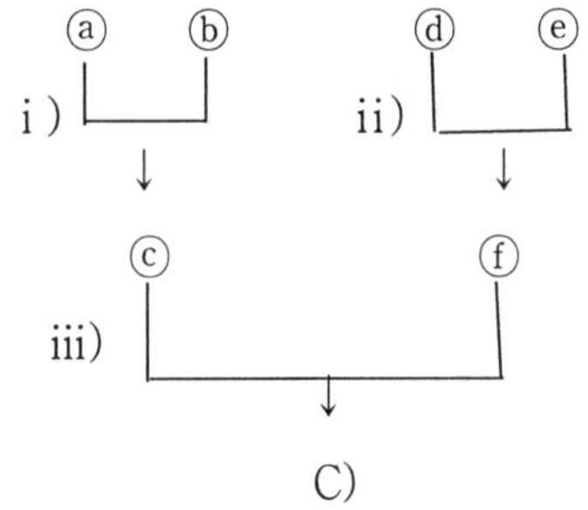

g)의 i)과 ii)와 iii)은 모두 타당성의 관계를 만족시키고 있다. 따라서 e')는 타당한 논증이다. 그러나 필자의 견해로는 e')는 실제로 좋은 논증일 수는 없을 것 같다. 전제 ⓒ를 옹호하기 위한 원칙으로 사용된 ⓐ가 타당한 원칙으로 간주되기에는 문제가 있을 것으로 보이기 때문이다. 시간의 경과에 따라 모양과 그 구성 성분들이 끊임없이 변화하는 하나의 개체는 시간의 흐름에 따라 처음과 완전히 다른 성분으로 구성될 수도 있을 것이기 때문이다.

d)에서 나타난 논증에 대한 앞에서의 분석을 고려하면 긴 지문의 복잡한 논증이 실제로 좋은 논증인가를 평가하기 위한 방법은 아래와 같이 정리될 수 있다.

3.B) i) 글에서 필자가 전달하고자 하는 주된 주장을 찾아내라.

ii) 글에서의 주된 주장을 그 논리적 관계가 명확히 드러나도록 기술하여 논증의 결론으로 삼아라.

iii) 결론을 정당화하기 위해 사용된 명제들(전제들)을 찾아내고 이들을 결론과 연관하여 그 논리적 관계가 드러나도록 명확하게 기술하라.

iv) 결론을 정당화하기 위해 사용된 명제들을 정당화하기 위해 사용된 다른 명제들이나 생략된 원칙들을 찾아내고 이들을 명확하게 재 기술하라.

v) 논증을 구성하고 있는 명제들 사이의 논리적 관계를 명확하게 나타내라.

vi) 만약 결론에 이르기까지 사용된 논증들 모두가 각기 타당하거나 개연성이 높은 논증일 경우 그 논증은 논리적으로 좋은 논증이다.

vii) 논리적으로 좋은 논증일 경우 전제들이 실제로 참인지 여부를 판단하라.

viii) 논리적으로 좋은 논증이고 전제들이 실제로 참이면 그 논증은 실제로 좋은 논증이다.

3장과 관계된 문제들

1) 한 공원에 세워져 있는 "어떤 종류의 차도 이곳에 주·정차할 수 없다"는 교통 표지판 앞에 경찰차가 주차해 있는 것을 본 한 시민이 "경찰차는 차가 아닌가?"라고 말했다면 이 시민의 말은 어떠한 논증에 근거하고 있는가? 이 시민이 근거하고 있는 논증을 찾아내고 실제로 좋은 논증인지의 여부를 밝혀라.

2) 엄마 개구리의 말을 듣지 않는 청개구리와 관련된 우화에서 죽어서 개울가에 묻히게 된 엄마 개구리가 죽기 전 '자신을 개울가에 묻어 달라'고 말하게 된 판단을 논증으로 나타내어 실제로 좋은 논증인지 여부를 결정하라.

3) 아래에 제시된 어머니와 아이 사이의 대화를 읽고 어머니가 사용하고 있는 논증을 찾아 내서 실제로 좋은 논증인지 여부를 판단하라.

아이: 어머니 과자를 만들어 주세요.

어머니: 과자를 만들어 줄 수 없단다. 왜냐하면 전기가 나가면 오븐이 데워지지 않기 때문이지.

4) 아래의 글에서 사용된 논증을 찾아내고 그 논증이 실제로 좋은 논증인지의 여부를 판단하라.

아무래도 나는 비교 종교학에 대한 당신의 장황설을 중도에서 끊어야 하겠습니다. 내가 죽은 이후에 살아남는다는 것은 이승에서의 죽음 후에도 내가 생존한다는 것을 의미할 뿐 그 이상도 그 이하도 아닙니다.

내가 죽은 후에 내가 존재에 합류될 것이라는 것에 대해서는 나는 전혀 의심을 갖고 있지 않습니다. 내가 죽어서 땅에 묻히게 되면 나의 썩은 시체에 식물들은 뿌리를 내리게 될 것이고 나의 시체가 썩으면서 생겨난 화학물질들은 식물들이나 세균들이 생명 활동을 하는 데 도움이 되는 영양분을 공급할 것입니다.

이런 측면에서 볼 때 내가 죽은 후에 나는 존재에 합류되는 것이라 할 수 있습니다. 그러나 영생이나 이승에서의 죽음 이후에 살아남는다는 것은 우리에게 일정한 기대나 희망을 제공해 줄 수 있어야 합니다. 즉, 이승에서의 육체적 죽음 이후에 내가 살아남기 위해서는 내가 죽은 후의 어떤 시간에 보고 만지고 냄새를 맡을 수 있거나 적어도 사고, 추론, 기억 등의 정신적 행위를 할 수 있는 인간이 존재해야 하고, 그 인간이 바로 나 자신이어야 합니다.

또한 미래의 그 인간이 나 자신이기 위해서는 미래의 그 인간이 겪게 될 경험들을 나 자신의 경험으로 간주하여 기대하고 걱정하는 것이 옳고 정당해야만 합니다. 또한 미래의 그 인간이 나려면 그는 내가 생각하고 했던 일을 기억할 수 있고 내가 잘못했던 일에 대해서는 가책을 느끼고 내가 한 옳은 일에 대해서는 자부심을 느낄 수 있어야 함과 동시에 그가 그렇게 하는 것이 정당하고 옳아야만 합니다.

이 경우에 미래의 그 인간과 나 사이에 성립하는 기대와 걱정, 기억 등이 정당하고 옳은 것이기 위해서는 그와 나는 동일한 인간이어야 합니다. 즉, 그와 나 사이에 동일성의 관계가 성립해야만 미래의 그 인간에 대한 나의 기대와 걱정 등이 올바른 것으로 정당화될 수 있습니다. 왜냐하면 다른 사람에게 발생한 일들을 나에게 발생한 일로 간주하여 걱정하고 기대하거나 다른 사람이 한 생각이나 행위들을 자기 자신이 한 행위나 생각으로 기억한다는 것은 결코 이치에 맞지 않을 것이기 때문입니다.

영생이나 죽음 이후의 생의 가능성으로서 존재와의 합류 같은 이치에 맞지 않는 이야기는 하지 마십시오. 영생이나 죽음 이후의 삶의 가능성을 이야기하려면 죽은 후에 존재하는 자와 현재의 나 사이에 동일성이 성립해야 합니다. 따라서 나의 죽음 이후에 존재하는 자와 현재의 내가 동일한 인간이라는 것을 보여 주십시오. 만약 그것이 불가능하다면 영생에 대한 이야기보다는 내가 좋아하는 야구나 낚시에 대해 담화를 나누는 것이 현명할 것입니다.

제가 좀 흥분한 것 같습니다. 사과드리겠습니다. 그러나 일정한 것을 의미하는 단어들이 다른 것을 의미하는 것으로 사용될 때 나는 격하게 반응하게 됩니다. 이 경우에도 우리는 영생이나 죽음 이후의 삶의 가능성에 관해서 말하고 있었습니다만, 당신이 말한 존재와의 합류 같은 것은 동일한 인간이 생존을 계속한다는 것을 의미하고 있지 않았습니다.

4장 연역논리의 가장 기본적인 개념들은 무엇인가?

4) 연역논리의 가장 기본적인 개념들은 무엇인가?

연역논리에서 다루어져야 할 기본적인 개념들은 논리적으로 좋은 논증을 구분하는 기준인 '타당성'을 포함하여 6가지를 들 수 있다. 연역논리의 입문서인 이 책에서는 이들 6가지 개념들이 중점적으로 다루어질 것이다.

4.A) 연역논리에서 다루어져야 할 6가지 기본 개념들

① 논리적 진실 (Logical Truth)
② 논리적 거짓 (Logical Falsity)
③ 우연명제 (Contingent Proposition)
④ 논리적 일관성 (Logical Consistency)
⑤ 논리적 동치 (Logical Equivalence)
⑥ 타당성 (Validity)

4.A)에 열거된 6가지 기본 개념들은 이 개념들이 적용되는 대상에 따라 구별되어질 수 있다. 우선 '논리적 진실'과 '논리적 거짓', 그리고 '우연명제'는 오직 하나의 명제에 대해 적용되는 개념들이다. 이에 반해서 '논리적 일관성'은 명제들로 구성된 집합에 적용되는 개념이고, '논리적 동치'는 한 쌍의 명제들, 즉 두 개의 명제들에 적용되는 개념이다. 또한 2장에서 자주 다루었던 '타당성'은 논증에 적용되는 개념이다. 따라서 이 6가지 기본 개념들은 그 적용 대상에 따라 아래와 같이 분류될 수 있다.

4.B)

하나의 명제	—	논리적 진실
	—	논리적 거짓
	—	우연명제
명제들의 집합	—	논리적 일관성
한 쌍의 명제	—	논리적 동치
논증	—	타당성

이들 6가지 개념들 중 논증에 대해 적용되는 개념인 '타당성'에 대해서는 2장에서 다루었으므로 여기서는 타당성 이외의 나머지 5가지 개념들에 대해서만 살펴보도록 하겠다.

4.1) 논리적 진실이란?

하나의 명제에 대해 적용되는 개념인 '논리적 진실'은 다음과 같이 정의 될 수 있다.

4.C) 하나의 명제 □가 거짓일 가능성이 없으면, □는 논리적 진실이다.

일부 논리학 입문서에서는 '논리적 진실' 대신에 '항진명제'라는 용어를 사용하고 있다. 항진명제란 말 그대로 항상 참인 명제, 즉 모든 가능성에서 참인 명제를 말한다.

4.C)는 항진명제의 의미를 제대로 나타내지 못하는 정의처럼 비칠 수도 있다. 4.C)에 의하면, 한 명제가 거짓일 가능성만 없으면 논리적 진실이므로 만약 4.C)의 정의대로 적용한다면 한 명제가 참도 거짓도 아닌 가능성을 가졌을 경우에도 그 명제는 논리적 진실일 것이기 때문이다. 그러나 2장에서의 명제에 대한 설명에 따르면, 한 명제가 참도 거짓도 아닐 가능성은 없다. 오직 참이거나 거짓인 문장의 의미만이 명제일 수 있기 때문이다. 따라서 명제는 어떤 가능성에서도 참이든가 거짓이어야 하지, 참이면서 동시에 거짓일 수도, 참도 아니고 거짓도 아닐 수는 없다.

이러한 이유로 이 책에서 다루는 연역논리는 2가 논리-두 개의 진리값(참과 거짓)만 인정하는 논리-이다. 따라서 만약 한 명제 □가 거짓일 가능성이 없으면, □는 모든 가능성에서 참이어야 하므로 명제 □는 항진명제이다. 이렇게 볼 때 4.C)는 항진명제의 의미를 정확하게 표현해 주고 있는 정의이다.

'타당성'을 다룰 때 보았듯이, 논리학은 명제들이 실제로 참이냐의 여부와는 무관한 학문이다. 따라서 한 명제가 실제로 참이냐의 여부는 그 명제가 논리적 진실이냐의 여부와는 무관하다.

a) **지구는 돈다.**
서울은 한국의 수도이다.
최진실은 영화배우이다.
지구는 태양의 주위를 돈다.

a)에 열거된 각각의 명제들은 실제로 참이고 누구도 의심치 않는 경험적으로 정당화된 명제들이다. 그러나 이 명제들은 모두 논리적 진실이 아니다. 우리는 각각의 명제들이 거짓일 가능성을 모순 없이 상상할

수 있기 때문이다. 이처럼 논리적 개념들이 명제와 같은 대상들에 적용되느냐의 여부는 명제들의 내용보다는 명제들의 형식과 밀접한 관계가 있다. 즉, 일정한 논리적 형식을 가진 명제들은 그 내용과 관계없이 논리적 진실이다.

b) 태양의 지표 온도는 섭씨 4만 도 이상이거나 그렇지 않다.

b)는 논리적 진실이다. 왜냐하면 태양의 지표 온도가 섭씨 4만 도 이상일 경우에도 b)는 참이고, 태양의 지표 온도가 섭씨 4만도 이상이 아닐 경우에도 b)는 참이기 때문이다. 즉, b)가 거짓일 가능성은 존재하지 않는다. b)가 논리적 진실인 이유는 결코 b)의 내용 때문이 아니다. b)의 형식을 그대로 둔 채 그 내용을 바꾸어도 내용이 바뀐 그 명제는 논리적 진실이다.

c) 김대중은 한국의 대통령이거나 그렇지 않다.

b)의 내용만을 바꾼 c)를 보자. 명제 c)도 역시 거짓일 가능성이 없는 명제이다. 따라서 논리적 진실이다.

b)나 c)는 4.D)의 형식을 가진 명제들이다.

4.D) □이거나 □가 아니다.

4.D)의 □는 어떤 내용으로 대체되어도 그 대체된 명제는 거짓일 가능성이 없다. 따라서 4.D)는 논리적 진실의 대표적인 명제형식이라고 할 수 있다.

4.2) 논리적 거짓이란?

논리적 거짓 역시 하나의 명제에 적용되는 개념이다. 논리적 거짓은 4.E)처럼 정의될 수 있다.

4.E) 하나의 명제 □가 참일 가능성이 없으면, □는 논리적 거짓이다.

논리적 거짓은 항상 거짓인 명제라는 의미인 '항위명제'라는 용어로도 표현되고 있다. 논리적 진실의 경우와 마찬가지로 한 명제가 논리적 거짓이냐의 여부는 명제의 내용에 의해서가 아니라 명제의 형식에 의해 결정된다. 따라서 명백하게 실제로 거짓인 명제 d)는 논리적 거짓이 아닌 반면에 명제 e)는 논리적 거짓이다.

d) 지구는 달 주위를 돈다.

e) 태양은 지구보다 크고, 태양은 지구보다 크지 않다.

명제 d)는 실제로 명백한 거짓이지만 우리는 모순 없이 명제 d) 가 참일 가능성을 상상할 수 있다. 반면에 e)가 참일 가능성은 상상할 수 없다. e)가 참일 가능성이 없는 이유는 e)의 내용 때문이 아니라 e)의 형식 때문이다.

e)는 4.F)의 형식을 가진 명제이다.

4.F) □이고 □가 아니다.

4.F)의 형식을 가진 모든 명제는 논리적 거짓이고, 4F)는 논리적 거짓의 대표적인 명제형식 중 하나이다.

4.3) 우연명제란?

'우연명제'도 하나의 명제에 적용되는 개념이다. 4.C)와 4.E)를 사용하여 우연명제는 4.G)로 정의될 수 있다.

4.G) 한 명제 □가 논리적 진실도 논리적 거짓도 아니면, □는 우연명제이다.

한 명제가 실제로 참이냐의 여부와 관계없이 참일 가능성도 거짓일 가능성도 있으면 그 명제는 우연명제이다. 따라서 a)에 열거된 명제들과 d)는 모두 우연명제이다.

4.4) 논리적 일관성이란?

'논리적 일관성'은 명제들로 구성된 집합에 적용되는 개념이다. 논리적 일관성은 4.H)로 정의될 수 있다.

4.H) 명제들로 구성된 하나의 집합 A를 구성하고 있는 모든 명제들이 동시에 참일 가능성이 있으면 집합 A는 논리적 일관성이 있는 집합이다.

집합을 나타내는 기호는 '{'와 '}'가 사용되고 있다. 따라서 4.H)에 따르면, □, △, ○로 구성된 하나의 집합 {□, △, ○}이 논리적 일관성이 있으려면 □, △, ○가 모두 동시에 참일 가능성이 있어야 한다.

이제 구체적인 예를 통해 명제들로 구성된 집합의 논리적 일관성 여부를 살펴보겠다.

f) {금성에 포유류가 살고 있다. 보아는 미국의 대통령이다.}
g) {금성에 포유류가 살거나 금성에 공룡이 살고 있다. 금성에는 공룡이 살지 않는다. 금성에는 포유류가 살지 않는다.}

f)를 구성하고 있는 두 개의 명제가 모두 참인 가능상황은 모순 없이 상상될 수 있다. 따라서 f)는 일관성이 있는 집합이다. 반면에 g)는 일관성이 없는 집합니다. g)를 구성하고 있는 명제들의 형식상 세 개의 명제 모두가 참일 가능성이 없기 때문이다.

4.5) 논리적 동치란?

'논리적 동치'는 한 쌍의 명제들에 적용되는 개념이다. '논리적 동치'는 4.I) 로 정의될 수 있다.

4.I) 명제 □와 △가 서로 다른 진리치(참이나 거짓)를 가질 가능성이 없으면, □와 △는 논리적 동치이다. (□가 참이면 △도 반드시 참이어야 하고, □가 거짓이면 △도 반드시 거짓이어야 한다.)

4.I)에 따르면, 두 개의 명제가 논리적으로 동치이기 위해서는 두 명제는 모든 가능성에서 동일한 진리치를 가져야 한다. 즉, 한 가능성에서 한 명제가 참이면 나머지 명제도 반드시 참이어야 하고, 다른 가능성에서 한 명제가 거짓이면 나머지 명제도 반드시 거짓이어야 한다.

4장에서 살펴본 다른 개념들과 마찬가지로 두 명제가 논리적 동치이냐의 여부는 두 명제의 내용에 의해서가 아니라 형식에 의해 결정된다. 한 예로 아래 h)의 두 명제는 실제로 참인 명제들이지만 논리적 동치가 아닌 반면에 i)의 두 명제는 논리적 동치이다.

h) 지구는 둥글다.
한국의 대통령은 남자이다.

i) 백두산 천지에는 고래가 산다.
백두산 천지에는 고래가 살거나, 지구는 둥글고 둥글지 않다.

h)의 두 명제는 실제로 참이지만, 우리는 쉽게 한 명제는 참이지만 다른 한 명제는 거짓인 상황을 상상할 수 있다. 따라서 h)의 두 명제는 논리적 동치가 아니다. 반면에 i)의 경우에는 이것이 불가능하다. 만약 전자가 참이면 후자도 참일 것이고, 만약 전자가 거짓이면 후자도 거짓일 것이기 때문이다. (후자에서 '지구는 둥글고 둥글지 않다'는 논리적 거짓이라는 것을 주목하라.)

4.6) 4장에서 다루어진 개념들 사이에는 어떠한 논리적 관계가 성립하는가?

4.A)에 열거된 6가지 개념들 사이에는 다양한 논리적 관계가 성립한다. 여기서는 몇 가지만을 간략하게 소개하겠다.

4.J) 명제들로 구성된 집합 A를 구성하는 명제들 중 하나가 논리적 거짓이면, A는 논리적 일관성이 없다.

4.J)는 '논리적 일관성'과 '논리적 거짓'의 정의로부터 귀결되는 당연한 결과이다. 만약 A를 구성하는 한 명제가 논리적 거짓이면 그 명제는 참일 가능성이 없을 것이고, 따라서 A를 구성하는 모든 명제들이 동시에 참일 가능성도 없을 것이기 때문이다.

4.K) 전제들의 집합이 논리적 일관성이 없는 집합이면, 그 논증은 타당한 논증이다.

4.K)는 '논리적 일관성'과 '타당성'의 정의로부터 귀결되는 당연한 결과이다. 전제들의 집합이 일관성이 없으면 전제들이 모두 참일 가능성이 없고, 따라서 전제들이 모두 참이고 결론이 거짓일 가능성도 없을 것이기 때문이다.

4.L) 전제와 결론이 논리적 동치이면, 그 논증은 타당하다.

4.L)은 '논리적 동치'와 '타당성'의 정의로부터 귀결되는 당연한 결과이다. 전제와 결론이 동치이면, 전제와 결론은 서로 다른 진리치를 가질 수 없고, 따라서 전제가 참이고 결론이 거짓일 가능성이 없을 것이기 때문이다. 여기서 고려한 3가지 외에도 이들 6가지 개념들 사이에는 다양한 논리적 관계가 성립한다. 이에 대해서는 아래의 문제들을 통해 살펴보겠다.

4장과 관계된 문제들

1) 다음 물음에 답하시오.

$$\frac{\begin{array}{c}P1\\ \vdots \\ Pn\end{array}}{C}$$

① {P1, ..., Pn}이 논리적 일관성이 있고, C가 논리적 거짓이면 이 논증은 타당한가?

② C가 논리적 진실이면 전제들이 무엇이냐의 여부와 관계없이 이 논증은 타당한가?

③ 전제들 각각이 모두 우연명제이고 결론이 논리적 거짓이면 이 논증은 타당한가?

④ 전제들 중의 하나인 Pi이 논리적 거짓이면 이 논증은 타당한가?

⑤ {P1, ..., Pn}이 일관성이 있고 C가 우연명제이면 이 논증은 타당한가?

2) □가 논리적 진실이고 □와 △가 동치이면 이 논증은 타당한가?

$$\frac{\square}{\triangle}$$

3) □와 △가 동치이고 ○가 우연명제이면 이 논증은 타당한가?

$$\frac{\begin{array}{c}\square\\ \triangle\end{array}}{\bigcirc}$$

4) 아래의 논증에서 □와 ○가 논리적 동치인 우연명제들이고 △가 논리적 진실, ☆이 논리적 거짓이면 이 논증은 타당한가?

□

△

○

———

☆

5) 한 논증의 결론이 논리적 거짓일 경우에도 그 논증이 타당할 수 있는가?

6) 논리적 진실의 형식들을 열거하라.

5장 명제논리(SL)의 구문론(Syntax)은 어떠한가?

5) 명제논리(SL)의 구문론(Syntax)은 어떠한가?

머리말에서 밝혔듯이 이 책은 주로 명제논리와 술어논리를 다루는 논리학 입문서이다. 명제논리와 술어논리는 모두 연역논리라는 점에서는 동일하다. 명제논리는 표현의 기본 단위가 명제라는 점에서 술어논리와 구별된다. 또한 이 때문에 명제논리는 술어논리에 비해 표현할 수 있는 범위가 제약되어 있다. 이에 대해서는 2부의 1장에서 자세히 다루게 될 것이다.

명제논리와 술어논리는 가장 기본적인 논리체계로서 고전논리 혹은 기초논리라고 불리기도 한다. 또한 거의 모든 다른 논리체계들은 명제논리나 술어논리에 근거하여 이루어졌다고 해도 과언이 아니다. 따라서 명제논리나 술어논리에 대한 학습은 우리에게 기본적인 논리적 도구를 제공해 주는 역할을 할 뿐만 아니라 다른 논리체계에 대한 연구를 위해서도 필수적으로 요구된다.

이 책에서는 앞으로 일곱 장에 걸쳐서 명제논리의 일종인 하나의 구체적인 논리체계를 다루게 될 것이다. 이 구체적인 명제논리체계를 SL(Sentence Logic)이라 부를 것이다.

SL은 명확성과 간결성을 얻기 위해 고안해 낸 명제논리체계이다. 따라서 SL은 일종의 인공언어라 할 수 있다. 언어학자들에 따르면 언어는 세 가지 측면으로 구분하여 연구될 수 있다. 이 세 가지 측면의 연구는 각기 구문론(Syntax), 의미론(Semantics), 화용론(Pragmatics)이다.

화용론은 언어가 그 언어를 사용하는 사람과의 관계에서 갖게 되는 언어의 특징(실용적인 측면)을 다루는 학문이다. 구문론은 언어에서 사용되는 기호들 사이의 관계나 문법 등을 다루는, 즉 언어의 구조적인 특징을 구체적으로 다루는 학문이다. 이에 반해서 의미론은 언어에서 사용되는 기호들과 그들의 지시 대상 사이의 관계나 기호들의 의미나 문장의 진위와 관계된 특징들을 다루는 학문이라 할 수 있다.

앞에서 언급했듯이 명제논리체계인 SL은 일종의 인공언어이다. 따라서 SL도 구문론, 의미론, 화용론의 세 가지 측면에서 고려될 수 있다. 이 책에서는 논리학과 밀접하게 관련된 SL의 구문론과 의미론만을 다룰 것이다. 5장에서는 SL의 구조적 특징을 다루는 SL의 구문론을, 그리고 6장과 7장에서는 SL의 의미론을 다룰 것이다.

5.1) SL은 무엇으로 구성되었는가?

SL의 모든 식은 5.A)에 나오는 기호들의 조합으로 이루어진다.

5.A) SL을 구성하는 기호들

문장기호(Sentence Letter): A, B, C, D, … Z, A', B', …, Z', A'', B'', …
문장연결사(Connectives): ~ (Tilde)
& (Ampersand)
∨ (Wedge)
→ (Arrow)

↔ (Double Arrow)

괄호(Parenthesis): (,)

SL의 모든 식들은 오직 5.A)에 열거된 기호들의 조합으로만 이루어진다. 따라서 5.A)에 열거되지 않은 기호가 포함된 식은 SL의 식이 아니다.

5.2) SL의 잘 구성된 식, 즉 문장이기 위한 조건은 무엇인가?

SL의 문장들은 5.A)에 열거된 기호들의 조합으로 이루어진 식들 중에서 5.B)의 조건들을 만족시키는 것들이어야 한다. 5.B)의 조건들을 만족시키지 못하는 식들은 그것이 5.A)의 기호들로만 이루어져 있다고 하더라도 SL의 문장일 수 없다.

5.B) SL의 문장

① 각각의 문장기호들은 모두 SL의 문장이다.

ex) A, Z, C

② 만약 □가 SL의 문장이면 ~□도 SL의 문장이다.

③ 만약 □와 △가 SL의 문장이면

i) (□&△)

ii) (□∨△)

iii) (□→△)

iv) (□↔△)**도 SL의 문장이다.**

④ 제일 왼쪽에 '~'가 없을 경우에 가장 바깥쪽(오른쪽과 왼쪽)에 있는 괄호는 생략할 수 있다. (예를 들어 ~((~A&B)∨B)의 경우에 괄호는 제거될 수 없으나, ((~A&B)∨B)의 경우에는 괄호가 제거될 수 있다. 따라서 (~A&B)∨B도 SL의 문장이다.)

5.B)에 열거된 각각의 조건들을 만족시키는 것들은 모두 SL의 문장

이다. 따라서 어떠한 식이 SL의 문장인가 하는 것은 그 식이 5.B)에 열거된 적어도 하나의 조건을 만족시키는 가의 여부에 의해 결정된다.

SL의 문장인가를 결정하는 5.B)의 조건들을 예문을 통해서 살펴보도록 하자.

a) ~K

a)는 5.B)의 ①과 ②에 의해 SL의 문장이라 할 수 있다. ①에 의하면 K는 SL의 문장이고, ②에 의하면 문장에 '~'를 덧붙인 ~K도 SL의 문장일 것이기 때문이다. ~K가 SL의 문장이므로 ②에 따르면 ~~K도 ~~~K도 SL의 문장이다.

b) ((~~A&~B)→~~(A↔(D'∨C)))

b)는 5.B)의 ③-iii)의 형식을 가진 식이다. ④에 의해 제일 바깥쪽에 있는 괄호가 생략될 수 있으므로, b)가 SL의 문장인가의 여부는 '→'로 연결된 두 개의 식, (~~A&~B)와 ~~(A↔(D'∨C))가 각기 SL의 문장인가의 여부에 의해 결정된다.

(~~A&~B)는 ①, ②와 ③-ⅰ)에 의해 SL의 문장이다. 또한 ~~(A↔(D'∨C))도 SL의 문장이다. 왜냐하면 ①과 ③-ⅱ)에 의해 (D'∨C)가 SL의 문장이고, ①에 의해 A가 SL의 문장이므로 ③-iv)에 의해 (A↔(D'∨C))도 SL의 문장일 것이고, 따라서 ②에 의해 ~~(A↔(D'∨C))도 SL의 문장일 것이기 때문이다. 결국 '→'로 연결된 두 개의 식이 모두 SL의 문장이므로, b)는 SL의 문장이다.

앞에서 보았듯이 b)는 ③-iii)의 형식을 가진 SL의 문장으로서 '→'에 의해 두 개의 식이 연결되어 있다. 이처럼 각기 다른 두 개의 식이 연결사에 의해 하나의 식으로 연결될 경우, 그 연결해 주는 연결사를 주 연결사(Main Connective)라 한다. 따라서 b)에서의 주 연결사는 '→'이다.

반면에 '~~~K'와 같은 문장의 경우에 주 연결사는 제일 왼쪽에 나오는 '~'라고 할 수 있다. 비록 '~'가 두 개의 식을 연결해 주는 역할을 하지는 않지만, 제일 왼쪽의 '~'를 덧붙임에 의해 이전의 SL의 문장(~~K)으로부터 새로운 SL의 문장을 창출해 냈기 때문이다.

5장과 관계된 문제들

1) 아래의 식들이 SL의 문장인가를 밝히고 문장일 경우 주 연결사를 표시하라.

① ~O∨~~((K→(R→Q))↔G)

② ((A&B)&C)∨(Q∨K)→P)

③ ~(Q∨P)~&(B→~C)

④ (((R→G)&K)∨B)→((C→D)∨(R↔(G∨~Q)))

6장 명제논리(SL)를 구성하는 기호들의 의미는 무엇인가?

6) 명제논리(SL)를 구성하는 기호들의 의미는 무엇인가?

SL을 구성하는 기호들이 5장에서 소개되었지만, 이들의 기능이나 의미에 대해서는 구체적인 언급이 없었다. 6장에서는 이들이 수행하는 기능과 의미에 대해서 알아보겠다.

6.1) 각각의 문장기호들의 기능은 무엇인가?

각각의 문장기호들은 원자명제들을 나타낸다. 여기서 원자명제란 원자문장이 나타내는 의미라 할 수 있고, 원자문장이란 6.A)처럼 정의될 수 있다.

6.A) 원자문장이란 다른 문장을 부분으로 가지고 있지 않는 문장이다.

분자문장이란 하나 이상의 문장들을 그 부분으로 가지고 있는 문장이다.

a) 김대중은 한국의 대통령이다.

b) 김대중은 한국의 대통령이고, 클린턴은 미국의 대통령이다.

6.A)에 의하면, a)는 하나의 문장으로 구성되어 있기 때문에 원자문장이다. 이에 반해 b)는 분자문장이다. b)는 '김대중은 한국의 대통령이다'와 '클린턴은 미국의 대통령이다'라는 두 개의 원자문장으로 구성되었기 때문이다.

앞에서 언급했듯이 문장기호들은 원자명제들을 나타내는 역할을 한다. 따라서 문장기호들 중의 하나를 사용해서 a)의 의미인 원자명제를 나타낼 수 있다. 따라서 a)는 SL에서 A로 표현될 수 있다. 마찬가지로 '클린턴은 미국의 대통령이다'는 A 이외의 다른 문장기호, 예를 들어 Z로 표현될 수 있다. 따라서 b)는 (A&Z)라고 표현될 수 있다.

6.2) 괄호((,))의 기능은 무엇인가?

괄호의 기능은 SL의 기호들을 그룹지어 명확하게 표현해 주는 기능을 한다. 즉, 괄호의 사용에 의해서 하나의 SL문장이 어떤 형식의 문장이며, 주 연결사가 무엇인지가 결정된다.

c) ~~(A∨~(B&~~D))→(D∨~~(B↔K))

우리는 c)가 '→'를 주 연결사로 하는 '□→△' 형식의 문장이라는 것을 쉽게 알 수 있다. 이처럼 우리가 SL문장들의 형식과 구조를 명백하게 알 수 있는 것은 괄호가 기호들을 그룹지어 주는 역할을 하기 때문이다. 괄호의 역할의 중요성은 c)에서 괄호가 제거된 식인 d)를 살펴보면 확연하게 드러난다.

d) ~~A∨~B&~~D→D∨~~B↔K

6.3) '~'(Tilde)의 의미는 무엇인가?

'~'는 부정문을 나타내는 기호로 사용되고 있고, 흔히 자연언어에서 'not(아니다)'의 의미를 가진 것으로 설명되고 있다. 비록 '~'가 부정문을 나타내기 위해서 사용되는 것은 사실이지만, '~'를 포함한 SL의 모든 연결사들은 오직 진리함수적 의미만을 갖는다. 따라서 '~'의 의미는 '아니다' 또는 'not'과 동일한 것이 아니고. 단지 '아니다' 또는 'not'같은 자연언어에서의 표현이 '~'를 사용하여 SL에서 표현될 수 있을 뿐이다.

6.B) ~□: □가 T(참)이면 F(거짓)이고, □가 F(거짓)이면 T(참)이다.

6.B)에 따르면, '~'는 원래 문장의 진리치에 반대되는 진리치를 부여하는 역할을 한다. 따라서 한 문장 □가 참이면 ~□는 거짓이고, ~~□는 참이어야 한다. 대체로 부정문은 6.B)에 설명된 진리함수적 의미를 가지고 있다.

e) 지구는 둥글지 않다.

만약 '지구는 둥글다'를 A로 나타낼 때, A가 참이면 e)는 거짓이고, A가 거짓이면 e)는 참이다. 따라서 e)는 SL에서 '~A'로 표현될 수 있다.

6.4) '&'(Ampersand)의 의미는 무엇인가?

'&'는 연언문(Conjunction)을 나타내는 기호로 사용된다. '&'는 '~'와 마찬가지로 오직 진리함수적 의미를 가지며, 6.C)처럼 정의될 수 있다.

6.C) □&△: □와 △가 모두 T인 경우에만 T이고, 다른 경우에는 모두 F이다.

'&'는 흔히 영어의 'and'의 의미를 가진 표현들과 동일한 의미를 가진 것으로 설명되고 있다. 대부분의 경우에 'and(그리고, ~와)'는 SL에서 ‘&’를 사용하여 표현될 수 있다. 그러나 ‘and’와 ‘&’를 동일한 의미를 가진 것으로 간주할 수는 없다.

f) 길동이와 영수는 대학생이다.
g) 갑돌이와 갑순이는 어제 결혼을 했다.

f)는 분명히 ‘길동이는 대학생이고, 영수도 대학생이다’를 의미한다. 여기서 ‘길동이는 대학생이다’를 A로, ‘영수는 대학생이다’를 B로 나타내면, f)가 참인 경우는 A와 B가 모두 참인 경우뿐이다. 따라서 f)는 ‘A&B’로 번역될 수 있다.

g)도 f)와 마찬가지로 ‘and(~와)’가 사용된 문장이다. 그래서 g)의 경우에도 f)처럼 ‘&’를 사용하여 ‘C&D’로 번역될 수 있을 것처럼 보인다. (여기서 C는 ‘갑돌이는 어제 결혼을 했다’를, D는 ‘갑순이는 어제 결혼을 했다’를 나타낸다.) 그러나 ‘C&D’가 g)에 대한 옳은 번역인가는 확실치 않다. g)는 갑돌이와 갑순이가 각기 따로 다른 사람과 어제 결혼을 했다는 의미의 문장일 수도 있고, 갑돌이와 갑순이가 서로의 배우자로서 한 쌍의 부부가 되는 결혼을 어제 했다는 의미의 문장일 수도 있기 때문이다.

만약 g)의 의미가 전자라면 SL에서의 g)의 올바른 표현은 ‘C&D’일 것이지만, 만약 g)의 의미가 후자라면 ‘C&D’는 옳은 번역이라 할 수 없을 것이다. 이 경우에 올바른 번역은 오히려 문장 g) 전체를 하나의 원자명제로 취급하는 번역이어야 할 것이다. 따라서 이 경우 g)를 하나의 문장기호 C(원자명제)로 번역하는 것이 좋을 것이다.

이처럼 ‘and’가 사용된 자연언어에서의 문장들이 모두 다 ‘&’로 번역될 수 있는 것은 아니다. 또한 ‘and’와 전혀 다른 의미를 가진 연결사들도 ‘&’를 사용하여 번역해야 할 경우가 있다.

h) 길동이는 미남이다. 그러나 호남은 아니다.

자연언어에서 '그러나(but)'와 '그리고(and)'는 전혀 다른 의미를 가진 표현들이다. 그러나 많은 경우에 있어서 이 둘의 진리함수적 의미는 같다.

h)의 경우에 '길동이는 미남이다'를 A로, '길동이는 호남이다'를 B로 표현한다면, h)가 참인 경우는 오직 A가 참이고, ~B가 참인 경우이다. 따라서 6.C)에 따라 h)는 'and'가 사용된 경우와 마찬가지로 'A&~B'로 번역되어야 한다.

'그러나' 이외에도 '...이지만'과 같은 연결사들도 '&'를 사용하여 번역되어야 한다.

이처럼 SL의 연결사들은 오직 진리함수적 의미만을 가지므로, 자연언어에서의 연결사들이 가지는 뉘앙스의 차이 등은 SL에서 번역될 수 없고, 오직 전체 문장의 진리치와의 관계에 따른 번역만이 가능할 뿐이다.

6.5) '∨'(Wedge)의 의미는 무엇인가?

'∨'는 선언문(Disjunction)을 나타내는 기호로 사용된다. '∨'의 진리함수적 의미는 6.D)처럼 정의될 수 있다.

6.D) □∨△: □와 △가 모두 F인 경우에만 F이고, 다른 경우는 모두 T이다.

'∨'는 흔히 자연언어에서의 'or(이거나)'와 동일한 의미를 가진 것으로 설명되고 있다. 대체로 'or'가 사용된 문장은 '∨'를 사용하여 번역할 수 있다.

i) 길동이는 산을 좋아하거나 바다를 좋아한다.

'길동이는 산을 좋아한다.'를 A로, '길동이는 바다를 좋아한다.'를 B로 나타낸다면, i)는 'A∨B'로 번역될 수 있다. 그러므로 A나 B 둘 중의 하나가 참이어도, A와 B 모두가 참이어도 i)는 참이고 i)가 거짓인 경우는 A와 B 모두가 거짓인 경우일 때뿐이다.

이처럼 'or'는 대체로 '∨'를 사용하여 SL로 표현될 수 있지만, 'or'가 사용되었으면서도 아래의 j)처럼 '∨'를 사용하여 번역될 수 없는 경우가 있다.

j) 장희는 남자이거나 여자이다.

j)는 i)와 마찬가지로 'or'가 사용된 문장이지만, i)처럼 '□∨△'의 형식으로 번역될 수 없다. 왜냐하면 장희는 남자이거나 여자 둘 중의 하나이지 결코 남자이면서 동시에 여자일 수는 없기 때문이다. 즉, '장희는 남자이다'를 C로 '장희는 여자이다'를 D로 번역하면, j)의 경우에 C나 D 둘 중 하나가 참인 경우는 성립하지만, C와 D 모두 참인 경우는 성립할 수 없다.

선언문을 구성하는 두 개의 문장이 동시에 모두 참일 수가 없는 선언문을 배척(타)적 선언문(Rejective, Exclusive Disjunction)이라 하고, 선언문을 구성하는 두 개의 문장이 모두 참일 수가 있는 선언문을 포괄적 선언문(Inclusive Disjunction)이라 한다.

앞에서 보았듯이 배척(타)적 선언문은 '□∨△'의 형식으로 번역될 수 없기 때문에 일부 논리학자들은 새로운 기호를 도입하여 배척(타)적 선언문을 번역하기도 한다. 여기서는 잠정적으로 배척(타)적 선언문을 표현하는 기호를 소개하겠다.

6.E) □▽△: □나 △ 둘 중의 하나가 T인 경우에만 T이다.

6.E)에 따르면, 배척(타)적 선언문 j)는 'C▽D'로 번역될 수 있다. 그러나 배척(타)적 선언문을 표현하기 위해 우리가 인정한 다섯 가지 연결사 이외에 '▽'와 같은 새로운 연결사를 도입해야만 하는 것은 아니다. 기존의 다섯 가지 연결사만을 사용해서도 배척(타)적 선언문은 표현

될 수 있다.

j)를 포괄적으로 해석한 번역인 C∨D는 C와 D가 모두 참인 경우가 인정되는 번역이다. 따라서 C∨D에서 C와 D가 모두 참일 경우를 배제시킬 수 있는 번역이 성립하면, 그 번역은 j)의 SL에서의 표현이라 할 수 있다. j)는 k)처럼 다시 표현될 수 있다.

k) 장희는 남자이거나 여자이지만, 남자이면서 동시에 여자인 것은 아니다.

k)는 '(C∨D)&~(C&D)'로 번역된다. 이 번역은 포괄적 선언문인 'C∨D'에서 C와 D가 모두 참인 경우를 배제한 번역이다. 따라서 이 번역은 'C▽D'와 동일한 진리함수적 의미를 가진 번역이다.

6.6) '→'(Arrow)의 의미는 무엇인가?

'→'는 흔히 조건문을 나타내는 기호로 사용된다. '→'의 진리함수적 의미는 6.F)처럼 정의될 수 있다.

6.F) □→△: □가 T이고 △가 F일 경우에만 F이고, 다른 경우에는 모두 T이다.

기존의 일부 논리학 입문서들은 '→'를 자연언어에서 조건문을 나타내는 연결사인 '만약 ~이면 ...(If ~ then)'과 동일한 의미를 가진 것으로 취급하고 있다. 일부 논리학 입문서에서 '→'를 이런 식으로 다루는 것은 커다란 잘못이다. 사실상 대부분의 조건문들의 의미는 '→'를 사용하여 표현될 수 없고, 이 때문에 전통적으로 조건문은 논리적인 쟁점을 야기 시켜왔다. 한 예로 아래의 조건문을 고려해 보자.

l) 만약 영희가 학교에 가면 철수도 학교에 갈 것이다.

'영희가 학교에 가다'를 A로, '철수가 학교에 가다'를 B로 나타내고 '→'를 사용하여 '만약 ~이면 ...'을 번역하면 l)은 'A→B' 로 표현된다.

그러나 1)이 진리함수적으로 'A→B'와 동일한 의미를 갖는 가는 의문의 여지가 있다.

만약 영희가 학교에 가고(A가 참) 철수가 학교에 가지 않았다면(B가 거짓), 1)은 분명히 거짓이다. 따라서 A가 참이고 B가 거짓일 경우에는 1)과 'A→B'는 진리함수적으로 일치한다.

그러나 A도 거짓이고 B도 거짓일 경우에는 어떠한가? 영희도 학교에 가지 않고, 철수도 학교에 가지 않았을 경우에는 1)을 참이라고도 거짓이라고도 말하기 힘들 것으로 보인다. 그러나 1)의 번역인 'A→B'에 따르면 A도 거짓이고 B도 거짓일 때 'A→B'는 참이어야 한다. 따라서 조건문을 '→'를 사용하여 번역하는 것은 조건문의 진리함수적 의미를 그대로 나타냈다고 할 수는 없다.

그러나 모든 조건문은 전건 A(조건문의 조건을 제시하는 문장)가 참이고, 후건 B(조건을 제시하는 문장을 따라 나오는 문장)가 거짓이면 전체 조건문은 거짓이라는 데에는 일치한다. 따라서 우리가 조건문을 '→'를 사용하여 번역하면, 우리는 오직 모든 조건문들이 공유하는 조건문의 이러한 부분적 의미를 번역하는 것이라 할 수 있다. 따라서 '→'를 사용하여 조건문을 번역하는 것은 완전한 번역이라고 할 수는 없지만, 조건문들이 공유하는 중요한 특징을 번역하는 것이다.

또한 조건문의 의미를 완벽하게 번역할 수 있는 논리체계가 개발되어 있지 않다. 이러한 이유로 이 책에서는 대부분의 조건문을 '→'를 사용하여 번역하는 것을 인정한다.

앞에서 보았듯이 '□→△'는 조건문에 대한 완전한 번역이라고는 할 수 없다. 따라서 논리학자들은 '→' 가 사용된 '□→△' 형식의 문장을 조건문과 구별하여 질료적 조건문(Material Conditional)이라 부르고 있다.

비록 이 책에서 대부분의 조건문을 '→'를 사용하여 SL에서 표현하는 것을 잠정적으로 인정하고 있지만, '→'를 사용하여 번역할 수 없는 조건문의 종류가 있다. '→'를 사용하여 번역해서는 안 되는 조건문의 대표적인 것은 반사실적 조건문(Counterfactual Conditional)이다.

6.7) 반사실적 조건문은 무엇인가?

반사실적 조건문이란 조건문의 전건이 명백하게 사실과 어긋나는 조건문, 즉 조건문의 전건이 명백하게 실제로 거짓인 조건문이다.

m) 만약 최홍만 씨의 키가 지금보다 6cm더 크다면, 그는 미국의 대통령이 되었을 것이다.

m)의 전건은 명백하게 실제로 거짓이다. 따라서 우리가 m)을 '→'를 사용하여 'A→B'로 번역하면 m)은 실제로 참인 문장이라고 해야 한다. ('□→△' 형식의 문장은 □가 T이고 △가 F일 경우에만 거짓이다.) 따라서 '→'를 사용한 번역에 따르면 m)은 실제로 참이다. 그러나 상식적으로 볼 때, m)은 실제로 참일 수 없고 오히려 실제로 거짓이라고 보아야만 한다. 최홍만 씨는 미국의 시민도 아니고, 최홍만 씨의 신장과 미국의 정치 상황과는 전혀 상관관계가 없을 것이기 때문이다.

이처럼 반사실적 조건문을 '→'로 번역하게 되면, 거짓인 문장을 참인 문장으로 취급할 수밖에 없게 된다. 그러므로 반사실적 조건문은 '→'를 사용하여 표현될 수 없고, 구태여 반사실적 조건문을 SL에서 번역하려면 전체 문장을 하나의 원자명제로 취급할 수밖에 없다. (양상논리(양상개념을 다루는 논리체계)에서는 반사실적 조건문이 설명될 수 있다.)

6.8) '↔'(Double Arrow)의 의미는 무엇인가?

'↔'의 진리함수적 의미는 6.G)처럼 정의될 수 있다.

6.G) □↔△: □와 △가 모두 T이거나 모두 F일 경우에만 T이고, 다른 경우에는 모두 F이다.

영어에서의 'if and only if' 나 'when and only when' 등이 '↔'를 사용하여 표현될 수 있으나, 국어에서는 '↔'에 해당하는 마땅한 표현이 존재하지 않는다. 구태여 열거한다면, '~는 …의 필요충분조건이다' 또는 '~경우 꼭 그러할 경우에만 그렇다' 등이 '↔'로 번역될 수 있는 표현들이다. '□↔△' 형식의 문장을 쌍조건문(Bi-Conditional)이라고 한다.

쌍조건문이란 전건과 후건이 서로 바뀐 두 개의 조건문이 서로 연결된 문장 '(□→△)&(△→□)'을 말한다. 따라서 '(□→△)&(△→□)'와 '□↔△'의 진리함수적 의미는 동일하다.

'□→△'와 '△→□'가 모두 참이어야 '(□→△)&(△→□)'가 참인데, '□→△'와 '△→□'가 모두 참인 경우는 '□'와 '△'가 모두 참이거나 모두 거짓이어야 하고, 다른 경우에는 둘 중의 하나가 거짓일 것이기 때문이다. 따라서 '□→△' 형식의 문장을 조건문이라고 한다면, '□↔△'를 쌍조건문이라고 하는 것은 타당하다.

그러나 앞에서 보았듯이, '→'를 사용해서는 조건문이 완벽하게 번역될 수 없고, 오직 조건문들이 공유하는 부분적인 의미만이 번역될 수 있다. 이 때문에 '□→△' 형식의 문장은 일반적인 조건문과 구별하여 '질료적 조건문'이라고 한다. '□↔△' 형식의 문장은 '□→△'와 '△→□'의 두 개의 질료적 조건문이 연결된 문장이다. 따라서 '□↔△' 형식의 문장도 '질료적 쌍조건문' 이라고 불려야 할 것이다.

6.9) SL의 문장들의 종류에는 무엇이 있는가?

SL의 문장들은 연결사가 사용되었느냐의 여부에 따라 두 가지로 구분되고, 연결사가 사용되었을 경우에는 주 연결사가 무엇인가에 따라 다섯 가지로 구분될 수 있다.

6.H) SL의 문장들의 종류

i) 원자문장(Atomic Sentence): 연결사가 사용되지 않았을 경우

ex) A

ii) 분자문장(Molecular Sentence): 연결사가 사용되었을 경우

ⓐ 부정문(Negation): ~□

ⓑ 연언문(Conjunction): □&△ (&로 연결된 □와 △는 각기 연언(Conjunct)이라 한다.)

ⓒ 선언문(Disjunction): □∨△ (∨로 연결된 □와 △는 각기 선언(Disjunct)이라 한다.)

ⓓ 질료적 조건문(Material Conditional): □→△ (→ 앞의 □는 전건(Antecedent), → 뒤의 △는 후건(Consequent)이라 한다.)

ⓔ 질료적 쌍조건문(Bi-Conditional): □↔△

앞서 보았듯이 SL에서 분자문장의 경우, 전체 문장의 진리치는 구성문장의 진리치에 의해 결정될 수 있다. 이것이 가능한 이유는 연결사들이 오직 진리함수적 의미만을 가지고 있기 때문이다. 따라서 우리는 SL의 연결사들을 진리함수적 연결사(Truth Functional Connective)라 부르겠다.

SL의 연결사들은 오직 진리함수적 의미만을 가지고 있기 때문에 진리함수적으로 설명될 수 있다. 한 예로 '&'는 진리함수적으로 6.I)처럼 설명될 수 있다.

6.I) X&Y: {<<T, T>, T>, <<T, F>, F>, <<F, T>, F>, <<F, F>, F>}

이처럼 SL의 연결사들은 진리함수적으로 설명될 수 있고, 또한 이들의 진리함수적 의미는 일목요연하게 하나의 도식으로 표현될 수 있다.

4장에서 언급했듯이 명제는 오직 참이나 거짓, 두 가지 진리치 중의 하나만을 가질 수 있으며, 따라서 명제를 다루는 SL도 진리치로 참과 거짓만을 인정하는 2가 논리이다.

그러므로 한 문장 □의 진리치와 관계해서는 오직 □가 참일 가능성과 □가 거짓일 가능성밖에 없다.

또한 두 개의 문장 □와 △가 있을 경우, 이들의 진리치와 관계해서는 오직 네 가지 가능성이 있다. 즉, □와 △가 모두 참일 가능성, □는 참이고 △는 거짓일 가능성, □는 거짓이고 △는 참일 가능성, □와 △가 모두 거짓일 가능성의 네 가지이다. 따라서 우리가 만약 이 네 가지 가능성을 열거하고 각각의 가능성에서 각각의 연결사로 구성된 문장들이 어떤 진리치를 가질 것인가를 표시하면 우리는 연결사들의 진리함수적 의미를 표현한 셈이 된다.

6.J)

□ △	□ & △	□ ∨ △	□ → △	□ ↔ △	~ □
① T T	T	T	T	T	F
② T F	F	T	F	F	F
③ F T	F	T	T	F	T
④ F F	F	F	T	T	T

6.J)는 연결사들의 진리함수적 의미를 완벽하게 나타내고 있다. 따라서 6.J)와 연결사들의 진리함수적 성격을 이용하면, 복잡한 분자문장의 경우에도 원자문장의 진리치만 알면 전체 문장의 진리치를 계산할 수 있다. 한 예로 문장 n)의 진리치를 계산해 보겠다.

n) ~A∨(B↔(~A→(~C∨B)))

A: T

B: F

C: T

n)의 주 연결사는 첫 번에 나오는 '∨' 이다. 따라서 전체의 진리치를 알기 위해서는 양쪽의 선언들의 진리치를 먼저 알아야 한다. A가 T이므로 ~A는 F이다. 또한 ~C와 B는 모두 F이므로 ~C∨B는 F이고, ~A가 거짓이므로 ~A→(~C∨B)는 참(T)이다. B가 거짓이므로 B↔(~A→(~C∨B))는 거짓이다. 따라서 양쪽 선언들이 모두 거짓이므로 n)은 F이다.

6.10) 자연언어로 표현된 복잡한 문장을 SL에선 어떻게 번역하는가?

앞에서 우리는 각각의 문장기호(A, B, C, …)들이 하나의 원자명제를 나타내고 각각의 문장연결사들은 고유의 진리함수적 의미들을 가지고 있다는 것을 배웠다. 따라서 이들(문장기호, 문장연결사, 괄호)을 사용하여 자연언어에서 표현된 복잡한 문장들도 그 진리함수적 의미에 따라 SL에서 번역될 수 있다. 여기서는 간단히 몇 가지 문장만을 살펴보겠다.

o) 만약 길동이가 미남이고 부자이면 순희는 길동이를 좋아할 것이지만, 길동이는 미남이기는 해도 부자는 아니거나 부자이기는 해도 미남은 아니다.

o)와 같이 복잡한 문장을 번역하기 위해서는 우선 문장의 주 연결사(전체 문장을 두 부분으로 나눌 수 있는 곳)를 찾아야 한다. o)의 경우 전체 문장은 '~ 것이지만' 과 '길동이 ~' 사이에서 나누어질 수 있고, 전반부의 조건문과 후반부의 선언문으로 구성되었다. 따라서 전반부의 조건문을 □로, 후반부의 선언문을 △로 치환하면, o)는 '□&△' 형식의 문장이다. o)의 주 연결사는 '&' 이므로 o)의 번역을 위해서 해야 할 것은 전반부의 조건문과 후반부의 선언문을 각기 번역해서 □와 △를 대치시켜야 한다.

'길동이가 미남이다'를 A로, '길동이가 부자이다'를 B로, '순희는 길동이를 좋아한다.'를 C로 나타내면 전반부의 조건문은 (A&B)→C로 번역된다. 후반부의 선언문을 포괄적 선언문으로 해석하면 후반부의 선언문은 (A&~B)∨(~A&B)로 번역된다. 그러나 쉽게 알 수 있듯이 이 선언문의 두 선언은 동시에 참일 수 없다. 따라서 후반부의 선언문은 포괄적 선언문이 아니라 배척적 선언문이다. 그러나 포괄적 선언문의 번역인 (A&~B)∨(~A&B)의 경우, 두 선언 (A&~B)와 (~A&B)가 동시에 참일 수 없고, 이 번역 자체가 두 선언이 동시에 참인 경우를 배제하고 있다.

따라서 o)의 번역은 ((A&B)→C)&((A&~B)∨(~A&B))이다.

p) 철수와 영희와 길동이 중에서 적어도 한명은 논리학 과목에서 A를 받을 것이다.

p)는 o)와는 달리 어떤 연결사를 사용하여 어떻게 번역해야 할지가 문장의 구조 속에 나타나 있지 않은 문장이다. 이런 경우에는 이 문장이 어떤 경우에 참이고 어떤 경우에 거짓인가를 파악하여 번역을 시도해야 한다. 즉, p)의 진리함수적 성격에 의거해서 p)가 SL로 번역되어야 한다.

'철수가 논리학 과목에서 A를 받을 것이다'를 A로, '영희가 논리학 과목에서 A를 받을 것이다'를 B로, '길동이가 논리학 과목에서 A를 받을 것이다'를 C로 나타내면, p)가 참인 경우는 아래의 7가지이다.

① A가 참이고 B가 참이고 C가 참인 경우
② A가 참이고 B가 참이고 C가 거짓인 경우
③ A가 참이고 B가 거짓이고 C가 참인 경우
④ A가 참이고 B가 거짓이고 C가 거짓인 경우
⑤ A가 거짓이고 B가 참이고 C가 참인 경우

⑥ A가 거짓이고 B가 참이고 C가 거짓인 경우
⑦ A가 거짓이고 B가 거짓이고 C가 참인 경우

또한 p)가 거짓인 경우는 A, B와 C가 모두 거짓인 경우 오직 하나이다. 따라서 p)의 번역은 7가지 각각의 경우를 모두 번역하여 선언문으로 만들거나, p)가 거짓인 경우의 부정문을 만들면 된다. 전자의 방식에 따른 p)의 번역은 (A&B&C)∨(A&B&~C)∨(A&~B&C)∨(A&~B&~C)∨(~A&B&C)∨(~A&B&~C)∨(~A&~B&C)이다. 반면에 후자에 따른 번역은 ~(~A&~B&~C)이다. (여기서 괄호는 임의로 생략했음.)

이 두 가지 번역은 모두 p)에 대한 올바른 번역이다. 그러나 나중에 알게 되겠지만, 이 두 가지 번역은 모두 A∨B∨C와 동일한 진리함수적 의미를 가지고 있다. 따라서 이 세 가지 모두가 p)에 대한 올바른 번역이다.

6장과 관계된 문제들

1) 다음을 번역하시오.

① 철수와 영희와 길동이 중에서 적어도 1명은 A를 받을 것이다.

② 철수와 영희와 길동이 중에서 많아야 1명은 A를 받을 것이다.

③ 철수와 영희와 길동이 중에서 많아야 2명은 A를 받을 것이다.

④ 철수와 영희와 길동이 중에서 정확하게 2명이 A를 받을 것이다.

2) 반사실적 조건문의 예를 하나 제시하고 이를 번역하시오.

3) 배척적 선언문의 예를 하나 제시하고 이를 번역하시오.

4) 아래의 문장들을 SL로 번역하시오.

① 순희는 미녀이거나 추녀인데 만약 그녀가 추녀이면 길동이는 그녀를 사랑하지 않을 것이다.

② 순희가 미녀인 것은 길동이가 순희를 사랑하기 위한 필요조건이지만 충분조건은 아니다.

③ 순희가 미녀이고 부자인 것은 길동이가 순희를 사랑하기 위한 필요충분조건이다.

④ 만약 6.25가 발발하지 않았다면 한국도 경제 강대국이 되었을 것이지만 한국은 여전히 경제적 난국 상태를 면치 못하고 있다.

⑤ 지구는 화성보다 크거나 작지만 지구는 생명체가 살 수 있는 행성인데 반해 화성은 생명체가 살 수 없는 행성이다.

7장 진리표란 무엇인가?

7) 진리표란 무엇인가?

진리표란 SL에서 분자문장의 진리치가 원자문장의 진리치와 연결사들의 진리함수적 의미에 따라 어떻게 결정되는가를 일목요연하게 표현해 주는 논리적 장치이다. 진리표를 작성하여 우리는 SL의 문장이나 논증들의 논리적 성격을 파악할 수 있다.

7.1) 진리표는 어떻게 작성하는가?

SL의 한 문장 □의 진리표는 아래의 방법과 순서에 따라 작성될 수 있다.

7.A) i) 다음과 같이 십자를 그린다.

ii) 십자의 오른쪽 상단에 □를 기입한다.

iii) 십자의 왼쪽 상단에 □에 나타나는 모든 문장기호들을 열거한다.

iv) 문장기호들의 수에 따라 진리표의 하단에 몇 개의 줄이 사용되어야 하는지를 파악한다.

* 진리표 상의 줄의 수 = 2^n (여기서 n은 □에 나타나는 문장기호의 수이다.
  만약 □에 세 개의 문장기호가 나오면 진리표 하단부의 줄의 수는 2^3=8개이다.)

v) 문장기호들을 열거한 제일 안쪽의 문장기호 아래의 위에서부터 아래로 처음에는 T를, 그 다음에는 F의 순으로 기입하라. 그 다음 열에서는 처음에는 T를 계속해서 두 번 기입한 후, F를 두 번 연속해서 기입하는 방법으로, 그 다음 열에서는 처음에는 T를 4번 계속 기입하고, 다음에는 F를 4번 계속 기입하는 방법으로 왼쪽 하단부를 완성하라(두 배씩).

vi) 각각의 줄에 따라 □의 진리치를 계산하라.

7.A)의 순서에 따라 SL의 한 문장 a)의 진리표를 작성해 보겠다.

a) ~(((~~A&B)→(C↔~A))∨~B)

우선 a)에는 세 개의 문장기호가 나타나고 있다. 따라서 7.A)의 i)과 ii)와 iii)을 차례로 수행하면 a1)을 얻게 된다. (*설명을 간결히 하기 위해서 (((~~A&B)→(C↔~A))∨~B)를 □로 (~~A&B)→(C↔~A)를 △로 대치하는 것을 허용한다.)

a1)

A B C	~(((~~A&B)→(C↔~A))∨~B)
T T T	
T T F	
T F T	
T F F	
F T T	
F T F	
F F T	
F F F	

a)의 주 연결사는 제일 앞쪽에 위치한 '~'이므로 a)의 진리치를 알기 위해서는 □의 진리치를 먼저 알아내야 한다. □의 주 연결사는 ∨이므로, □ 의 진리치는 △와 ~B의 진리치에 따라 계산될 수 있다. 또한 △의 진리치를 알기 위해서는 (~~A&B)와 (C↔~A)의 진리치를 먼저 계산해 내야 한다.

우선 ~~A&B와 C↔~A, 그리고 ~B의 진리치는 각 줄에서 다음의 a2)와 같이 계산된다. (*연결사 밑에 그 연결사로 연결된 문장의 진리치를 기입한다.)

a2)

A B C	~(((~~A&B)→(C↔~A))∨~B)
T T T	T F F
T T F	T T F
T F T	F F T
T F F	F T T
F T T	F T F
F T F	F F F
F F T	F T T
F F F	F F T

따라서 △((~~A&B)→(C↔~A))의 진리치는 a3)에서와 같이 계산될 수 있다.

△
‖

a3)

A B C	~(((~~A&B)→(C↔~A))∨~B)
T T T	T **F** F F
T T F	T **T** T F
T F T	F **T** F T
T F F	F **T** T T
F T T	F **T** T F
F T F	F **T** F F
F F T	F **T** T T
F F F	F **T** F T

따라서 우리는 △의 진리치와 ~B의 진리치로부터 □의 진리치를 계산해 낼 수 있고, 결국 각 줄에서의 a)의 진리치를 계산해 낼 수 있다.

a★) ↓

A B C	~(((~~A & B) → (C ↔ ~A)) ∨~B)
T T T	T T F F FF
T T F	F T T T TF
T F T	F F T F TT
T F F	F F T T TT
F T T	F F T T TF
F T F	F F T F TF
F F T	F F T T TT
F F F	F F T F TT

△의 진리치 □의 진리치

a★)는 a)에 대한 진리표이다. a★)에서 제일 왼쪽의 ~ 위에 ↓표를 기입한 것은 그것이 주 연결사임을 나타내기 위한 것이다. 따라서 주 연결사인 ~ 밑에 열거된 진리치가 각 줄에서의 a)의 진리치다.

a★)에서 한 가지 언급하고 넘어갈 것은 a★)의 왼쪽 하단부의 8줄은 각각 A와 B와 C 세 가지 원자명제들의 진리치와 관계된 하나의 가능성을 나타내고 있다는 것이다. 첫 번째 줄은 A, B, C가 모두 참인 가능성을 나타내고, 여섯 번째 줄은 B가 참이고 A와 C가 거짓인 가능성을 나타내고 있다. 또한 이 8개의 줄은 A, B, C 세 개의 원자명제의 진리치와 관련된 모든 가능성을 나타내고 있다. 따라서 A, B, C 세 개의 원자명제의 진리치와 관련해서 8개의 줄에 나타나지 않은 가능성은 없다고 할 수 있다.

7.2) 연역논리의 기본 개념들은 진리표로 표현될 수 있는가?

진리표 상의 각각의 줄은 원자명제들의 진리치와 관련된 하나의 가능성을 나타내고 있다. 따라서 SL의 한 문장 □가 진리표 상의 한 줄에서

T의 진리치를 가진다면 이는 □가 참일 가능성이 있다는 의미이고, 또한 □가 진리표 상의 한 줄에서 F의 진리치를 가진다면 이는 □가 거짓일 가능성이 있다는 의미로 받아들여질 수 있다. 진리표의 이러한 성격을 이용하여 연역논리의 기본 개념들은 아래와 같이 설명될 수 있다.

7.B) ① 논리적 진실(진리함수적 진실/Truth-Functional Truth): 진리표 상의 모든 줄에서 □의 진리치가 T이면, □는 논리적 진실이다.

② 논리적 거짓(진리함수적 거짓/Truth-Functional Falsity): 진리표 상의 모든 줄에서 □의 진리치가 F이면, □는 논리적 거짓이다.

③ 우연명제(Contingent Proposition): 진리표 상의 적어도 한 줄에서 □가 참이고 적어도 다른 한 줄에서 F이면, □는 우연명제이다.

④ 논리적 일관성(진리함수적 일관성/Truth-Functional Consistency): 진리표 상의 적어도 한 줄에서 집합 A를 구성하고 있는 모든 명제들이 모두 T이면, 집합 A는 일관성이 있는 집합이다.

⑤ 논리적 동치(진리함수적 동치/Truth-Functional Equivalence): 진리표 상의 각각의 줄에서 □와 △가 동일한 진리치를 가지면, □와 △는 논리적 동치이다.

⑥ 타당성(진리함수적 타당성/Truth-Functional Validity): 전제들이 모두 참이고 결론이 거짓인 줄이 진리표 상에 없으면 그 논증은 타당하다. (즉, 적어도 진리표 상의 한 줄에서 전제들이 모두 T이고 결론이 F이면 그 논증은 타당하지 않다.)

7.B)는 진리표로 아래와 같이 표현된다.

7.C) ① □는 논리적 진실 ② □는 논리적 거짓 ③ □는 우연명제

	□
	T
	T
	T
	T

	□
	F
	F
	F
	F

	□
	적어도 한줄은 T
	적어도 한줄은 F

④ {□, △, ○}는 논리적 일관성이 있다.

{□, △, ○}
T T T (적어도 한줄에서)

⑤ {□, △, ○}는 논리적 일관성이 없다.

{□, △, ○}
T T T ← 이런 줄이 없다

⑤ □와 △는 논리적 동치이다. (각 줄에서 □와 △가 동일한 진리치를 가진다)

(동치)

□	△	
T	F	이런 줄이 있다
F	T	

(동치가 아님)

□	△
적어도 한 줄에서 T F나 F T로 나오는 줄이 있다	

⑥

□
△
——— 는 타당하지 않다
○

□
△
——— 는 타당하다
○

□	△	○
T	T	F

□	△	○	
T	T	F	←이런 줄이 없다

7.B)의 ①부터 ⑥은 각기 4.A)의 ①부터 ⑥을 진리표에 의해 다시 표현한 것이라 할 수 있다. 그러나 4.A)의 개념들이 7.B)의 개념들과 동일하게 취급될 수는 없다. 7.B)는 4.A)의 개념들을 진리함수적으로 표현한 것에 불과하고, 따라서 4.A)의 개념들은 7.A)의 개념들보다 일반적인 개념들이기 때문이다. 하나의 예를 통해 7.B)의 개념들과 4.A)의 개념들 사이의 차이점에 대해서 설명해 보겠다.

b) 길동이는 길동이다.

직관적으로 볼 때 b)는 논리적 진실이다. b)는 'a=a' 형식의 문장으로 b)가 거짓일 가능성은 없을 것이기 때문이다. 그러나 b)는 6장에서의 기준에 의하면 하나의 주어와 하나의 술어로 구성된 원자명제이다. 따라서 구태여 b)를 SL로 번역한다면 하나의 문장기호를 사용하여야 한다. (사실상 b)는 SL에서 취급될 수 없는 문장으로 술어논리인 PL에서 취급되어야 한다.) 만약 하나의 문장기호 A를 사용하여 b)를 나타내면, b)는 우연명제이다. 왜냐하면 A에 대한 진리표에는 T의 줄도, F의 줄도 있기 때문이다. 따라서 b)의 경우, 논리적 진실의 문장이 진리함수적으로는 우연명제가 된다.

그러나 7.B)의 개념들과 4.A)의 개념들 사이의 이러한 불일치를 진리표라는 논리적 장치에 문제가 있는 것으로 보아서는 안 된다. 이러한 불일치는 진리표라는 논리적 장치 때문이 아니라 SL이라는 인공언어체계의 표현의 한계 때문에 발생하는 것이다. 즉, 원자명제를 기본단위로 하는 SL에서는 b)의 형식인 'a=a' 와 같은 원자명제의 형식은 번역될 수 없기 때문이다. 따라서 b)와 같은 명제는 SL에서 취급될 수 없는 명제로 구분되어야 한다.

7.3) SL의 문장들이 논리적 진실인가, 또는 논리적 거짓인가, 아니면 우연명제인가는 진리함수적으로 어떻게 결정되는가?

SL의 한 문장 □의 논리적 성격을 결정하기 위해서는 □의 진리표를 작성하고 그 진리표가 7.B)의 ①, ②, ③ 중 어느 것을 반영하는가를 확인 하면 된다.

한 예로 앞에서 고려했던 a)를 살펴보겠다. a)의 진리표인 a4)의 첫째 줄에서 a)의 진리치는 T이고, 다른 줄에서는 F이다. 즉, a)는 진리표상의 적어도 한 줄에서 T이고 적어도 한 줄에서 F이다. 따라서 7.B)의 ③에 따라 a)는 우연명제이다.

7.4) SL의 문장들로 구성된 집합이 논리적 일관성이 있는가는 진리함수적으로 어떻게 결정되는가?

SL의 문장들 □, △, ○, 로 구성된 집합 '{□, △, ○}'의 일관성 여부를 결정하기 위해서는 우선 '{□, △, ○}'에 대한 진리표를 작성하고 그 진리표가 7.B)의 ④를 만족시키는가를 확인해야 한다.

c) {A&~B, ~(A&B), ~(B∨~(A→B))}

집합 c)의 진리표는 c1)처럼 작성된다.

c1)

A B	{A&~B,	~(A&B),		~(B∨~(A→B))}		
	↓	↓		↓		
T T	F	F	T	F	T F	T
T F	T	T	F	F	T T	F
F T	F	T	F	F	T F	T
F F	F	T	F	T	F F	T

c1)의 ↓ 밑의 진리치가 각 문장의 진리치이다. 진리표 상에는 세 개의 문장 모두가 참인 줄이 없다. 따라서 c)는 논리적 일관성이 없는 집합이다.

7.5) SL의 두 문장이 논리적 동치인가는 진리함수적으로 어떻게 결정되는가?

SL의 두 문장 □와 △가 동치인가를 알기 위해서는 □와 △의 진리표를 작성하고 그 진리표가 7.B)의 ⑤의 조건을 만족시키는가를 확인해야 한다.

d) ~(A∨~B) ~(B→A)

d)의 진리표는 d1)이다.

d1) ↓ ↓

A B	~(A∨~B)	~(B→A)
T T	F T	F T
T F	F T	F T
F T	T F	T F
F F	F T	F T

d1)의 셋째 줄에서 ~(A∨~B)와 ~(B→A)는 모두 T이고, 다른 줄에서는 둘 다 모두 F이다. 즉, 진리표 상의 모든 줄에서 ~(A∨~B)와 ~(B→A)의 진리치는 동일하다. 따라서 d1)의 진리표는 7.B)의 ⑤를 만족시키므로 ~(A∨~B)와 ~(B→A)는 논리적 동치이다.

7.6) SL의 논증이 타당한가는 진리함수적으로 어떻게 결정되는가?

SL의 문장으로 구성된 논증이 타당한가를 알기 위해서는 그 논증의 진리표를 작성하고 그 진리표가 7.B)의 ⑥과 일치하는가를 확인해야 한다.

e) A→(B→~A)
B∨A
―――――
A

논증 e)의 진리표는 e1)처럼 작성된다.

e1)

A B	A→(B→~A) ↓	B∨A ↓	A
T T	F F	T	T
T F	T T	T	T
F T	T T	T	F
F F	T T	F	F

논증 e)의 진리표는 e1)의 셋째 줄에서 전제들은 모두 T인 반면, 결론인 A는 F이다. 즉, 논증 e)의 진리표에는 적어도 전제들이 모두 참이고 결론이 거짓인 하나의 줄이 존재한다. 따라서 논증 e)는 타당한 논증이 아니다.

7.7) 약식진리표(Shortened Truth Table)란 무엇인가?

앞에서 보았듯이 SL의 문장이나 논증의 논리적 성격은 진리표를 사용하여 규명될 수 있다. 이러한 유용성에도 불구하고 진리표를 사용하여 SL의 문장이나 논증들의 논리적 성격을 규명하는 것은 커다란 난점을 가지고 있다. 왜냐하면 SL의 한 문장이 많은 수의 다른 문장기호들로 구성되었을 경우, 그 문장의 진리표를 작성하는 것은 불가능하지는 않더라도 매우 비실용적이기 때문이다.

f) (A&~B)→((C∨(~D↔~A))→((E∨G)∨~F))

f)의 경우 7개의 다른 원자명제들이 사용되었다. 따라서 f)의 진리표는 128줄(2^7=128)로 구성되어야 한다. 128줄로 구성된 f)의 진리표를 작성하는 것은 불가능하지는 않아도 비실용적이고 매우 불편한 일이다. 약식진리표는 진리표의 이러한 비실용성과 불편함을 개선하기 위해 고안된 방식이다.

약식진리표 방식은 완전한 진리표를 작성하기보다는 SL의 문장이나 논증의 논리적 성격을 보여 주는 결정적인 한 줄을 찾아냄으로써 그 문장이나 논증의 논리적 성격을 규명하는 방식이다. 약식진리표 방식에 따른 문장이나 논증의 논리적 성격의 규명은 아래와 같이 정리될 수 있다.

7.D) ① **논리적(진리함수적) 진실: □가 F인 한 줄을 모순 없이 구성해 낼 수 있으면 □는 논리적 진실이 아니고, □가 F인 한 줄을 모순 없이 구성해 낼 수 없으면 □는 논리적 진실이다.**

② **논리적(진리함수적) 거짓: □가 T인 한 줄을 모순 없이 구성해 낼 수 있으면 □는 논리적 거짓이 아니고, □가 T인 한 줄을 모순 없이 구성해 낼 수 없으면 □는 논리적 거짓이다.**

③ **우연명제: □가 T인 줄도, □가 F인 줄도 모순 없이 구성해 낼 수 있으면 □는 우연명제이다.**

④ **논리적(진리함수적) 일관성: 집합 A를 구성하고 있는 모든 구성 요소들이 T인 한 줄을 모순 없이 구성해 낼 수 있으면 A는 논리적 일관성이 있고, 구성해 낼 수 없으면 A는 논리적 일관성이 없다.**

⑤ **논리적(진리함수적) 동치: □와 △가 서로 다른 진리치를 가지는 줄을 모순 없이 구성해 낼 수 있으면 □와 △는 논리적 동치가 아니고, 구성해 낼 수 없으면 □와 △는 논리적 동치이다.**

⑥ 타당성(진리함수적 타당성): 한 논증의 전제들이 모두 참이고 결론이 거짓인 줄을 모순 없이 구성해 낼 수 있으면 그 논증은 타당하지 않고, 구성해 낼 수 없으면 그 논증은 타당하다.

예를 사용하여 7.D)를 설명해 보겠다. 우선 f)의 논리적 성격을 약식 진리표를 사용하여 규명해 보겠다. f)는 SL의 한 문장이므로 f)는 논리적 진실이거나 논리적 거짓이거나 우연명제이다. 따라서 f)가 논리적 진실인가의 여부를 먼저 약식진리표로 살펴보자. 7.D)의 ①에 따라, 만약 우리가 f)가 F인 줄을 모순 없이 구성해 낸다면 f)는 논리적 진실이 아니다. f)가 F인 줄을 구성해 내기 위해서는 f)의 전건이 T이고 후건이 F이어야 한다.

f1)

A B C D E F G	(A&~B) ↓→ ((C∨(~D↔~A))→((E∨G)∨~F))
	(A&~B): T, →: F, 후건 →: F

f)의 전건인 A&~B가 T이기 위해서는 A는 T이고 B는 F이어야 하고, f)의 후건이 F이기 위해서는 (C∨(~D↔~A))는 T이고 ((E∨G)∨~F)는 F이어야 한다. 따라서 우리는 f1)으로부터 f2)를 얻을 수 있다.

f2)

A B C D E F G	(A&~B) ↓→ ((C∨(~D↔~A))→((E∨G)∨~F))
T F	(A&~B): T, →: F, (C∨(~D↔~A)): T, 후건 →: F, ((E∨G)∨~F): F

(E∨G)∨~F가 F(거짓)이기 위해서는 F는 참이고 E∨G는 거짓이어야 하므로, E와 G는 모두 F이다. 따라서 우리는 f2)로부터 f3)를 얻을 수 있다.

f3) {↓

A B C D E F G	(A&~B)→((C∨(~D↔~A))→((E∨G)∨~F))
T F F T F	T F T F F

C∨(~D↔~A)가 T이기 위해서는 적어도 C가 참이거나 (~D↔~A)가 참이어야 한다. 만약 C가 참이고 ~D가 거짓이면, 양쪽 선언이 모두 참이게 되므로 C∨(~D↔~A)는 T이다. 결국 우리는 아래의 f★)에서 보듯이 f)가 F인 한 줄을 찾아낸 셈이다. 따라서 f)는 논리적 진실은 아니다.

f★) ↓

A B C D E F G	(A&~B)→((C∨(~D↔~A))→((E∨G)∨~F))
T F T T F T F	T F TT T F F

f)가 T인 줄을 찾아내는 약식진리표 방식을 다시 시행하면 우리는 f)가 논리적 거짓인가의 여부를 알아낼 수 있다. f)가 T인 줄도 쉽게 찾아낼 수 있다. (A가 F일 경우 f)는 무조건 참이다.) 따라서 f)는 7.C)의 ③에 따라 우연명제라 할 수 있다.

논증의 경우에도 약식진리표를 사용하여 어떻게 그 논리적 성격이 규명될 수 있는가를 구체적인 예를 통해 살펴보도록 하겠다.

g) A→((B→C)→D)
~D∨~E
(~E&D)↔C
―――――――――
A→C

7.C)의 ⑥에 따르면, 전제들이 모두 T이고 결론이 F인 줄을 구성해내면 g)는 타당하지 않은 논증이다. g)가 타당하지 않다면, 결론인 A→C는 F이어야 하므로 A는 참이고 C는 거짓이어야 한다.

g1)

A B C D E	A→((B→C)→D)	~D∨~E	(~E&D)↔C	A→C
T F	T	T	T	F

A→((B→C)→D)가 T이려면, A가 T이므로 (B→C)→D는 반드시 T이어야 한다. C가 F이므로 (B→C)→D가 T이기 위해서는, ① B가 T이든가 아니면 D가 T이어야 한다. C가 F이므로 (~E&D)↔C가 T이려면 ~E&D가 F이어야 하므로, ② E가 T이든지 D가 F이어야 한다. 또한 ~D∨~E가 T이기 위해서는, ③ D가 F이든지 E가 F이어야 한다. ①, ②, ③으로부터 전제가 모두 T이려면 B가 T이고 D가 F이어야 한다. 따라서 g)의 전제들이 모두 T이고 결론이 F인 약식진리표는 아래의 g2)와 같다.

g2)

A B C D E	A→((B→C)→D) ↓	~D∨~E ↓	(~E&D)↔C ↓	A→C ↓
T T F F	TT F T	T T	F T	F

g2)에서 E의 진리치는 결정되어 있지 않다. E의 진리치가 공란으로 남겨진 이유는 A, B, C, D의 진리치가 g2)와 같으면 g)의 전제들은 참이고 결론도 참이므로 E의 진리치에 상관없이 결정되기 때문이다. 따라서 g2)는 진리표 상에 g)가 타당하지 않음을 보여 주는 두 줄이 있음을 나타내고 있다.

7장과 관련된 문제들

1) 5장의 식 b) 와 5장과 관계된 문제들 중 ①과 ④를 약식진리표를 사용하여 그 논리적 성격을 규명하라.

2) 6장의 c)의 진리표를 작성하고 그 논리적 성격을 규명하라.

3) 6장의 o)를 번역하고 진리표를 사용하여 그 논리적 성격을 규명하라.

4) 6장과 관계된 문제들 중 1)의 문장들을 번역하고 진리표를 사용하여 그 논리적 성격을 규명하라.

5) 아래의 문장, 문장들의 쌍, 문장들의 집합, 논증들의 논리적 성격을 진리표를 사용하여 규명하라.

① $\sim C\&(((A \to B)\&(\sim B \lor C))\&A)$

② $(\sim A \to \sim(C\&D)) \to \sim C$, $\sim(C \lor \sim(B\&A)) \lor \sim A$

③ $\{\sim A \lor \sim B, B \to \sim C, \sim(C\&A), (A \lor B)\&(A \lor C)\}$

④ $\sim((A\&B)\&C) \to (A \lor \sim C)$

$(\sim A \lor B)\&(B \to C)$

$B \leftrightarrow C$

⑤ ~A→(~B→(A↔C))

(~B∨A)&(~C∨B)

~(~C&B)

8장 진리표와 관계된 중요한 개념들은 무엇인가?

8) 진리표와 관계된 중요한 개념들은 무엇인가?

7장에서 우리는 두 개의 서로 다른 SL의 문장이 진리표 상으로 동일한 진리치를 가질 수 있고, 이 경우 우리는 이 두 문장을 논리적(진리함수적) 동치의 문장이라고 한다는 것을 보았다. 따라서 두 개의 문장 □와 △가 논리적(진리함수적)으로 동치일 경우 □와 △는 동일한 진리함수적 의미를 가지고 있다. 또한 SL에서는 진리함수적 의미만을 번역하므로 □와 △는 동일한 의미의 문장이라 할 수 있다.

자연언어에서 표현된 문장의 진리함수적 의미만이 번역되고 따라서 두 문장이 동치일 경우, 두 문장의 진리함수적 의미는 동일한 것으로 취급되어야 한다는 SL의 특성은 주목할 만 한 점을 야기한다. 즉, SL에서 표현될 수 있는 모든 문장들은 3개의 연결사만을 사용해서, 또는 오직 2개나 1개의 연결사만을 사용해서 표현될 수 있다.

8.1) 정형적 선언문 형식(Disjunctive Normal Form)이란 무엇인가?

정형적 선언문 형식이란 '~', '&'와 '∨' 의 3개의 연결사만이 사용되고 그 주 연결사가 '∨'로 연결된 SL의 문장형식이다. 한 예로 (~A&B)∨(A&~B)와 같은 문장이 정형적 선언문 형식의 문장이다. 특이한 점은 SL의 모든 문장들은 자신과 그 진리함수적 의미가 동일한 정형적 선언문 형식들을 가지고 있고, SL의 어떤 문장에 대해서도 우리는 그 문장과 동일한 진리치를 가지는 정형적 선언문 형식을 찾아낼 수 있다는 것이다.

SL의 한 문장의 정형적 선언문 형식을 찾아내는 방식은 아래와 같이 정리될 수 있다.

8.A) SL의 한 문장 □의 정형적 선언문 형식을 찾아내는 방법

i) □의 진리표를 작성하라.

ii) 진리표 상에서 □가 T인 줄만을 고려하라.

iii) □가 T인 줄에서 문장기호의 진리치가 T이면 그 문장기호 자체를 기입하고, 문장기호의 진리치가 F이면 그 문장기호의 부정(~)을 기입하고 이들을 '&'를 사용해서 연결하라.

iv) iii)의 과정을 통해서 작성된 식들을 '∨'를 사용하여 연결하라.

SL의 한 문장의 정형적 선언문 형식을 찾는 방식을 하나의 예를 통해 살펴보겠다.

a) ~(A→~B)↔(B&~(A∨B))

a)는 SL의 다섯 개의 문장연결사가 모두 사용된 문장이다. a)의 진리표는 a1)이다.

a1)

A B	~(A→~B)↔(B&~(A∨B))
	↓
① T T	T F F F TFF T
② T F	F T T T FFF T
③ F T	F T F T TFF T
④ F F	F T T T FFT F

a1)에서 a)가 참인 줄은 ②, ③, ④이다. 8.A)의 iii)에 따르면, ②는 A&~B로, ③은 ~A&B로, ④는 ~A&~B로 표현된다. 따라서 8A)의 iv)에 따라 a)의 정형적 선언문 형식은 이들 세 문장을 '∨'로 연결한 ((A&~B)∨(~A&B))∨(~A&~B)이다. (어떤 '∨'를 주 연결사로 하느냐는 전체 문장의 진리함수적 의미와 무관하다. 따라서 여기서는 임의로 세 번째 '∨'를 주 연결사로 처리했다.)

a)의 정형적 선언문 형식은 a)와 동일한 진리함수적 의미를 갖는다. 논의의 편의를 위해서 ((A&~B)∨(~A&B))∨(~A&~B)를 ★로 대치하면 진리표 상의 첫 번째 줄에서는 ★가 F이고, 두 번째 줄에서는 ★의 첫 번째 선언 때문에, 세 번째 줄에서는 두 번째 선언 때문에, 네 번째 줄에서는 ★의 세 번째 선언 때문에 ★가 T이기 때문이다.

앞에서 살펴보았듯이 SL의 각각의 문장들에 대해 그 문장과 동일한 진리함수적 의미를 지닌 정형적 선언문 형식을 찾아낼 수 있다. 정형적 선언문 형식은 인공지능과 관련하여 중요한 함의를 지니고 있다. 왜냐하면 정형적 선언문 형식은 기계적 처리가 어려운 '→', '↔'등의 연결사들을 포함한 문장들을 기계적 처리가 용이한 '~', '&', '∨'만을 포함한 문장들로 대치할 수 있게 해주는 형식이기 때문이다.

앞에서 우리는 정형적 선언문을 이용하여 모든 SL의 문장들은 3개의 연결사(~, &, ∨)만을 가진 동치의 문장으로 대치될 수 있다는 것을 보았다. 그러나 SL의 문장들과 동일한 진리함수적 의미를 지닌 문장들을 표현하기 위해 이 3개의 연결사(~, &, ∨)가 모두 필요한 것은 아니다

2개의 연결사만을 사용해서도 SL의 모든 문장들은 표현될 수 있다.

8.2) ~, ∨ 만을 사용해서 SL의 모든 문장들이 표현될 수 있는가?

우리는 8.1)에서 SL의 모든 문장들은 '~', '&', '∨'만을 사용해서 표현될 수 있다는 것을 살펴보았다. 따라서 '~', '∨'만을 사용해서 SL의 모든 문장들이 표현 가능한가를 확인하기 위해서는 연결사 '&'가 '~'와 '∨'를 이용해서 표현될 수 있다는 것을 보여주면 된다.

8.B) □	△	□&△	~(~□∨~△)	
T	T	T	T	F
T	F	F	F	T
F	T	F	F	T
F	F	F	F	T

8.B)는 '□&△'와 '~(~□∨~△)'가 동치라는 것을 보여주고 있다. 즉, '□&△'와 '~(~□∨~△)'는 동일한 진리함수적 의미를 가지고 있다. 이는 '&'는 '~'와 '∨'를 사용하여 표현될 수 있다는 것을 의미한다. 따라서 SL의 모든 문장들은 '~'와 '∨'만을 사용하여 표현될 수 있다.

b) (A→B)↔(~B→A)

한 예로 b)를 '~'와 '∨'만을 사용하여 표현해 보겠다. b)는 SL의 한 문장이므로 우리는 b)의 정형적 선언문을 찾아낼 수 있다. b)의 정형적 선언문은 ⑤(A&B)∨(~A&B)이다. 8.B)를 사용하면 ⑤의 첫 번째 선언은 ~(~A∨~B)로, ⑤의 두 번째 선언은 ~(A∨~B)로 나타낼 수 있다. 따라서 b)는 '~'와 '∨'만을 사용하여 ~(~A∨~B)∨~(A∨~B)로 표현될 수 있다.

8.3) ~와 & 만을 사용해서도 SL의 모든 문장들은 표현될 수 있는가?

SL의 모든 문장이 '~'와 '&'만을 사용해서 표현될 수 있다는 것을 보이기 위해서는 '∨'가 '~'와 '&'으로 표현될 수 있다는 것을 보이면 된다.

8.C) □	△	□∨△	~(~□&~△)	
T	T	T	T	F
T	F	T	T	F
F	T	T	T	F
F	F	F	F	T

8.C)는 '□∨△'와 '~(~□&~△)'가 동치이므로 '∨'는 '~'와 '&'로 표현될 수 있다는 것을 보여 주고 있다. 따라서 SL의 모든 문장들은 '~'와 '&'만으로도 표현될 수 있다.

8.4) ~와 →만을 사용해서도 SL의 모든 문장들은 표현될 수 있는가?

8.2)는 SL의 모든 문장들이 '~'와 '∨'만으로, 8.3)은 '~'와 '&'만으로 표현될 수 있다는 것을 보여 주고 있다. 따라서 SL의 모든 문장들이 '~'와 '→'만을 사용해서도 표현될 수 있는가를 보이기 위해서는 '&'나 '∨'가 '~'와 '→'를 사용해서 표현될 수 있다는 것을 보이면 된다.

8.D) □	△	□∨△ ::	~□→△
T	T	T	T
T	F	T	T
F	T	T	T
F	F	F	F

8.D)는 '□∨△'와 '~□→△'가 동치이고, '∨'가 '~'와 '→'를 사용해서 표현될 수 있다는 것을 보여 주고 있다. 따라서 SL의 모든 문장들은 '~'와 '→'만을 사용해서 번역될 수 있다.

8.5) 하나의 진리함수적 연결사만을 사용해서 SL의 모든 문장들이 표현될 수 있는가?

SL에서 사용하고 있는 연결사만으로는 불가능하다. 그러나 SL에서 사용하는 5개의 연결사와는 다른 새로운 연결사를 사용하면 SL의 모든 문장들은 하나의 연결사만을 사용해서 표현될 수 있다. 우선 아래의 진리함수적 연결사 '↓'를 고려해 보자.

8.E)

□	△	□↓△
T	T	F
T	F	F
F	T	F
F	F	T

8.E)에 따르면 '□↓△'는 □와 △가 모두 F일 경우에만 T이고, 다른 경우에는 모두 F이다. 그러므로 '□↓△'는 ~□&~△와 동일한 진리함수적 의미를 갖는 연결사이다. 따라서 영어의 'neither □ nor △'의 의미를 가진 연결사이다.

SL의 모든 문장들은 '↓'만을 사용해서 표현될 수 있다. 8.2)에서 우리는 SL의 모든 문장들은 '~'와 '∨'만을 사용해서 표현될 수 있다는 것을 보았다. 따라서 SL의 모든 문장들이 '↓'만으로 표현될 수 있다는 것을 보이기 위해 요구되는 것은 '~'와 '∨'가 '↓'를 사용해서 표현될 수 있다는 것을 보이는 것이다.

8.F)

□	△	~□	□↓□	□∨△	(□↓△)↓(□↓△)
T	T	F	F	T	F T F
T	F	F	F	T	F T F
F	T	T	T	T	F T F
F	F	T	T	F	T F T

8.F)는 '~□'와 '□↓□ '가 동일한 진리함수적 의미를 지니고 있다는 것을 나타내고 있고, 또한 '□∨△'와 '(□↓△)↓(□↓△)'가 동일한 진리함수적 의미를 가지고 있다는 것을 나타내고 있다. 따라서 모든 SL의 문장들은 '~'와 '∨'만을 사용해서 표현될 수 있고, '~'와 '∨'는 '↓'만을 사용해서 표현될 수 있으므로 SL의 모든 문장들은 '↓'만을 사용해서 표현될 수 있다.

또한 '~□∨~△'와 동일한 진리함수적 의미를 지닌 '□|△'에서 사용된 '|'만으로도 SL의 모든 문장이 표현될 수 있다.

8.G) □	△	□|△
T	T	F
T	F	T
F	T	T
F	F	T

' □|△'는 □ 와 △가 모두 T일 경우에만 F이고 다른 경우에는 모두 T이다. 따라서 ' □|△'는 영어에서의 'either not □ or not △'의 의미를 갖는다고 할 수 있다. '|'를 사용해서 SL의 모든 문장들이 표현될 수 있다는 것을 보이기 위해서는 '↓'의 경우에서와 마찬가지로 '~'와 '∨'가 '|'만을 사용해서 표현될 수 있다는 것을 보여야 한다.

8.H) □	△	~□	□|□	□∨△	(□|□)|(△|△)
T	T	F	F	T	F T F
T	F	F	F	T	F T T
F	T	T	T	T	T T F
F	F	T	T	F	T F T

8.H)는 '~□'와 '□|□'가, 그리고 '□∨△'와 '(□|□)|(△|△)'가 동일한 진리함수적 의미를 지니고 있다는 것을 보이고 있다. 따라서 SL의 모든 문장들은 '|'만을 사용해서도 표현될 수 있다.

8.6) 논증과 이에 상응하는 질료적 조건문 사이의 관계는 무엇인가?

SL의 문장들로 구성된 논증에 대해서 질료적 조건문을 형성하면 그 논증과 질료적 조건문 사이에는 일정한 논리적 관계가 형성된다. SL의 논증에 대한 질료적 조건문을 구성하는 방법은 8.I)처럼 정리될 수 있다.

8.I) 논증에 대한 질료적 조건문을 구성하는 방법

i) &를 사용하여 논증의 전제들로 구성된 연언문을 형성한다.

ii) 전제들로 구성된 연언문과 결론을 →를 사용하여 연결한다.

구체적인 예를 사용하여 논증에 대한 질료적 조건문을 구성해 보자.

c) A→B
~A↔B
———————
B∨C

8.I)의 i)에 따라 c)의 전제들을 &를 사용하여 연결하면 ⑥(A→B)&(~A↔B)라는 연언문을 얻게 된다. 8.I)의 ii)에 따라 ⑥과 c)의 결론인 B∨C를 '→'로 연결한 c)의 질료적 조건문은 ((A→B)&(~A↔B))→(B∨C)이다. SL의 논증과 그에 대한 질료적 조건문 사이에는 일정한 논리적 관계가 형성된다.

8.J) SL의 한 논증 A가 타당하면 A의 질료적 조건문은 논리적(진리함수적) 진실이고, A가 타당하지 않으면 A의 질료적 조건문은 논리적(진리함수적) 진실이 아니다.

8.J)가 성립함을 아래 도식을 통해 쉽게 설명할 수 있다.

8.K)

□	△	○	□	△	○	(□&△)→○
T	T	F	T	T	F	T F F ←**이런 줄이 없어야 한다**

SL의 한 논증 A는 □와 △라는 전제와 ○라는 결론으로 구성되어 있다고 가정하겠다. 이 경우 A가 타당하려면 진리표 상에 □와 △가 T이고 ○가 F인 줄이 없어야 한다. 그런데 A의 질료적 조건문인 (□&△)→○가 F이려면 □&△가 T(□와 △가 모두 T)이고 ○가 F인 줄이 있어야만 한다. 따라서 A가 타당하려면 □와 △가 모두 T이고 ○가 F인 줄이 없어야 하므로 A의 질료적 조건문은 논리적 진실이고, A가 타당하지 않으면 A의 질료적 조건문은 논리적 진실이 아니다.

8.8) '⊨'의 의미는 무엇인가?

기존의 논리학 책에서는 흔히 '⊨' 기호가 사용되고 있다. '⊨'는 영어에서 'Truth-functional Implication'을 뜻하고, 우리말로는 '진리함수적 함축'이라고 번역될 수 있다.

'⊨'는 기호의 왼쪽에 위치한 것이 오른쪽에 위치한 것을 진리함수적으로 함축한다는 것을 나타내는 기호이다. 진리함수적 함축은 8.L)처럼 정리될 수 있다.

8.L) 집합 ∂에 속한 모든 명제들이 T이고 C가 F인 줄이 없으면, ∂는 C를 진리함수적으로 함축한다. 집합 ∂가 C를 진리함수적으로 함축할 경우에는 ∂⊨C로 나타내고, ∂가 C를 진리함수적으로 함축하지 않으면 ∂⊭C로 나타낸다.

8.L)에서 볼 수 있듯이, '∂⊨C'가 성립하면 ∂의 모든 원소들이 T이고 C가 거짓일 수 없다. 따라서 '∂⊨C'가 성립하면 ∂를 구성하는 모든 명제들을 전제들로 놓고 C를 결론으로 삼는 논증은 타당한 논증이어야 한다. 반대로 만약 □와 △가 전제이고 ○가 결론인 논증이 타당하면 '{□, △}⊨○'가 성립해야 한다. 또한 이 논증이 타당하지 않으면 '{□, △}⊨○'가 성립하지 않으므로, '{□,△}⊭○'이면 이 논증은 타당하지 않은 논증이어야 한다.

8장과 관계된 문제들

1) '⊨□'라 표기하면 □는 어떤 논리적 성격을 갖는가?

2) 7장의 g)에 상응하는 질료적 조건문을 구성하고 이의 논리적 성격이 무엇인지를 밝혀라.

3) 7장의 a)의 정형적 선언문 형식을 찾아내고 a)를 '|'만을 사용하여 표현하라.

4) (□&△)→○에서 □가 우연명제, △가 논리적 거짓, ○가 논리적 거짓이면 {□, △}⊨○는 성립하는가?

5) 아래의 물음에 답하고 그 이유를 진리표를 이용하여 설명하라.

① 선언문을 구성하는 한 선언이 논리적 진실이면 그 선언문은 논리적 진실인가?

② 선언문을 구성하는 한 선언이 논리적 거짓이면 그 선언문은 논리적 거짓인가?

③ 연언문을 구성하는 한 연언이 논리적 거짓이면 그 연언문은 논리적 거짓인가?

④ 조건문의 전건이 논리적 진실이고 후건이 논리적 거짓이면 그 조건문은 우연명제인가?

⑤ 조건문의 후건이 논리적 거짓이면 그 조건문은 논리적 거짓인가?

9장 진리함수적 연결사와 컴퓨터와의 관계는 어떠한가?

9) 진리함수적 연결사와 컴퓨터와의 관계는 어떠한가?

1930년대 후반 미국 MIT에 재학 중이던 대학원생 쉐논(Claude Shannon)은 '명제논리에서의 모든 표현들은 전기전환회로로 표현될 수 있다'는 명제논리와 전기전환회로(Electric Switching Circuit) 사이에 성립하는 밀접한 관계를 발견한다. 이러한 발견은 컴퓨터의 발전과 인공지능의 연구에 크게 기여하고 있다.

SL의 모든 표현들이 전기전환회로로 표현될 수 있다는 것은 SL의 연결사들이 모두 참(T)과 거짓(F)의 두 값만을 갖는 진리함수적 연결사라는 사실에 근거하고 있다. 전기전환회로는 오직 회로 상에 전류가 흐르는가의 여부만을 감지할 수 있다. 따라서 회로 상의 강 전류의 흐름이 T를 나타내는 것으로 약 전류의 흐름이 F를 나타내는 것으로 규정할 경우 T와 F만을 값으로 갖는다는 진리함수적 성격에 의해서 ~, ∨, &, →, ↔의 다섯 가지 연결사들은 모두 전기전환회로로 표현될 수 있다.

9.1) '~'는 전기전환회로로 어떻게 표현되는가?

6.J)에서 보았듯이 '~'는 아래와 같은 진리함수적 성격을 갖는다.

P	~P
T(1)	F(0)
F(0)	T(1)

위에서 보듯이 '~P'에서 '~'는 P의 진리치에 반대의 진리치를 부여하는 연결사이다. 따라서 ≪~≫가 강 전류를 약 전류로 약 전류를 강 전류로 바꾸는 전환장치라면 '~'는 9.A)처럼 표현된다.

9.A) P⟶≪~≫⟶☼

9.A)에서 P에 강 전류(1)가 흐르면 ☼에는 약 전류(0)가 흐르고 P에 약 전류가 흐르면 ☼에는 강 전류가 흐른다.

9.2) '∨'는 전기전환회로로 어떻게 표현되는가?

'P∨Q'는 아래와 같은 진리함수적 성격을 갖는다.

P	Q	P∨Q
T(1)	T(1)	T(1)
T(1)	F(0)	T(1)
F(0)	T(1)	T(1)
F(0)	F(0)	F(0)

위에서 보듯이 'P∨Q'에서 '∨'는 P와 Q중 하나만이라도 참이면 참이고 P와 Q 모두가 거짓인 경우에만 거짓이라는 진리함수적 성격을 갖는 연결사이다. 따라서 ≪∨≫가 P와 Q중 어느 한 곳에서라도 강 전류가

흐르면 강 전류를 출력하고 둘 모두에서 약 전류가 흐르면 약 전류를 출력하는 전환장치라면 '∨'는 9.B)처럼 표현된다.

9.B) P→
≪∨≫⟶☼
Q→

9.B)에서 P와 Q 모두에서 약 전류가 흐를 경우에만 ☼에 약 전류가 흐르고 다른 경우에는 모두 ☼에 강 전류가 흐른다.

9.3) '&'는 전기전환회로로 어떻게 표현되는가?

'P&Q'는 아래와 같은 진리함수적 성격을 갖는다.

P	Q	P&Q
T(1)	T(1)	T(1)
T(1)	F(0)	F(0)
F(0)	T(1)	F(0)
F(0)	F(0)	F(0)

위에서 보듯이 'P&Q'에서 '&'는 P와 Q가 모두 참일 경우에만 참이고 다른 경우에는 모두 거짓이라는 진리함수적 성격을 갖는 연결사이다. 따라서 ≪&≫가 P와 Q 모두에서 강 전류가 흐르면 강 전류를 둘 중 하나에서라도 약 전류가 흐르면 약 전류를 출력하는 전환장치라면 '&'는 9.C)처럼 표현된다.

9.C) P→
≪&≫⟶☼
Q→

9.C)에서 P와 Q모두에 강 전류가 흐를 경우에만 ☼에 강 전류가 흐르고 P와 Q 중 한 곳에서라도 약 전류가 흐르면 ☼에 약 전류가 흐른다.

9.4) '→'와 '↔'는 전기전환회로로 어떻게 표현되는가?

'P→Q'와 'P↔Q'는 아래와 같은 진리함수적 성격을 갖는다.

P	Q	P→Q	P↔Q
T(1)	T(1)	T(1)	T(1)
T(1)	F(0)	F(0)	F(0)
F(0)	T(1)	T(1)	F(0)
F(0)	F(0)	T(1)	T(1)

'→'와 '↔'의 경우 이들의 진리함수적 성격으로부터 직접 이에 상응하는 전기전환회로를 표현하려 할 경우 '&'와 '∨'를 나타내는 회로에 비해 그 회로가 매우 복잡해지거나 전기전환장치가 강 전류와 약 전류가 흐르는 장소를 기억해야 한다.

한 예로 '→'는 P가 참(1)이고 Q가 거짓(0)일 경우에만 거짓이고 다른 경우에는 모두 참이라는 진리치를 부여하는 연결사이다. 따라서 '→'를 전기전환회로로 표현하기 위해서는 '→'를 표현하는 전기전환장치는 P의 회로에 강 전류가 흐르고 Q의 회로에 약 전류가 흐르면 약 전류를 출력하고 다른 경우에는 모두 강 전류를 출력하는 전환장치여야 한다.

a) P─↘

≪→≫──→☼

Q─↗

a)에서 ≪→≫가 '→'를 표현하기 위해서는 P에는 강 전류 Q에는 약 전류가 흐르는 경우와 P에는 약 전류 Q에는 강 전류가 흐르는 경우를 구별할 수 있어야 한다. 결국 이것이 가능하려면 기계장치인 ≪→≫는 P회로와 Q회로를 구별하고 기억할 수 있어야 한다는 것이 요구된다. '→' 그리고 '↔'와 관계된 이러한 어려움은 SL의 연결사들은 오직 진리함수적 의미만 가지고 있고 따라서 두 식이 논리적 동치일 경우 두식의 진리함수적 의미는 동일하다는 사실에 의해 쉽게 극복될 수 있다.

8.1)에서 우리는 정형적 선언문 형식을 사용하면 SL의 모든 식들에 대해 ~, ∨, &의 3가지만의 연결사들이 사용된 동치의 식을 구성할 수 있다는 것을 보았다. 아래의 진리표에서 확인될 수 있듯이 'P→Q'는 '~P∨Q'와 'P↔Q'는 '((P&Q)∨(~P&~Q))'와 논리적 동치의 문장이다.

P	Q	P→Q	~P∨Q	P↔Q	(P&Q)∨(~P&~Q)
T(1)	T(1)	T(1)	T(1)	T(1)	T(1)
T(1)	F(0)	F(0)	F(0)	F(0)	F(0)
F(0)	T(1)	T(1)	T(1)	F(0)	F(0)
F(0)	F(0)	T(1)	T(1)	T(1)	T(1)

'P→Q'는 '~P∨Q'와 'P↔Q'는 '(P&Q)∨(~P&~Q)'와 논리적 동치이므로 ≪~≫와 ≪&≫와 ≪V≫의 전환장치를 이용하여 'P→Q'와 'P↔Q'는 9.D)처럼 전기전환회로로 표현된다.

9.D) '→'의 전기전환회로

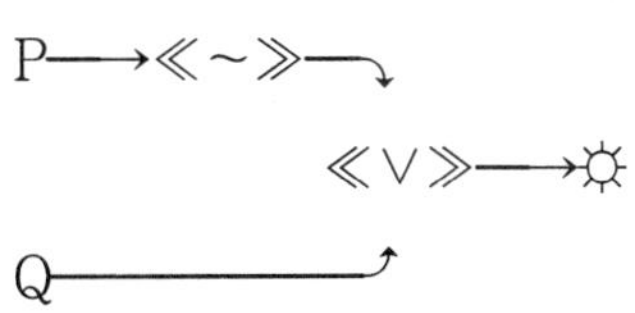

'↔'의 전기전환회로

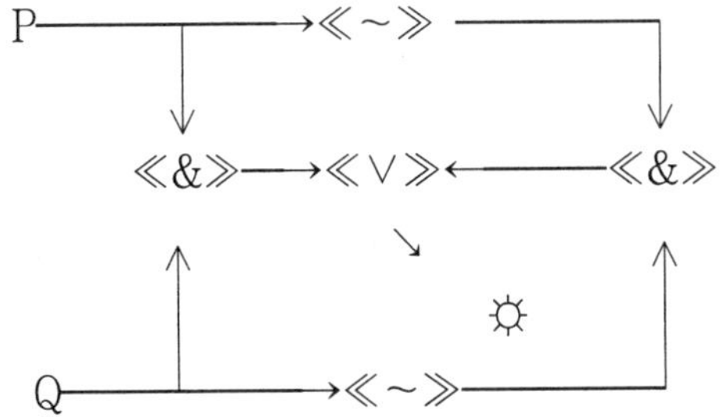

'→'의 전기전환회로에서 P에 강 전류 Q에 약 전류가 흐르면 ☼에는 약 전류가 흐르고 다른 경우에는 모두 ☼에 강 전류가 흐른다. 또한 '↔'의 전기전환회로에서는 P와 Q 모두에 강 전류가 흐르거나 약 전류가 흐를 경우에만 ☼에 강 전류가 흐르고 다른 경우에는 ☼에 약 전류가 흐른다.

9.5) SL의 어떤 문장도 전기전환회로로 표현되는가?

SL의 모든 문장은 전기전환회로로 표현될 수 있다. SL의 모든 문장에 대해서 ~, ∨, &의 세 가지 연결사만으로 구성된 논리적 동치의 문장을 구성할 수 있기 때문이다. SL의 문장들에 대한 전기전환회로의 구성 방식은 아래와 같이 정리될 수 있다.

9.E) i) SL의 문장에 대해 정형적 선언문 형식을 이용하여 이 문장과 논리적 동치인 ~, &, ∨로만 구성된 문장을 찾아내라.

ii) i)에 의해 구성된 문장보다 간단한 동치의 문장이 있으면 i)의 문장을 그 문장으로 대체하라.

iii) ≪~≫, ≪∨≫, ≪&≫를 이용하여 전기전환회로를 구성하라.

구체적인 예를 통해 전기전환회로를 구성해 보겠다.

b) ~(~A→B)↔(B→(~B→A))

b)의 진리표는 b')이다.

b')

A	B	~(~A→B)↔(B→(~B→A))
T	T	F
T	F	F
F	T	F
F	F	T

A와 B가 모두 F일 경우에만 b)가 T이므로 b)의 정형적 선언문 형식은 '~A&~B'이다. 따라서 b)에 상응하는 전기전환회로는 b")처럼 표현된다.

b")

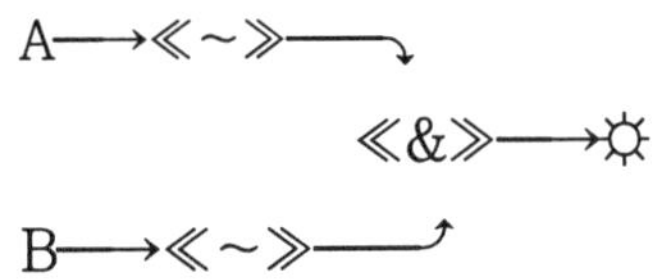

b")에서 A와 B에 모두 약 전류가 흐를 경우에만 ☼에 강 전류가 흐르고 다른 경우에는 모두 ☼에 약 전류가 흐른다.

9.6) 연결사들의 진리함수적 성격과 컴퓨터의 관계는 어떠한가?

컴퓨터는 근본적으로 기계장치이다. 따라서 컴퓨터가 감지하는 것은 회로 상의 전류의 흐름에 불과하다고 할 수 있다. 컴퓨터는 기본적으로 이진법을 사용한다. 그 이유는 이진법에서 사용되는 수들은 1과 0뿐이고 전기의 흐름의 강·약을 1과 0으로 나타낼 수 있다는 데서 찾을 수 있을 것이다.

앞에서 우리는 전기전환회로 상의 강 전류는 진리치 T를, 전기전환회로 상의 약 전류는 진리치 F를 나타내는 것으로 규정할 경우 SL의 모든 문장들은 ≪&≫, ≪∨≫, ≪~≫의 세 가지 전환장치를 이용하여 전기전환회로로 나타낼 수 있다는 것을 보았다. 또한 컴퓨터에서 기본적으로 사용되는 이진법은 1과 0만을 사용하는데, 이진법은 ≪&≫, ≪∨≫, ≪~≫의 세 전환장치를 이용하여 설명될 수 있다.

9.7) 이진법이란 무엇인가?

이진법이란 0과 1만을 사용하여 수를 나타내는 방법이다. 예를 들어 2는 10으로, 3은 11로, 7은 111로 나타내진다. 한 예로 111과 1101은 c)를 의미하므로 각기 7과 13을 나타낸다.

c) 111 :: $(1\times2^2)+(1\times2)+1=7$
1101 :: $(1\times2^3)+(1\times2^2)+(0\times2)+1=13$

c)에서 볼 수 있듯이 십진법에서의 7은 세 자리수로 8과 9같은 십진법에서의 한 자리수는 네 자리수로 표현되어야 한다. 따라서 이진법은 인간의 직접적인 수 계산에는 효율적인 수 표현방식이라 할 수 없다. 그러나 이진법은 오직 두 수만을 사용하므로, 전류의 흐름(강 전류와 약 전류)의 두 타입만을 감지하는 기계장치(컴퓨터)에는 효율적인 수의 표현방식이라 할 수 있다. 기계장치인 컴퓨터에서는 이진법으로 표현된 수에 관한 정보가 회로 상의 강 전류와 약 전류의 시리즈로 쉽고 빠르게 전달될 수 있을 것이기 때문이다.

9.8) 이진법에 따른 연산 규칙은 전기전환회로로 어떻게 표현되는가?

여기서는 이진법에 따른 연산 규칙 중 더하기와 관련된 연산 규칙을 전기전환회로로 표현해 보겠다. 이진법에 따른 더하기 규칙은 9.F)처럼 정리될 수 있다.

9.F) 0 + 0 = 0

1 + 0 = 1

0 + 1 = 1

1 + 1 = 10

0은 00, 1은 01로 합의 자리 수까지 표현하면 9.F)는 진리표와 유사하게 9.G)처럼 정리될 수 있다.

9.G)

P	Q	P+Q	α	β
1	1	10	1	0
1	0	01	0	1
0	1	01	0	1
0	0	00	0	0

9.G)에서 α와 β는 이진법에 따른 더하기의 합의 각 자리에 있는 수를 나타낸다. 따라서 '1+1=10'에서 α는 1, β는 0이고, '0+1=01'에서는 α는 0, β는 1이다. 9.G)에서 (2의 자리를 나타내는 수)는 P와 Q가 모두 1일 때만 1이고 다른 경우에는 모두 0이다. 따라서 9.H)에서 보듯이 α는 1과 0을 T와 F로 대체하면 &로 표현될 수 있다.

9.H)

P	Q	α	P&Q
1(T)	1(T)	1	(T)
1(T)	0(F)	0	(F)
0(F)	1(T)	0	(F)
0(F)	0(F)	0	(F)

반면에 β는 P가 1이고 Q가 0인 경우와 P가 0이고 Q가 1인 경우에만 1이고 다른 경우에는 0이다. 따라서 9.I)에서 보듯이 β는 1과 0을 각기 T와 F로 대체하면 '(P&~Q)∨(~P&Q)'로 표현될 수 있다.

9.I)

P	Q	β	(P&~Q)∨(~P&Q)
1(T)	1(T)	0	(F)
1(T)	0(F)	1	(T)
0(F)	1(T)	1	(T)
0(F)	0(F)	0	(F)

앞에서 보았듯이 진리함수적 연결사 &, ~, ∨는 각기 전기전환장치인 ≪&≫, ≪~≫, ≪∨≫로 나타낼 수 있다. 따라서 ≪&≫, ≪~≫, ≪∨≫를 이용하여 이진법에서의 더하기 규칙은 아래의 전기전환회로로 나타낼 수 있다.

9.J)

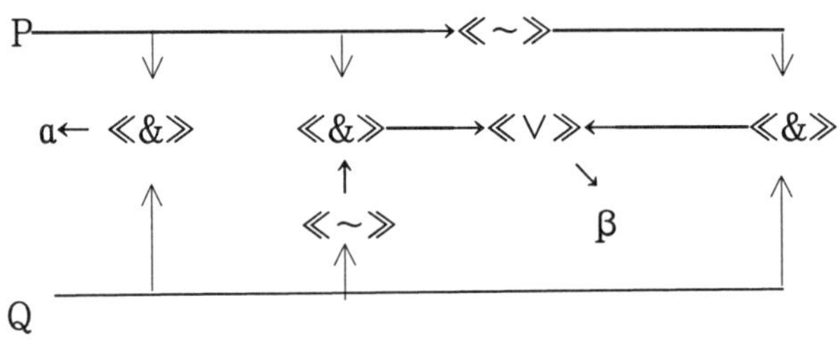

9.J)에서 P와 Q에 모두 강 전류(1)가 흐르면 α에는 강 전류(1)가 β에는 약 전류(0)가 흐르고, P와 Q 중 한 곳에는 강 전류(1)가 다른 곳에는 약 전류(0)가 흐르면 α에는 약 전류(0)가 β에는 강 전류(1)가 흐른다. 반면에 P와 Q 두 곳 모두에 약 전류(0)가 흐르면 α와 β 모두에 약 전류(0)가 흐른다.

9.K)는 이진법에서의 더하기 규칙을 9.J)보다 간단하게 나타낸 전기전환회로이다.

9.K)

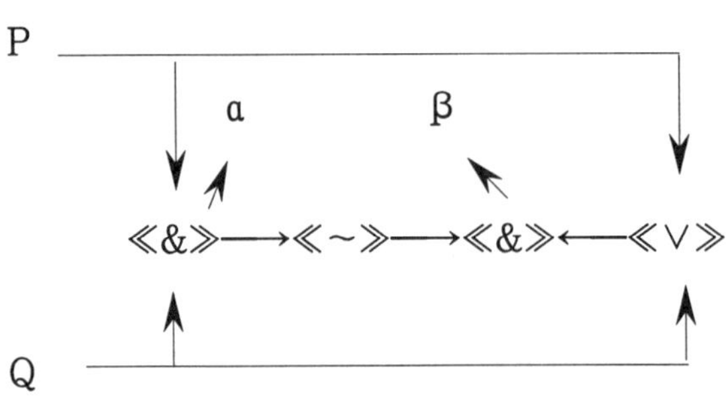

9장과 관계된 문제들

1) 아래의 SL의 문장들에 해당하는 전기전환회로를 구성하라.

① ~(A→B)↔~(~A&~(B→~A))

② ~(A→(B→(A→(C→(~B↔C)))))

2) 이진법으로 표현된 아래의 수들을 십진법에서의 수로 나타내라.

① 111110101

② 10101010

3) 아래의 수들을 이진법으로 나타내라.

① 15

② 9

10장 진리나무(Truth Tree)는 무엇인가?

10) 진리나무(Truth Tree)는 무엇인가?

진리나무란 진리표와 마찬가지로 SL의 문장들과 논증들의 논리적 성격을 검증하기 위해 사용되는 논리적 장치이다. 진리나무에 의한 검증 방식은 진리표보다 간편하고 효과적이다. 그러나 진리나무 방식은 일관성 개념에 의해 다른 기본적 개념들이 모두 설명될 수 있다는 사실에 의존하고 있다. 따라서 진리나무에 대해 확실한 이해를 하기 위해서는 어떻게 일관성 개념에 의해서 다른 논리적 기본 개념들이 설명될 수 있는 가에 대한 이해가 우선적으로 요구된다.

10.1) 논리적(진리함수적) 진실은 일관성 개념에 의해 어떻게 설명되는가?

논리적 진실은 SL의 한 문장에 적용되는 개념이고, 이에 반해 논리적 일관성은 문장들의 집합에 적용되는 개념이다. 이러한 차이에도 불구하고 논리적 진실은 논리적 일관성 개념만을 사용하여 설명될 수 있다.

SL의 한 문장 □가 논리적 진실이라면 ~□는 논리적 거짓이다. 그러므로 진리표 상에 ~□가 참인 줄이 없다. 진리표 상에 ~□가 참인 줄이 없으므로 집합 {~□}는 일관성이 없다. 이에 반해 □가 논리적 진실이 아니면 ~□는 논리적 거짓이 아니므로 진리표 상에 ~□가 T인 줄이 있다. ~□가 T인 줄이 있으면 {~□}는 일관성이 있는 집합이다. 따라서 일관성 개념에 의해 어떻게 논리적 진실이 설명될 수 있는가는 10.A)처럼 정리될 수 있다.

10.A) **{~□}가 논리적(진리함수적) 일관성이 없으면 □는 논리적(진리함수적) 진실이고, {~□}가 논리적(진리함수적) 일관성이 있으면 □는 논리적(진리함수적) 진실이 아니다.**

10.2) 논리적(진리함수적) 거짓은 일관성 개념에 의해 어떻게 설명되는가?

SL의 한 문장이 논리적 거짓인가의 여부도 일관성 개념에 의해 설명될 수 있다. 만약 SL의 한 문장 □가 논리적 거짓이면 진리표 상에 □가 T인 줄이 없을 것이다. 그러므로 □가 논리적 거짓이면 {□}는 일관성이 없게 된다. 반면에 □가 논리적 거짓이 아니면 진리표 상에 □가 T인 줄이 있을 것이고 이는 {□}가 일관성이 있다는 것을 의미한다. 그러므로 10.2)에 대한 답변은 10.B)처럼 정리될 수 있다.

10.B) **{□}가 논리적(진리함수적) 일관성이 없으면 □는 논리적(진리함수적) 거짓이고, {□}가 논리적(진리함수적) 일관성이 있으면 □는 논리적(진리함수적) 거짓이 아니다.**

10.3) 우연명제는 일관성 개념에 의해 어떻게 설명되는가?

논리적 진실도 아니고 논리적 거짓도 아닐 경우, 그 문장은 우연명제의 문장이다. 따라서 10.3)에 대한 답은 10.C)처럼 정리될 수 있다.

10.C) {~□}도 {□}도 논리적(진리함수적) 일관성이 있으면 □는 우연명제이다.

10.4) 논리적(진리함수적) 동치는 일관성 개념에 의해 어떻게 설명되는가?

SL의 두 문장 □와 △가 동치이면 진리표 상의 모든 줄에서 □와 △는 동일한 진리치를 가질 것이다. 따라서 □와 △가 동치이면 □↔△는 논리적 진실이어야 한다. 만약 □↔△가 논리적 진실이면 {~(□↔△)}는 일관성이 없어야 한다. 이에 반해 만약 □와 △가 동치가 아니라면 □↔△는 논리적 진실이 아니므로 {~(□↔△)}는 일관성이 있을 것이다. 따라서 10.4)에 대한 답변은 10.D)처럼 정리될 수 있다.

10.D) {~(□↔△)}가 논리적(진리함수적) 일관성이 없으면 □와 △는 논리적(진리함수적) 동치이고, {~(□↔△)}가 논리적(진리함수적) 일관성이 있으면 □와 △는 논리적(진리함수적) 동치가 아니다.

10.5) 타당성은 일관성 개념에 의해 어떻게 설명되는가?

전제 P1, …, Pn과 결론 C로 구성된 논증이 타당하면 진리표 상에 P1, …, Pn이 모두 T이고, C가 F인 줄이 없어야 한다. 결국 이 논증이 타당하면 P1, …, Pn과 C의 부정인 ~C가 모두 T인 줄이 진리표 상에 없어야 한다. 따라서 P1, …, Pn으로 구성된 전제와 C가 결론인 논증이 타당하면 {P1, …, Pn, ~C}는 일관성이 없다. 이에 반해 이 논증이 타당하지 않으면 진리표 상에서 P1, …, Pn이 T이고 C가 F인 줄이 있어야 한다. 즉, P1, …, Pn과 ~C가 모두 T인 줄이 있어야 하고, 이것은

{P1, …, Pn, ~C}가 일관성이 있다는 것을 의미한다. 따라서 논증의 타당성에 대한 일관성 개념에 의한 설명은 10.E)처럼 정리될 수 있다.

10.E) {P1, …, Pn, ~C}가 일관성이 없으면 P1 ⋮ Pn / C **는 타당하고,**
{P1, …, Pn, ~C}가 일관성이 있으면 이 논증은 타당하지 않다.

10.1)부터 10.5)를 통해 연역논리의 기본 개념들은 모두 집합에 적용되는 개념인 일관성 개념으로 설명될 수 있다는 것을 살펴보았다. 또한 7장에서 보았듯이 한 집합의 일관성 여부는 그 집합을 구성하고 있는 모든 명제들이 T인 줄이 진리표 상에 있느냐의 여부에 달려 있다. 즉, 한 집합을 구성하고 있는 모든 명제들이 T인 줄이 진리표 상에 있으면 그 집합은 일관성이 있는 집합이고 그러한 줄이 없으면 그 집합은 일관성이 없는 집합이다. 진리나무란 한 집합을 구성하는 모든 명제들이 T인 줄이 있느냐의 여부를 효과적으로 결정해 내기 위해 고안된 논리적 장치이다.

진리나무 방식에서는 한 집합이 일관성이 있느냐의 여부를 진리표의 작성에 의해서가 아니라 진리나무 법칙을 사용한 진리나무를 구성하여 결정한다.

10.6) 진리나무 법칙이란 무엇인가?

진리나무란 10.F)에서 볼 수 있듯이 여러 형식의 SL의 문장들이 참이 될 수 있는 경우를 나타내는 법칙으로 집합의 일관성 여부를 결정하기 위해 진리나무를 구성할 때 사용되는 법칙이다. 진리나무 법칙은 10.F)처럼 정리될 수 있다.

10.F)

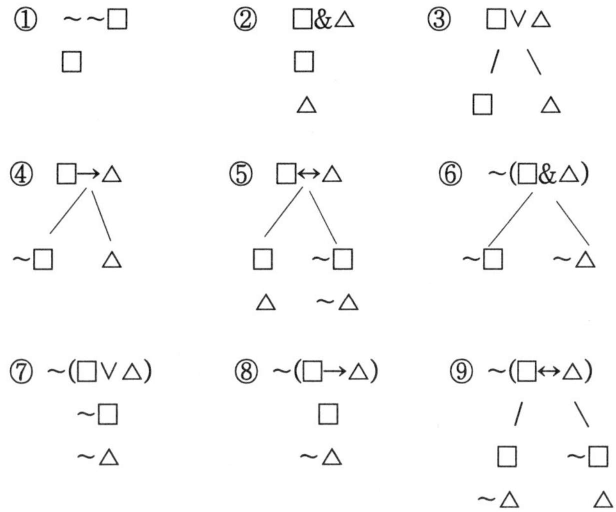

10.F)는 다른 형식의 SL의 문장들이 참이 될 수 있는 경우를 나타내는 진리나무 법칙들이다. 각각의 법칙에서 제일 위에 위치한 것은 SL에서 표현될 수 있는 문장형식들을 나타내고, 그 아래의 것들은 각각의 문장형식들이 참일 수 있는 경우를 나타내고 있다. 예를 들어 ②는 □&△는 □와 △가 모두 T일 경우에만 T라는 것을 나타내고, ③은 □∨△가 참이기 위한 두 가지 경우(□가 참이거나 △가 참인 경우)를 나타내고 있다.

10.F)에 열거된 진리나무 법칙이 어떻게 정당화될 수 있는가를 살펴보기 위해 10.F)에 상응하는 진리표를 작성해 보도록 하자.

10.G)

□	△	~~□	□&△	□∨△	□→△	□↔△
T	T	T	T	T	T	T
T	F	T	F	T	F	F
F	T	F	F	T	T	F
F	F	F	F	F	T	T

□	△	~(□&△)	~(□∨△)	~(□→△)	~(□↔△)
T	T	F	F	F	F
T	F	T	F	T	T
F	T	T	F	F	T
F	F	T	T	F	F

진리나무 법칙은 문장들이 참인 경우를 나타내는 법칙이므로 10.G)의 진리표에서 각각의 문장형식이 참인 줄만을 고려해야 한다. 여기서는 10.F)의 몇 가지 법칙만을 고려해 보겠다.

'~~□'가 T인 줄은 '□'가 T인 줄이므로 ①은 정당화 된다. '□&△'가 T인 줄은 '□'도 T이고, '△'도 T인 줄이므로 ②는 정당화된다. ③의 경우 '□∨△'는 세 줄에서 T이나 이 세 줄은 '□'가 T인 경우와 '△'가 T인 경우의 두 가지로 요약될 수 있다. (첫 번째 줄은 두 가지 경우에 모두 포함된다.) 따라서 ③도 정당화된다. ④에서도 '□→△'가 T인 세 줄이 있으나, 이 세 줄도 '□'가 F인 경우, 즉 '~□'가 T인 경우와 '△'가 T인 경우로 요약될 수 있다. 따라서 ④도 정당화된다. ⑨의 경우 '~(□↔△)'가 T인 줄은 '□'가 T이고 '△'가 F인 줄과 '□'가 F이고 '△'가 T인 줄이다. 따라서 '□'가 T이고 '~△'가 T인 경우와, '~□'가 T이고 '△'가 T인 경우에 '~(□↔△)'가 T이므로 ⑨도 정당화된다.

10.7) 진리나무 법칙을 사용한 진리나무의 작성 방법은 어떠한가?

진리나무란 SL의 문장들로 구성된 집합의 일관성 여부를 알아보기 위한 장치이고, 진리나무 법칙은 진리나무를 작성하기 위해 사용되는 법칙이다. 따라서 진리나무 법칙은 집합의 일관성을 보이기 위한 도구라 할 수 있다. 진리나무 법칙을 사용한 진리나무의 작성 방법은 10.H)처럼 정리될 수 있다.

10.H) 집합 A에 대한 진리나무 작성 방법

i) 집합 A를 구성하는 SL의 문장들을 위에서 아래로 한 줄로 열거한다.

ii) 열거된 각 문장들을 진리나무 법칙에 따라 분해한다.(분해한 문장은 문장 옆에 '√'를 사용하여 표기하라.)

iii) ii)의 과정을 원자명제(문장기호)와 원자명제의 부정만이 남을 때까지 계속한다.

iv) 집합 A의 문장들을 모두 T로 만들 수 있는 각각의 가지(경우)들을 검토하라.

v) 검토한 가지가 모순(예를 들어 B와 ~B)을 포함하고 있으면 그 가지 끝에 '×'를 표기하라.

vi) 검토한 가지가 모순을 포함하고 있지 않으면 그 가지 끝에 'O'를 표기하라.

다음에서 구체적인 예를 통해 진리나무 작성 방법을 알아보도록 하자.

a) {A&~(B→C), A↔(B∨C)}

집합 a)는 두 개의 문장 A&~(B→C)와 A↔(B∨C)로 구성된 집합이다. 따라서 10.H)의 i)을 따라 a1)처럼 a)의 두 문장을 일렬로 열거해야 한다.

a1) ① A&~(B→C)
② A↔(B∨C)

a)가 일관성이 있는가를 알아보기 위해서는 a)의 두 문장이 모두 동시에 T가 되는 경우가 있어야 한다. ①에 대해 10.F)의 ②를 적용하면 a2)가 도출된다.

a2) ① A&~(B→C) √
② A↔(B∨C)
→ ③ A
→ ④ ~(B→C)

a2)에서 ④를 10.F)의 ⑧을 적용하여 분해하면 a3)이 도출된다.

```
a3)    ①
       ②
       ③
     ┌─ ④  ~(B→C)      √
     ├→ ⑤    B
     └→ ⑥    ~C
```

10.H)의 ii)에 따라 ②를 분해하면 a4)가 도출된다.

```
a4)    ①
     ┌─ ②  A↔(B∨C)   √
     │  ③
     │  ④
     │  ⑤     B
     │  ⑥    ~C
     │       /    \
     ├→ ⑦   A      ~A
     └→ ⑧  (B∨C)  ~(B∨C)
```

a4)의 ⑧인 (B∨C)와 ~(B∨C)를 분해하면 a5)가 도출된다.

```
a5)    ①
       ⋮
       ⑥             ~C
                   /      \
       ⑦         A          ~A
     ┌─ ⑧       B∨C  √    ~(B∨C)         √
     │          /  \
     └─ ⑨       B   C        ~B
                             ~C
```

a5)에서 아래쪽에 위치한 문장들은 위쪽에 위치한 문장들이 참일 수 있는 경우를 나타내는 역할을 하므로 a5)는 a)가 일관성이 있는 집합인가의 여부를 가늠할 수 있는 세 가지 경우가 있음을 나타내고 있다. 즉, ①⇒②⇒③⇒④⇒⑤⇒⑥⇒A⇒(B∨C)⇒B로 이어지는 가지는 첫 번째 경우를, ①⇒②⇒③⇒④⇒⑤⇒⑥⇒A⇒(B∨C)⇒C로 이어지는 가지는 두 번째 경우를, ①⇒②⇒③⇒④⇒⑤⇒⑥⇒~A⇒~(B∨C)⇒~B⇒~C로 이어지는 가지는 마지막 세 번째 경우를 나타내고 있다.

다음으로 10.H)의 ⅴ)에 따라 각 가지들의 모순 여부를 검토해 보자. 첫 번째 가지에서는 모순이 나타나지 않는다. 두 번째 가지에서는 ⑥의 ~C와 ⑨의 C가 모순이다. 세 번째 가지에서는 ③의 A와 ⑦의 ~A가 모순이다. 따라서 a)의 완성된 진리나무는 다음의 a6)이다.

a6)				
①	A&~(B→C)		√	
②	A↔(B∨C)		√	
③	A			①, 10.F)의 ②
④	~(B→C)		√	①, 10.F)의 ②
⑤	B			④, 10.F)의 ⑧
⑥	~C			④, 10.F)의 ⑧
	/	\		
⑦	A	~A		②, 10.F)의 ⑤
⑧	B∨C	~(B∨C)	√	②, 10.F)의 ⑤
	/\			
⑨	B C	~B		⑧, 10.F)의 ③과 ⑦
⑩		~C		⑧, 10.F)의 ⑦
	○ ×	×		

a6)에서 '○'가 표시된 가지는 a) 의 두 문장 ①과 ②가 동시에 T일 수 있는 경우(진리표 상의 줄)가 있다는 것을 나타낸다. 반면에 '×'가

표시된 나머지 두 가지에서는 ①과 ②가 동시에 참일 수 없다. 한 예로 두 번째 가지에서 ①과 ②가 동시에 참이기 위해서는 C와 ~C가 동시에 참이어야 한다. 그러나 C와 ~C가 동시에 참일 수는 없다. 왜냐하면 C가 T이면 ~C는 반드시 F일 것이기 때문이다. 따라서 a6)은 ①과 ②가 동시에 모두 참일 수 없는 두 가지 경우(×인 가지)와 ①과 ②가 동시에 모두 참일 수 있는 한 가지 경우(○인 가지)를 나타내고 있다고 할 수 있다.

10.l) 열린나무: 적어도 하나의 ○표시가 된 가지가 있는 나무는 열린나무이다.
닫힌나무: 모든 가지가 ×표시가 된 나무는 닫힌나무이다.

○표시가 있다는 것은 집합이 일관성이 있다는 것을 보여 주는 것이다. 따라서 한 집합의 진리나무가 열린나무이면 그 집합은 일관성이 있는 집합이고, 반면에 한 집합의 진리나무가 닫힌나무이면 그 집합은 일관성이 없는 집합이라는 것을 나타낸다.

a6)에는 ①과 ②가 동시에 모두 참일 수 있는 한 가지 경우(○인 가지)가 있으므로 a6)은 열린나무이고, 따라서 집합 a)는 일관성이 있는 집합이다. 또한 a6)을 통해 집합 a) 가 일관성이 있는 집합임을 보이는 진리표 상의 줄을 찾아낼 수 있다.

a6)의 ○인 가지에서 ①과 ②가 동시에 모두 참이기 위해서는 A와 B, 그리고 ~C가 모두 T이어야 한다. 따라서 A가 T이고, B가 T이고, C가 F인 줄, 즉 진리표 상의 두 번째 줄에서 ①과 ②가 모두 T이다.

이제까지 10.7)을 통해 집합의 일관성을 검증하는 진리나무 작성방법에 대해서 살펴보았다. 이와 같이 연역논리의 기본 개념들이 모두 일관성 개념에 의해 설명될 수 있다는 사실을 상기한다면 연역논리의 기본 개념들에 대한 검증도 진리나무 방식에 의해 이루어질 수 있다는 것을 쉽게 이해할 수 있다. 구체적인 예를 통하여 논증의 타당성과 두 문장의 동치 여부를 진리나무 방식을 사용하여 살펴보도록 하겠다.

b) A∨(B→C)

~C&~A

―――――――

~B∨C

b)는 두 개의 전제와 하나의 결론으로 이루어진 논증이다. 따라서 b)가 타당한가를 진리나무에 의해 검증하기 위해서는 10.E)에 따라 전제들과 결론의 부정으로 구성된 집합 b1)이 일관성이 있는 집합인가를 살펴보아야 한다.

b1) {A∨(B→C), ~C&~A, ~(~B∨C)}

만약 b1)이 일관성이 있으면 b)는 타당하지 않고, b1)이 일관성이 없으면 b)는 타당하다. 10.H)에 따라 작성된 b1)에 대한 진리나무는 다음 b2)이다.

b2) ① A∨(B→C) √

② ~C&~A √

③ ~(~B∨C) √

④ ~C ②, 10.F)의 ②

⑤ ~A ②, 10.F)의 ②

⑥ B ③, 10.F)의 ⑦

⑦ ~C ③, 10.F)의 ⑦

/ \

⑧ A B→C √ ①, 10.F)의 ③

× / \

⑨ ~B C ⑧, 10.F)의 ④

× ×

b2)는 닫힌나무이다. 따라서 b1)은 일관성이 없는 집합이므로 b)는 타당한 논증이다.

c) A→B, ~A∨~B

c)는 SL의 두 문장이다. c)의 두 문장이 동치인가를 진리나무 방식에 의해 검증하기 위해서는 10.F)의 법칙에 따라 집합 c1)이 일관성이 있는 집합인가를 보여야 한다.

c1) {~((A→B)↔(~A∨~B))}

하나의 문장으로 구성된 집합 c1)이 일관성이 있으면 c)는 동치가 아니고 일관성이 없으면 동치이다. c1)에 대한 진리나무는 10.H)에 따라 c2)처럼 작성된다.

c2)				
①	~((A→B)↔(~A∨~B))			
	/		\	
②	A→B		~(A→B)	①, 10.F)의 ⑨
③	~(~A∨~B)		~A∨~B	①, 10.F)의 ⑨
④	A	③, 10.F)의 ⑦	A	②, 10.F)의 ⑧
⑤	B	③, 10.F)의 ⑦	~B	②, 10.F)의 ⑧
	/ \		/ \	
⑥	~A B	②, 10.F)의 ④	~A ~B	③, 10.F)의 ③
	× ○		× ○	

c2)는 열린 나무이다. 따라서 c1)이 일관성이 있으므로 c)의 두 문장은 동치가 아니다.

10장과 관계된 문제들

1) 7장의 a), c), d), e), f), g)를 진리나무 방식을 사용하여 그 논리적 성격을 구명하라.

2) 7장의 문제들을 진리나무 방식을 사용하여 답하라.

3) 한 명제 □로부터 구성한 진리나무의 모든 가지가 열렸으면 □는 논리적 진실인가?

4) □의 진리나무가 닫힌 나무이고, △의 진리나무도 닫힌 나무이면, ~□→△의 진리나무는 열린 나무인가?

5) 아래의 문장, 문장의 쌍, 문장들의 집합, 논증들의 논리적 성격을 진리나무 방식을 사용하여 규명하라.

① {~(~(~A∨~B)↔(~C&~D)), B→~C}

② (~A∨(~C∨B))↔((~A∨C)→(A→B))

③ A→(B→C),　(A→B)→C

④ L&(~M→N)

(N→O)&(O→~O)

~(~L&~M)

⑤ A&(~B→D)

D∨C

(~(A↔D)∨~D)&~C

R↔(P∨G)

11장 형식증명(Formal Proof)이란 무엇인가?

11) 형식증명(Formal Proof)이란 무엇인가?

형식증명이란 진리표나 진리나무와 같은 의미론적 방식에 의존하지 않고 논증의 타당성 등을 검증하는 방식이다. SL에서의 하나의 형식증명이란 일련의 SL의 문장들을 나열한 것이라 할 수 있다.

하나의 형식증명은 잠정적으로 아래의 11.A)와 같이 설명될 수 있다.

11.A) S1, … , Sn이 SL에서의 하나의 형식증명이기 위해서는 S1, …, Sn은 아래의 조건들을 만족시켜야 한다.

i) S1, …, Sn은 모두 SL의 문장이다.

ii) S1, …, Sn의 모든 Si는 전제이거나 앞에 나오는 문장으로부터 추론 규칙을 사용하여 유도된 것이다.

iii) 제일 끝에 나오는 Sn은 S1, …, Sn에의 결론이다.

형식증명은 우리가 일상적으로 상대방을 설득하기 위해 사용하는 논증방식과 유사하다. 하나의 예를 통해 이를 살펴보겠다.

a) ① 정황으로 보아 길동이와 철수와 순희 중 적어도 한 명이 K를 죽인 살인

범이다.

② 만약 길동이가 살인이 벌어진 시간에 자신의 집에 있었다면 길동이는 살인범이 아니다.

③ 그런데 실제로 길동이는 살인이 벌어진 시간에 자신의 집에서 TV를 보고 있었다.

④ 또한 철수가 장님이라면 살인을 저지르지 못했을 것인데,

⑤ 철수는 실제로 장님이다.

a)에 서술된 내용으로부터 우리는 쉽게 K씨를 죽인 범인이 순희라는 것을 추론해 낼 수 있다. 순희가 살인범이라는 결론을 얻어낸 우리의 추론 과정은 a1)처럼 설명될 수 있다.

a1) ① 정황으로 보아 길동이와 철수와 순희 중 적어도 한 명이 K씨를 죽인 살인범이다.

② 만약 길동이가 살인이 벌어진 시간에 자신의 집에 있었다면 길동이는 살인범이 아니다.

③ 그런데 실제로 길동이는 살인이 벌어진 시간에 자신의 집에서 TV를 보고 있었다.

④ 또한 철수가 장님이라면 살인을 저지르지 못했을 것인데,

⑤ 철수는 실제로 장님이다.

⑥ 길동이는 살인범이 아니다.(②와 ③으로부터 추론된다.)

⑦ 철수나 순희 중 적어도 한 명이 K씨를 살해했다.(①과 ⑥으로부터 추론 된다.)

⑧ 철수는 살인범이 아니다. (④와 ⑤로부터 추론 된다.)

⑨ 순희가 K씨를 죽인 살인범이다. (⑦과 ⑧로부터 추론 된다)

의미론적 방법을 사용해서 증명될 수 있듯이 ①, ②, ③, ④, ⑤는 전제이고 ⑨가 결론인 위의 논증은 타당한 논증이다. 따라서 a1)은 ①, ②, ③, ④, ⑤의 전제들로부터 추론되는 결론 ⑨를 찾아내는 과정을 보

여 주고 있다고 할 수 있다.

a1)에서 ①, ②, ③, ④, ⑤는 모두 전제들이고, ⑥, ⑦, ⑧, ⑨는 모두 앞에 나오는 문장들로부터 타당한 논증형식을 사용하여 유도된 문장들이다. ⑥과 ⑧은 모두 전건긍정의 법칙(MP)이라 불리는 타당한 논증형식을 사용해서 유도되었고, ⑦과 ⑨는 선언삼단논증(DS)이라 불리는 타당한 논증형식을 사용하여 유도되었다. a1)은 SL에서 a2)처럼 표현될 수 있다.

a2)			
	①	A∨(B∨C)	
	②	D→~A	
	③	D	
	④	E→~B	
	⑤	E	
	⑥	~A	②, ③ MP
	⑦	B∨C	①, ⑥ DS
	⑧	~B	④, ⑤ MP
	⑨	C	⑦, ⑧ DS

a2)에서 ~A는 D→~A와 D로부터 추론되었다. 따라서 ②와 ③으로부터 ⑥의 추론은 a3)으로 표현된다.

a3)

D→~A		□→△
D	⇒	□
~A		△

a3)은 타당한 논증형식인 MP(전건긍정의 법칙)의 한 대체 예이다. 쉽게 알 수 있듯이 ④와 ⑤로부터 ⑧로 추론된 a4)도 MP의 한 대체 예이다.

a4) $E \to \sim B$
E

$\sim B$

이에 반해 ①과 ⑥으로부터 ⑦의 추론과 ⑦과 ⑧로부터 ⑨의 추론은 a5)에서 볼 수 있듯이 DS(선언삼단논증)의 한 대체 예이다.

a5)

A∨(B∨C)	B∨C		□∨△
~A	~B	⇒	~□
B∨C	C		△

MP나 DS는 타당한 논증형식이다. 따라서 SL에서의 형식증명이란 a2)처럼 타당한 논증형식들을 포함한 추론규칙들을 사용하여 논증의 타당성과 같은 연역논리의 기본적 개념들이 적용되는가를 증명하는 방식이라 할 수 있다.

11.1) 기본적인 타당한 논증형식들과 추론규칙들은 무엇인가?

앞에서 우리는 형식증명이란 타당한 논증형식들을 포함한 추론규칙들을 사용하여 타당성 등을 검증하는 방식이라고 설명했다. 이 설명이 전적으로 잘못된 것은 아니지만 형식증명에 대한 이러한 설명은 문제를 안고 있다. 왜냐하면 모든 타당한 논증을 형식화시키면, 그것은 하나의 타당한 논증형식이게 되고, 타당한 논증형식은 그 수가 무한하기 때문이다. 한 예로 a2)의 전제들과 결론을 형식화시킨 b)도 하나의 논증형식이라 할 수 있다.

b) □∨(△∨○)
◇→~□
◇
☆→~△
☆

○

따라서 형식증명에 사용될 수 있는 타당한 논증형식들은 가장 기본적인 것에 국한될 필요가 있다. 이 책에서는 가장 기본적이고 명백한 타당한 논증형식들과 증명방식들만으로 구성된 10가지의 추론규칙들만을 사용할 것이고, 이 10가지 추론규칙들만을 사용하는 형식증명체계를 'SD'(Deduction in Sentence Logic)라 부르도록 하겠다.

11.B) SD의 추론규칙들

MP(Modus Ponens) 전건긍정의 법칙

```
i | □→△
l | □
  | △          i, l MP
```

CP(Conditional Proof) 조건증명

```
i | | □
  | |----
l | | △
  | □→△        i~l CP
```

Simp(Simplification) 단순화의 법칙

```
i | □&△                i | □&△
  | □       i Simp       | △       i Simp
```

Conj(Conjunction) 연언법칙

```
i | □                  i | □
l | △                  l | △
  | □&△     i, l Conj    | △&□     i, l Conj
```

DS(Disjunctive Syllogism) 선언삼단논증

```
i | □∨△                i | □∨△
l | ~□                 l | ~△
  | △       i, l DS      | □       i, l DS

i | ~□∨△               i | □∨~△
l | □                  l | △
  | △       i, l DS      | □       i, l DS
```

Add(Addition) 추가법칙

i	□	
	□∨△	i Add

i	□	
	△∨□	i Add

BE(Biconditional Elimination) 동치기호 제거법칙

i	□↔△	
l	□	
	△	i, l BE

i	□↔△	
l	△	
	□	i, l BE

BI(Biconditional Introduction) 동치기호 도입법칙

i	□→△	
l	△→□	
	□↔△	i, l BI

i	□→△	
l	△→□	
	△↔□	i, l BI

RA(Reductio Ad Absurdum = Reduction to Absurdity) 간접증명

i	│ ~□	
l	│ △	
m	│ ~△	
	□	i~m RA

i	│ □	
l	│ △	
m	│ ~△	
	~□	i~m RA

Reit(Reiteration) 반복법칙

i	□	
	□	i Reit

i	□	
	│ □	i Reit

SD는 11.B)에 열거된 10가지 추론규칙만을 사용하는 형식증명체계이다. 이들 10가지 추론규칙들 중에서 타당한 논증형식을 갖춘 추론규칙들은 MP, Simp, Conj, DS, Add, BE, BI의 7가지이다. 그러나 나머지 3가지 규칙들도 비록 타당한 논증형식은 갖추고 있지는 못하지만, 일상적인 논증들에서 흔히 접할 수 있는 타당한 추론형식들이다.

형식증명에서 SD의 추론규칙들을 정확하게 사용하기 위해서는 이들 추론규칙들에 대한 이해가 먼저 요구된다. 추론규칙들 각각에 대해서

설명하기 전에, 우선 추론규칙들 전반에 대한 설명을 하겠다.

SD의 추론규칙들은 형식증명에서 결론의 유도를 위해 사용되는 규칙들이다. 따라서 SD의 형식증명에서 제일 아래쪽에 위치한 것은 결론이고, 결론 위에 위치한 문장들은 전제들이거나, 가정들이거나, 앞의 문장들에 추론규칙을 적용하여 얻어진 문장들이다. 그러므로 추론규칙에 나오는 선들은 각각 일정한 의미를 가지고 있다.

11.C)

추론규칙에서 세로선들은 모두 증명선을 의미한다. 이들 중에 제일 왼쪽에 위치한 세로선이 주 증명선이고, 오른쪽에 위치한 증명선은 왼쪽에 위치한 증명선 상의 한 문장을 증명하기 위해 사용된 부 증명선이다. 또한 가로선은 가정선이다. 가로선의 상단에는 전제들이나 증명을 위해 가정된 문장들이 위치해야 한다.

c) D∨B ①

A→~B ②

A ③

D

한 예로 논증 c)가 타당한가를 SD에서 증명하기 위해서는 ①,②,③의 전제들로부터 결론 D를 SD의 추론규칙들을 사용해서 유도해내야 한다. c)에 대한 SD에서의 증명을 위해서는 주 증명선 상의 가정선 위에 전제들이 위치하고, 주 증명선 상의 제일 하단부에 결론이 위치해야 한다.

c1) | D∨B
| A→~B
| A
|———
| D

따라서 c1)은 가정선 위에 위치한 전제들인 세 문장들로부터 SD의 추론규칙들을 사용하여 D를 유도하라는 의미를 나타내고 있다고 할 수 있다.

11.2) Simp의 사용 방법은 무엇인가?

Simp은 하나의 타당한 논증형식을 SD의 추론규칙으로 도식화시킨 것이다. 아래의 d)는 일상적인 논증에서 볼 수 있는 Simp의 예이다.

d) 길동이는 미남이고 부자이다.

———————

길동이는 미남이다.

'길동이는 미남이다'를 A로, '길동이는 부자이다'를 B로 표시하면 d)는 SL에서 d1)처럼 번역된다.

d1) A&B
———
A

d1)에서 전제인 A&B가 T이면 결론인 A는 반드시 T이므로, d)는 타당한 논증이다. d)가 타당한 이유는 d)가 갖추고 있는 논증형식 때문이다. d)의 논증형식은 11.D)처럼 정리될 수 있다.

11.D) (Simp)

□&△		i	□&△	
———	⇒			
□			□	i Simp

11.D)의 도식화된 Simp은 d1)의 타당한 논증형식을 SD에서 추론규칙으로 도식화시킨 것이다. 따라서 Simp은 □&△의 형태를 갖춘 연언문으로부터 그 연언문을 구성하는 각각의 연언들을 도출해낼 수 있다는 규칙이다. 아래의 구체적인 증명을 통해 Simp의 용법을 살펴보도록 하자.

e) (C&(D∨G))&((D&(B↔C))&(A↔~(B∨C)))

D

SD에서 e)가 타당함을 증명하기 위해서는 전제로부터 D를 유도해내야 한다. e)의 SD에서의 증명은 e1)이다.

e1)	1	(C&(D∨G))&((D&(B↔C))&(A↔~(B∨C)))	Ass
	2	(D&(B↔C))&(A↔~(B∨C))	1 Simp
	3	D&(B↔C)	2 Simp
	4	D	3 Simp

e1)에서 1단계는 논증 e)의 전제이다. 따라서 가정선 위에 위치해야 한다. 또한 1단계의 오른편의 Ass는 1단계가 가정(Assumption)이라는 것을 의미한다. 2단계는 1단계에 Simp를 적용하여 1단계의 뒤쪽 연언을 도출해 낸 결과이다. 3단계는 2단계에 Simp를 적용하여 2단계의 앞쪽 연언을 도출해 낸 것이고, 4단계는 3단계에 Simp를 적용하여 3단계의 앞쪽 연언을 도출해 낸 것이다.

11.3) Conj의 사용 방법은 무엇인가?

Conj는 f)와 같은 예에서 찾아볼 수 있는 타당한 논증형식을 SD의 추론규칙으로 도식화시킨 것이다.

f) 길동이는 미남이다.

길동이는 부자이다.

길동이는 미남이고 부자이다.

f)는 타당한 논증이다. 두 개의 전제가 모두 참이면 결론도 반드시 참이기 때문이다. f)의 논증형식은 11.E)처럼 정리될 수 있다.

11.E) (Conj)

□		i	□		
△		1	△		
———	⇒				
□&△			□&△	i, 1 Conj	

11.E)의 도식화된 Conj은 f)의 타당한 논증형식을 SD에서 추론규칙으로 도식화시킨 것이다. 따라서 Conj은 □와 △로부터 이들을 각각의 연언으로 하는 연언문을 도출해낼 수 있다는 규칙이다. 아래의 구체적인 증명을 통해 Conj의 용법을 살펴보도록 하자.

g) ((C∨D)&(A&(B↔C)))&(K&~(M&G))

(K&A)&K

SD에서 g)가 타당함을 증명하기 위해서는 전제로부터 (K&A)&K를 유도해 내야 한다. g)의 SD에서의 증명은 g1)이다.

g1)			
	1	((C∨D)&(A&(B↔C)))&(K&~(M&G))	Ass
	2	K&~(M&G)	1 Simp
	3	K	2 Simp
	4	(C∨D)&(A&(B↔C))	1 Simp
	5	A&(B↔C)	4 Simp

6	A	5 Simp
7	K&A	3, 6 Conj
8	(K&A)&K	3, 7 Conj

2단계부터 6단계까지 Simp를 사용하면 각기 K와 A를 도출해 낼 수 있다. 7단계의 K&A는 3단계의 K와 6단계의 A에 Conj를 사용하여 도출해 낸 것이고, 8단계는 7단계의 K&A와 3단계의 K에 Conj를 사용하여 도출해 낸 것이다.

11.4) Reit의 사용 방법은 무엇인가?

나머지 추론규칙들의 설명에 Reit가 사용될 수 있으므로 먼저 Reit에 대해 설명하겠다. Reit는 타당한 논증형식은 아니지만 Reit의 한 형태는 h)의 논증에 나타나는 타당한 논증형식을 도식화시킨 것이라 할 수 있다.

h) 길동이는 미남이다.

———————

길동이는 미남이다.

전제를 결론에서 반복한 논증인 h)는 타당한 논증이고 11.F)의 형식을 갖추고 있다.

11.F) (Reit)

□		i	□	
——	⇒			
□			□	i Reit

11.F)의 도식화된 Reit의 한 형식은 h)에 해당하는 타당한 논증형식을 도식화시킨 것이다. 따라서 Reit는 SL의 한 문장 □로부터 □를 유도해 낼 수 있다는 것을 의미한다. Reit는 11.F)와 다른 형태로 사용될 수 있다.

11.G) Reit가 사용되는 다른 형태

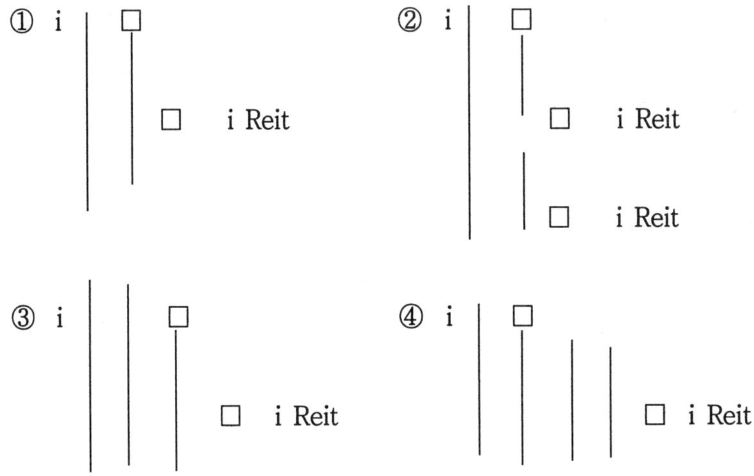

11.G)의 ①, ②, ③, ④는 모두 Reit가 정당하게 사용될 수 있는 경우를 나타낸 것이다. ①, ②, ③, ④의 경우에서 Reit가 정당하게 사용되었다는 것은 아무리 많은 새로운 가정이나 전제들이 추가되었어도 한 문장 □로부터 □가 유도될 수 있다는 것을 의미하는 것이다. 한 예로 i)는 i1)과 마찬가지로 타당한 논증이다.

i) 길동이는 미남이다.

———————

길동이는 미남이다.

i1) 길동이는 미남이다.
길동이는 부자이다.
지구는 둥글다.

———————

길동이는 미남이다.

11.G)의 ①은 하나의 가정이 추가된 경우이고, ②는 두 개의 부 증명에서 각기 다른 가정이 추가된 경우이다. ③은 새로운 가정 하에서 □가 유도되었으면 또 하나의 새로운 가정이 추가되어도 □가 유도될 수 있다는 것을 나타낸 경우이다. ④는 여러 개의 가정이 추가된 경우이다. Reit의 사용 방식은 간략하게 11.H)처럼 정리될 수 있다.

11.H) i) Reit가 사용될 수 있는 경우

① 동일한 증명선 상의 위에서 아래로

② 좌에서 우로 다른 증명선으로

ii) Reit가 사용될 수 없는 경우

③ 동일선 상의 증명선이 끊어진 경우

④ 동일한 증명선 상의 아래에서 위로

⑤ 우에서 좌로 다른 증명선으로

Reit가 사용될 수 없는 경우인 11.H)의 ③,④,⑤는 11.I)처럼 도식화할 수 있다.

11.I) ③ ④ ⑤

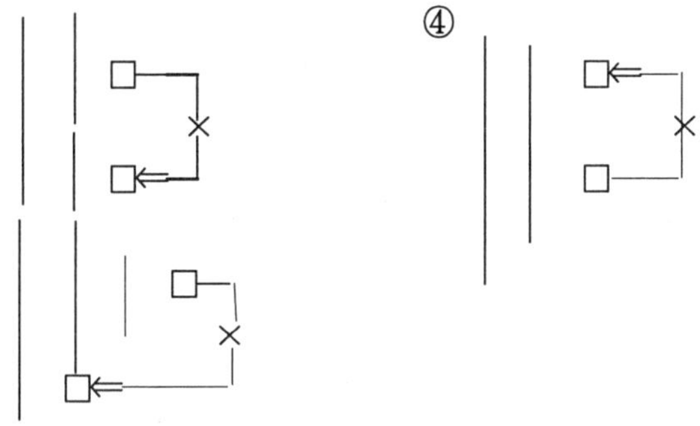

11.5) MP의 사용 방법은 무엇인가?

MP는 j)와 같은 논증에서 볼 수 있는 타당한 논증형식을 SD의 추론 규칙으로 도식화한 것이다.

j) 만약 철수가 열심히 공부한다면 그는 이번 시험에서 좋은 성적을 받을 것이다.

철수는 열심히 공부한다.

철수는 이번 시험에서 좋은 성적을 받을 것이다.

전제들이 모두 참이면 결론은 반드시 참이기 때문에 j)는 타당한 논증이다. j)의 논증형식은 11.J)이다.

11.J) (MP)

□→△		i	□→△		
□		l	□		
―――	⇒				
△			△	i, l MP	

11.J)에 도식화된 MP는 j)의 타당한 논증형식을 SD의 추론규칙으로 도식화시킨 것이다. 따라서 MP는 조건문과 조건문의 전건으로부터 조건문의 후건이 유도될 수 있다는 것을 나타내는 규칙이다. 구체적인 예를 통해서 MP의 용법을 살펴보도록 하자.

k) B→D
A&(B&C)
D→(B&K)
―――――
K

k)는 SD에서 k1)처럼 증명된다.

k1)			
	1	B→D	Ass
	2	A&(B&C)	Ass
	3	D→(B&K)	Ass
	4	B&C	2 Simp
	5	B	4 Simp
	6	D	1, 5 MP
	7	B&K	3, 6 MP
	8	K	7 Simp

k1)에서 MP가 사용된 곳은 6단계와 7단계이다. 2단계에 Simp를 사용해서 얻어진 5단계의 B는 1단계의 조건문의 전건이므로 MP에 의해

6단계에서 후건인 D가 유도되었고, D가 3단계의 조건문의 전건이므로 7단계에서 후건인 B&K가 MP를 통해 유도되었다.

11.6) CP의 사용 방법은 무엇인가?

CP는 타당한 논증형식의 도식화라기보다는 일종의 증명 방식을 도식화한 것이다. 비록 CP가 타당한 논증형식은 아니지만 CP는 대단히 효과적이고 훌륭한 논증 방식을 나타내고 있다.

I) ① 만약 길동이가 6시 30분까지 일어난다면, 그는 7시에 떠나는 버스를 탈 수 있을 것이다.

② 만약 길동이가 7시에 떠나는 버스를 탈 수 있다면, 그는 지각하지 않을 것이다.

---

③ 만약 길동이가 6시 30분까지 일어난다면, 길동이는 지각하지 않을 것이다.

I)은 타당한 논증이다. I)은 타당한 논증형식인 HS(Hypothetical Syllogism)의 대체 예이기 때문이다. 그러나 여기서는 CP의 용법과 유사한 논증 방식을 사용하여 I)이 타당함을 설명해 보겠다.

I)의 결론은 조건문이다. 따라서 결론이 참이기 위해서는, 결론의 전건이 참이면 결론의 후건은 반드시 참이어야 한다. 조건문의 이러한 성질에 따라 만약 우리가 결론의 전건을 가정하고 이 가정과 다른 전제들로부터 후건을 도출해 내면 우리는 I)의 타당함을 증명한 것이라 할 수 있다. 조건문이 거짓인 경우는 오직 전건이 참이고 후건이 거짓인 경우이기 때문이다. 이러한 방식(결론의 전건을 가정하는 방식)에 의해 I)은 II)에서 묘사된 방식으로 논증될 수 있다.

II) ① 만약 길동이가 6시 30분까지 일어난다면, 그는 7시에 떠나는 버스를 탈 수 있을 것이다.

② 만약 길동이가 7시에 떠나는 버스를 탈 수 있다면, 그는 지각하지 않을

것이다.

③ 길동이는 6시 30분까지 일어난다. ⇦ 가정(ⓒ의 전건을 가정)

④ 길동이는 7시에 떠나는 버스를 탈 수 있을 것이다. (①과 ③으로부터 추론된다.)

⑤ 길동이는 지각하지 않을 것이다. (②와 ④로부터 추론된다.)

ⓒ 만약 길동이가 6시 30분까지 일어난다면, 길동이는 지각하지 않을 것이다

11)은 설득력 있고 타당한 논증 방식이다. ③을 가정하고 그 가정과 전제 ①과 ②를 사용하여 후건인 ⑤를 유도했으므로, ③이 전건이고 ⑤가 후건인 조건문으로서의 결론 ⓒ가 정당화되었기 때문이다.

11.K) (CP)

□를 가정한다.		i	□	
△			———	
———	⇒	l	△	
□→△			□→△	i~l CP

11.K)의 도식화된 CP는 11)에서의 논증 방식을 SD의 추론규칙으로 도식화시킨 것이다. 따라서 CP는 SL의 한 문장 □를 가정하고 이 가정으로부터 △를 유도해 냈으면, □가 전건이고 △가 후건인 조건문이 유도될 수 있다는 것을 의미한다. 1)의 SD에서의 증명을 통해 CP의 용법을 살펴보도록 하자.

1)은 SL에서 12)로 번역되고, 12)의 SD에서의 증명은 13)이다.

12) A→B
B→C
———
A→C

13)

1	A→B	Ass
2	B→C	Ass
3	A	Ass
4	A→B	1 Reit
5	B	3, 4 MP
6	B→C	2 Reit
7	C	5, 6 MP
8	A→C	3~7 CP

13)의 3 단계에서 A가 가정되었고, 이 가정과 전제 1단계와 2단계로부터 7단계에서 결론의 후건인 C가 유도되었다. 따라서 A를 가정하고 C를 유도했으므로, CP를 따라 8단계에서 A→C가 도출되었다.

11.7) DS의 사용 방법은 무엇인가?

DS는 m)과 같은 논증에서 볼 수 있는 타당한 논증형식을 SD의 추론규칙으로 도식화한 것이다.

m) **길동이는 천재이거나 노력가이다.**
길동이는 천재가 아니다.
____
길동이는 노력가이다.

첫 번째 전제와 두 번째 전제가 모두 참이면 결론도 반드시 참이어야 하므로 m)은 타당한 논증이다. m)의 논증형식은 11.L)이다.

11.L)

			(DS)	
□∨△		i	□∨△	
~□	⇒	l	~□	
______				
△			△	i, l DS

11.L)에 도식화된 DS는 m)의 타당한 논증형식을 SD의 추론규칙으로 도식화시킨 것이다. 따라서 DS는 하나의 선언문과 그 선언문을 구성하는 하나의 선언의 부정으로부터 다른 선언이 유도될 수 있다는 것을 나타낸 규칙이다. 11.1)에 나오는 논증 c)에 대한 증명을 통하여 DS의 용법을 살펴보도록 하자. c)의 SD에서의 증명은 c1)이다.

c1)			
	1	D∨B	Ass
	2	A→~B	Ass
	3	A	Ass
	4	~B	2, 3 MP
	5	D	1,4 DS

2단계와 3단계에 MP를 사용해서 유도된 ~B는 1단계의 선언문을 구성하는 한 선언의 부정이다. 따라서 5단계에서 그 선언문을 구성하는 다른 선언이 DS에 의해서 도출되었다.

11.8) Add의 사용 방법은 무엇인가?

Add는 n)과 같은 논증에서 볼 수 있는 타당한 논증형식을 SD의 추론규칙으로 도식화한 것이다.

n) 길동이는 미남이다.

길동이는 미남이거나 부자이다.

전제가 참이면 결론도 반드시 참이므로 n)은 타당한 논증이다. n)의 논증형식은 11.M)이다.

11.M) (Add)

□		i	□	
───	⇒			
□∨△			□∨△	i Add

11.M)에 도식화된 Add는 n)의 타당한 논증형식을 SD에서 추론규칙으로 도식화시킨 것이다. 따라서 Add는 한 문장으로부터 그 문장을 하나의 선언으로 하는 어떠한 선언문도 도출해 낼 수 있다는 추론규칙이다. 구체적인 예를 통해 Add의 용법을 살펴보도록 하자.

o) D→A

D&K

~(A∨B)∨C

―――――――――

((A↔G)∨C)∨~(R→C)

o)의 SD에서의 증명은 o1)이다.

o1)

1	D→A	Ass
2	D&K	Ass
3	~(A∨B)∨C	Ass
4	D	2 Simp
5	A	1, 4 MP
6	A∨B	5 Add
7	C	3, 6 DS
8	(A↔G)∨C	7 Add
9	((A↔G)∨C)∨~(R↔C)	8 Add

o1)에서 Add가 사용된 곳은 6, 8, 9단계들이다. 5단계에서의 A가 A∨B의 한쪽 선언이므로 6단계에서 A∨B가 도출되었고, C는 (A↔G)∨

C의 한쪽 선언이므로 7단계로부터 8단계의 (A↔G)∨C가 도출되었다. 또한 (A↔G)∨C는 9단계의 선언문을 구성하는 하나의 선언이므로 9단계의 ((A↔G)∨C)∨~(R↔C)가 8단계로부터 도출되었다.

11.9) BE의 사용 방법은 무엇인가?

BE는 p)와 같은 논증에서 볼 수 있는 타당한 논증형식을 SD의 추론규칙으로 도식화한 것이다.

p) 세 개의 각을 가진다는 것은 삼각형이기 위한 필요충분조건이다.
이 다각형은 세 개의 각을 가지고 있다.
―――――――――――――――――――――――
이 다각형은 삼각형이다.

전제들이 참이면 결론도 반드시 참이어야 하므로 p)는 타당한 논증이다. p)의 논증형식은 11.N)이다.

11.N) (BE)

논증형식			추론규칙	
□↔△		i	□↔△	
□		l	□	
―――	⇒			
△			△	i, l BE

11.N)의 도식화된 BE는 p)의 타당한 논증형식을 SD에서 추론규칙으로 도식화시킨 것이다. 따라서 BE는 쌍조건문과 그 쌍조건문을 구성하는 두 문장 중 하나로부터 다른 하나의 문장이 도출될 수 있다는 추론규칙이다. 구체적인 예을 통해 BE의 용법을 살펴보도록 하자.

q) A↔(B→C)
A&(A→B)
(G&B)↔C
―――――
G

q)는 SD에서 q1)처럼 증명된다.

q1)			
	1	A↔(B→C)	Ass
	2	A&(A→B)	Ass
	3	(G&B)↔C	Ass
	4	A	2 Simp
	5	B→C	1, 4 BE
	6	A→B	2 Simp
	7	B	4, 6 MP
	8	C	5, 7 MP
	9	G&B	3, 8 BE
	10	G	9 Simp

q1)의 5단계와 9단계에서 BE가 사용되었다. 4단계의 A는 1단계의 쌍조건문을 구성하는 한 문장이다. 따라서 5단계에서 다른 문장인 B→C가 도출되었다. 또한 8단계의 C는 3단계의 쌍조건문의 한쪽 문장이므로, 다른 쪽 문장인 G&B가 9단계에서 BE를 사용하여 도출되었다.

11.10) BI의 사용 방법은 무엇인가?

BI는 r)과 같은 논증에서 볼 수 있는 타당한 논증형식을 SD의 추론 규칙으로 도식화한 것이다.

r) 만약 내일 아침에 비가 오지 않으면, 우리는 내일 소풍을 갈 것이다.
만약 우리가 내일 소풍을 간다면, 내일 아침에 비가 오지 않을 것이다.

내일 아침에 비가 오지 않는 것은 우리가 내일 소풍을 가기 위한 필요충분조건이다.

전제들이 참이고 결론이 거짓일 가능성이 없으므로 r)는 타당한 논증이다. r)에서 사용되고 있는 논증형식은 11.O)이다.

11.O) (BI)

□→△		i	□→△		
△→□		l	△→□		
———	⇒				
□↔△			□↔△	i, l BI	

11.O)에 도식화된 BI는 r)의 타당한 논증형식을 SD에서 추론규칙으로 도식화시킨 것이다. 따라서 BI는 하나의 조건문(□→△)과 그 조건문의 전건과 후건이 바뀐 조건문(△→□)으로부터 쌍조건문(□↔△)이 도출될 수 있다는 추론규칙이다. 구체적인 예를 통해 BI의 용법을 살펴보도록 하자.

s) (D∨(A∨B))→E

E→(B&F)

~E∨(B↔A)

―――――――――

A↔B

s)는 SD에서 s1)처럼 증명된다.

s1)			
1	(D∨(A∨B))→E		Ass
2	E→(B&F)		Ass
3	~E∨(B↔A)		Ass
4		A	Ass
5		A∨B	4 Add
6		D∨(A∨B)	5 Add

7	E	1, 6 MP
8	B&F	2, 7 MP
9	B	8 Simp
10	A→B	4~9 CP
11	B	Ass
12	A∨B	11 Add
13	D∨(A∨B)	12 Add
14	E	1, 13 MP
15	B↔A	3, 14 DS
16	A	11, 15 BE
17	B→A	11~16 CP
18	A↔B	10, 17 BI

s)의 결론이 쌍조건문 A↔B이므로 BI에 따라 우리가 만약 두 개의 조건문 A→B와 B→A를 도출해내면, 이로부터 A↔B가 도출될 수 있다. 4단계에서 9단계를 통하여 A를 가정하고 B가 도출되었으므로, 10단계에서 A→B가 CP를 통하여 도출되었고, 11단계에서 16단계를 통하여 B를 가정하고 A가 도출되었으므로, 17단계에서 조건문 B→A가 도출되었다.

11.11) RA의 사용 방법은 무엇인가?

RA는 타당한 논증형식은 아니지만 수학의 증명에서 자주 사용되는 효과적인 논증 방식이다.

t) ① 만약 신이 존재한다면, 지구상에 사악한 범죄가 만연하지 않았을 것이다.
② 지구상에는 사악한 범죄가 만연하고 있다.

---

③ 신은 존재하지 않는다.

t)는 타당한 논증이다. t)가 타당하다는 것을 RA가 시사하고 있는 논증 방식을 사용해서 설명해 보겠다. 추론규칙 RA는 하나의 가정 □로부터 모순이 도출되면, '□가 아니다'라는 것이 증명되었다는 것을 의미하고 있다. 따라서 우리가 결론의 부정을 가정하고 이 가정으로부터 모순이 도출되었다면 결론이 증명된 것이라 할 수 있다. 이 방식에 따라 t)의 타당함은 t1)처럼 논증될 수 있다.

t1) ① 만약 신이 존재한다면, 지구상에 사악한 범죄가 만연하지 않았을 것이다.
② 지구상에는 사악한 범죄가 만연하고 있다.
③ 신은 존재한다. ⇦ 가정
④ 지구상에 사악한 범죄가 만연하지 않을 것이다. (①과 ③으로부터 추론된다.)
⑤ 지구상에 사악한 범죄가 만연하고 있다.
⑥ 신은 존재하지 않는다.

t1)에서 결론의 부정을 가정하고 이 가정과 전제 ①,②로부터 모순을 도출해 냈다. t1)에서 사용된 논증 방식은 11.P)처럼 도식화될 수 있다.

11.P) (RA)

□를 가정한다.		i	□	
△				
~△		l	△	
────	⇒	m	~△	
~□			~□	i~m RA

11.P)에 도식화된 RA는 t1)의 논증 방식을 SD에서 추론규칙으로 도식화시킨 것이다. 따라서 RA는 가정된 한 문장으로부터 모순이 도출되면 가정된 문장의 부정이 도출될 수 있다는 것을 나타내는 추론규칙이다.

t)의 증명을 통해 RA의 용법을 살펴보도록 하자. t)는 SL에서 t2)로 번역되고 t2)의 SD에서의 증명은 t3)이다.

t2) A→~B

B

―――――

~A

```
t3) 1 │ A→~B              Ass
    2 │ B                 Ass
      ├──────
    3 │ │ A               Ass
      │ ├─────
    4 │ │ ~B              1, 3 MP
    5 │ │ B               2 Reit
    6 │ ~A                3~5 RA
```

t3)에서 결론의 부정인 A를 가정하고 이로부터 모순(~B와 B)이 도출되었으므로, 6단계에서 RA를 통해 가정된 문장인 A의 부정인 ~A가 도출되었다.

11장과 관계된 문제들

1) ★은 타당한 논증형식의 도식화인가?

(★)

i	□	
	△→□	i ★

2) 아래의 논증형식에 일치하는 논증의 예를 제시하라.

i	□∨△	
l	□	
m	○	
n	△	
o	○	
	○	i, l~m, n~o CD

3) 아래의 증명에서 SD의 법칙이 잘못 사용된 경우를 모두 열거하고 그 이유를 설명하라.

1	~G∨(B→C)	Ass
2	(A&B)→(C→D)	Ass
3	G	Ass
4	B→C	1, 3 DS
5	B	4 Simp
6	C	4, 5 MP
7	A	Ass
8	A&B	5, 7 Conj
9	C→D	2, 8 MP
10	D	6, 9 MP
11	D	7~10 CP
12	G→D	3~11 CP

4) 아래의 증명의 각 단계를 3)처럼 규명하라.

```
| ~L∨(~N&~M)
| M∨(N∨L)
|----------------
|    | L
|    |-------------
|    | ~N&~M
|    | ~M
|    | ~N
|    | ~M&~N
| L→(~M&~N)
|    | ~M&~N
|    |-------------
|    | ~M
|    | N∨L
|    | ~N
|    | L
|    |
| (~M&~N)→L
| L↔(~M&~N)
```

12장 SD에서 연역논리의 기본 개념들은 어떻게 검증되는가?

12) SD에서 연역논리의 기본 개념들은 어떻게 검증되는가?

연역논리의 기본 개념들 중 논리적 진실, 논리적 거짓, 논리적 동치와 타당성은 SD에서 증명될 수 있다. 이에 반해 논리적 일관성과 우연명제는 SD에서 증명될 수 없다. (논리적으로 일관성이 없다는 것은 SD에서 증명될 수 있다.)

SD에서의 형식증명이란 일련의 문장이고, 이 문장들이 각기 가정이거나 앞의 문장들로부터 추론규칙을 사용하여 도출된 것이라는 것을 상기하면, SD에서 논리적 일관성이나 우연명제 같은 개념이 검증될 수 없는 이유는 명백하다.

12.1) 논증의 타당성은 SD에서 어떻게 증명되는가?

11장에서 수행한 증명들은 모두 논증의 타당성에 관한 SD에서의 증명들이다. 여기서는 논증의 타당성에 대한 SD에서의 증명 방식을 재미 있는 예를 이용하여 설명해 보겠다.

a) 경기도 도경의 박 반장은 산 속의 호화 별장에서 살인 사건이 발생했다는 보고를 접하고 사건 현장에 출동했다. 살인 사건의 피해자는 이 별장의 주인인 A씨였고, 살인 현장에는 주방에서 사용하는 칼과 로프가 시체 옆에 놓여 있었으며, 살인 현장은 유혈이 낭자한 상태였다. 박 반장이 별장에서 일하는 네 사람(관리인, 주방장, 하녀, 운전자)을 탐문하고 사건 현장을 철저히 수색한 결과, 외부인의 침입은 없었던 것으로 드러났다. 또한 별장에서 일하는 네 사람 중 주방장과 운전사는 매일 아침 8시에 출근하여 오후 6시에 퇴근했고 주방장은 퇴근할 때마다 항상 주방문을 잠근다는 사실이 밝혀졌다. 이러한 모든 상황을 종합하여 박 반장은 아래와 같은 사실들을 증거로 기록했다.

① 외부에서의 침입이 없었으므로 살인자는 별장에서 일하는 네 사람 중의 적어도 하나이다.
② 만약 오전 8시 이후에 살인이 발생했다면, 살인자는 주방장, 하녀, 운전사 중 하나 일 것이다.
③ 오전 8시 이후에 살인이 발생하지 않았다면(오전 8시 이전에 살인이 발생했다면), 살인자는 관리인이거나 하녀일 것이다.
④ 살인 도구는 주방에서 사용하는 칼이거나 로프였을 것이다.
⑤ 살인 도구가 주방에서 사용하는 칼이었다면, 살인 현장에는 유혈이 낭자했을 것이다.
⑥ 살인 도구가 로프였다면, 살인 현장에는 유혈이 낭자하지 않았을 것이다.
⑦ 살인 현장에는 유혈이 낭자했다.
⑧ 만약 살인 도구가 주방에서 사용하는 칼이었다면, 살인은 오전 8시 이후에 발생했다.
⑨ 만약 살인 도구가 로프가 아니라면, 하녀는 범인이 아닐 것이다.
⑩ 만약 범인이 운전사였다면, 살인 도구는 로프였을 것이다.

앞에 열거한 증거들을 근거로 박 반장은 별장에서 일하는 네 사람 중 적어도 한 사람을 A씨를 살해한 범인으로 지목하였다.

a)에서 만약 박 반장의 추리가 옳았다면, 그의 추리가 옳다는 것은 SD에서 증명될 수 있다. 왜냐하면 만약 박 반장의 추리가 옳았다면 증거로 거론된 10 가지 사실들을 전제로 하고 박 반장의 범인 지목을 결론으로 삼는 논증은 타당할 것이고, 또한 만약 이 논증이 타당하다면 전제들로부터 결론이 도출될 수 있을 것이기 때문이다. 이와는 반대로 박 반장의 추리가 잘못되어서 다른 사람을 범인으로 지목했다면, 이러한 잘못된 추리에 근거한 논증의 결론은 전제들로부터 SD에서 도출될 수 없을 것이다. 자, 이제 박 반장이 주방장을 범인으로 지목했다고 가정해 보겠다.

박 반장의 추리는 10가지 증거들을 전제로 삼고 '주방장이 살인범이다'를 결론으로 삼은 논증으로 표현될 수 있고, 만약 박 반장의 추리가 옳다면 이 논증은 타당해야 한다. SL에서 이 논증은 a1)로 번역될 수 있다.

a1) ① A ∨ ((B ∨ C) ∨ D)
② E→((B ∨ C) ∨ D)
③ ~E→(A ∨ C)
④ G ∨ H
⑤ G→I
⑥ H→~I
⑦ I
⑧ G→E
⑨ ~H→~C
⑩ D→H

B

11장에서 보았듯이 논증의 타당성을 SD에서 검증하기 위해서는 전제들로부터 SD의 추론규칙들을 사용하여 결론을 도출해 내야 한다. a1)

에 대한 SD에서의 증명은 a2)이다.

a2)

1	$A \lor ((B \lor C) \lor D)$	Ass
2	$E \to ((B \lor C) \lor D)$	Ass
3	$\sim E \to (A \lor C)$	Ass
4	$G \lor H$	Ass
5	$G \to I$	Ass
6	$H \to \sim I$	Ass
7	I	Ass
8	$G \to E$	Ass
9	$\sim H \to \sim C$	Ass
10	$D \to H$	Ass
11	$\sim G$	Ass
12	H	4, 11 DS
13	$\sim I$	6, 12 MP
14	I	7 Reit
15	G	11~14 RA
16	E	8, 15 MP
17	$(B \lor C) \lor D$	2, 16 MP
18	D	Ass
19	H	10, 18 MP
20	$\sim I$	6, 19 MP
21	I	7 Reit
22	$\sim D$	18~21 RA
23	$B \lor C$	17, 22 DS
24	H	Ass
25	$\sim I$	6, 24 MP
26	I	7, Reit
27	$\sim H$	24~26 RA
28	$\sim C$	9, 27 MP
29	B	23, 28 DS

a2)에서 전제들로부터 결론 B가 SD의 추론규칙들을 사용하여 도출되었다. 따라서 a1)이 타당한 논증임이 증명되었고, 이에 따라 '박 반장의 추리는 옳은 것이다'는 것이 증명되었다고 할 수 있다. a2)에서 보았듯이 한 논증이 타당하다는 것을 SD에서 보이기 위해서는 전제들로부터 결론을 SD의 추론규칙을 사용하여 도출해내야 한다. 따라서 논증의 타당성에 대한 SD에서의 증명은 12.A)처럼 설명될 수 있다.

12.A) SD에서의 타당성 검증

P1
⋮
Pn
———
C

이 논증이 타당하다는 것을 SD에서 증명하기 위해서는 P1, …, Pn의 전제들로부터 C를 SD의 추론규칙을 사용하여 도출해야 한다. 즉, 주 증명선 상의 가정선 위에 P1, …, Pn을 열거하고 이들로부터 주 증명선 상에서 C를 도출해내야 한다.

| P1
| ⋮
| Pn
|———
| C (SD의 추론규칙들을 사용하여 C를 도출)

12.2) SL의 한 문장의 논리적 진실과 논리적 거짓은 SD에서 어떻게 증명되는가?

논리적 진실과 논리적 거짓의 SD에서의 증명에 대해 설명하기 전에 우선 이와 관계된 개념 문제를 살펴보겠다.

b) P1

⋮

Pn　　　**결론인 C가 논리적 진실이면 이 논증은 타당한가?**

———

C

b)에 대한 대답은 '그렇다'이다. 전제들이 어떤 문장들로 구성되어 있든 간에 만약 결론이 논리적 진실이면 그 논증은 타당해야 한다. 왜냐하면 결론이 거짓일 가능성이 없으므로, 전제들이 참이고 결론이 거짓일 가능성도 없기 때문이다. 즉, 결론이 논리적 진실일 경우, 전제들을 어떠한 다른 문장으로 대체해도 타당해야 하고, 그러한 논증의 타당성은 전제와 상관없이 결정될 수 있다. 따라서 한 논증의 결론이 논리적 진실일 경우, 전제들을 전혀 사용하지 않고도 논리적 진실인 결론이 SD에서 유도될 수 있다. 한 예를 통해서 이를 살펴보도록 하자.

c) A

———

C∨~C

c)의 결론 C∨~C는 논리적 진실이다. 따라서 c)는 타당한 논증이다. c)가 타당하다는 것은 전제 A를 사용하지 않고도 SD에서 증명될 수 있다.

c1)

1	A	Ass
2	~(C∨~C)	Ass
3	C	Ass
4	C∨~C	3 Add
5	~(C∨~C)	2 Reit
6	~C	3~5 RA
7	C∨~C	6 Add
8	~(C∨~C)	2 Reit
9	C∨~C	2~8 RA

c1)에서 결론 C∨~C의 유도를 위해 전제 A가 전혀 사용되지 않았다. 이처럼 한 논증의 결론이 논리적 진실일 경우, 논리적 진실인 결론은 전제들을 사용하지 않고도 SD에서 도출된다. 따라서 SD에서 논리적 진실의 문장이 전제들을 전혀 사용하지 않고도 도출된다는 사실에 근거한다면, SL의 한 문장이 논리적 진실일 경우 그 문장이 논리적 진실이라는 것을 SD에서 증명할 수 있다.

12.B) SD에서의 논리적 진실 검증

한 문장 □가 논리적 진실이라는 것을 SD에서 증명하기 위해서는 전제 없이 □를 SD의 추론규칙을 사용하여 도출해야 한다. (즉, 주 증명선 상에 가정선이 없고, 따라서 전제 없이 □를 주 증명선 상에서 도출해야 한다.)

하나의 예를 통하여 한 문장이 논리적 진실임을 SD에서 증명해 보도록 하자.

d) A→(~B∨A)

d)가 논리적 진실임을 증명하기 위해서는 d)를 전제 없이 도출해야 한다. d)에 대한 SD에서의 증명은 d1)이다.

d1)

1	│ │ A	Ass
2	│ │ │ ~(~B∨A)	Ass
3	│ │ │ ~B∨A	1 Add
4	│ │ │ ~(~B∨A)	2 Reit
5	│ │ ~B∨A	2~4 RA
6	│ A→(~B∨A)	1~5 CP

d1)에서 전제 없이 결론이 도출되었으므로, d)는 논리적 진실이다.

SL의 한 문장이 논리적 거짓일 경우, 그 문장이 논리적 거짓임도 SD에서 증명될 수 있다. 12.B)는 SL의 한 문장이 논리적 진실임을 SD에서 증명하는 방식에 대해 설명하고 있다. 그런데 한 문장이 논리적 거짓일 경우, 그 문장의 부정은 논리적 진실의 문장이어야 한다. 따라서 12.B)를 응용하면 한 문장이 논리적 거짓임도 증명될 수 있다.

12.C) SD에서의 논리적 거짓 검증

> **한 문장 □가 논리적 거짓이라는 것을 SD에서 증명하기 위해서는 ~□가 논리적 진실임을 증명해야 한다. (즉, 전제 없이 ~□를 도출해야 한다.)**

하나의 예를 통하여 한 문장이 논리적 거짓임을 SD에서 증명해 보겠다.

e) ~(A&~A)&(C&~C)

12.C)에 따라 e)가 논리적 거짓임을 증명하기 위해서는 e)의 부정, 즉 ~(~(A&~A)&(C&~C))가 논리적 진실임을 증명해야 한다. e)의 부정이 논리적 진실이라는 것의 SD에서의 증명은 e1)이다.

e1)

1	| ~(A&~A)&(C&~C)	Ass
2	| C&~C	1 Simp
3	| C	2 Simp
4	| ~C	2 Simp
5	~(~(A&~A)&(C&~C)	1~4 RA

e1)에서 전제 없이 ~(~(A&~A)&(C&~C))가 도출되었으므로, e)의 부정은 논리적 진실이다. 따라서 12.C)에 따라 e)는 논리적 거짓이다.

12.3) SL의 두 문장들이 논리적 동치라는 것은 SD에서 어떻게 증명되는가?

SL의 두 문장 □와 △가 논리적 동치라고 가정해 보자. 그러면 □와 △는 동일한 진리치를 가지고 있으므로 □와 △로 구성된 쌍조건문인 □↔△는 논리적 진실이어야 한다. □↔△가 논리적 진실임은 12.B)에 따라 SD에서 증명될 수 있고, 따라서 □와 △가 논리적 동치라는 것도 SD에서 증명될 수 있다.

12.D) SD에서의 논리적 동치 검증

> **SL의 두 문장 □와 △가 동치임을 SD에서 증명하기 위해서는 □↔△가 논리적 진실임을 SD에서 증명해야 한다.**

하나의 예를 통하여 SL의 두 문장이 논리적 동치임을 SD에서 증명해 보겠다.

f) C→D,   ~C∨D

12.D)에 따라 f)의 두 문장이 논리적 동치임을 증명하기 위해서는 (C→D)↔(~C∨D)가 논리적 진실임을 증명해야 한다. 12.B)에 따라 (C→D)↔(~C∨D)가 논리적 진실임은 f1)처럼 증명될 수 있다.

```
f1)  1  |  | C→D                    Ass
        |  |-----
     2  |  |  | ~(~C∨D)            Ass
        |  |  |--------
     3  |  |  |  | C                Ass
        |  |  |  |---
     4  |  |  |  | D                1, 3 MP
     5  |  |  |  | ~C∨D             4 Add
     6  |  |  |  | ~(~C∨D)          2 Reit
     7  |  |  | ~C                  3~6 RA
     8  |  |  | ~C∨D                7 Add
     9  |  |  | ~(~C∨D)             2 Reit
    10  |  | ~C∨D                   2~9 RA
    11  | (C→D)→(~C∨D)              1~10 CP
    12  |  | ~C∨D                   Ass
```

13	C	Ass
14	D	12, 13 DS
15	C→D	13~14 CP
16	(~C∨D)→(C→D)	12~15 CP
17	(C→D)↔(~C∨D)	11, 16 BI

f1)에서 (C→D)↔(~C∨D)는 전제 없이 도출되었으므로 논리적 진실이다. 따라서 12.D)에 따라 C→D와 ~C∨D는 논리적 동치임이 증명되었다.

12.4) SL의 문장들로 구성된 집합이 일관성이 없다는 것은 SD에서 어떻게 증명되는가?

논리적 일관성이 없다는 것이 SD에서 어떻게 증명되는가를 설명하기 전에 우선 이와 밀접하게 관계된 개념 문제를 살펴보겠다.

g) P1

⋮

Pn　　　**{P1, ⋯, Pn}이 일관성이 없으면 이 논증은 타당한가?**

———

C

g)에 대한 답은 '그렇다'이다. 즉, 한 논증의 전제들의 집합이 일관성이 없으면 그 논증의 결론이 무엇으로 구성되었든지 간에 그 논증은 타당한 논증이다. 따라서 SD가 올바른 체계이고, 만약 전제들이 일관성이 없다면 그 전제들로부터 어떠한 SL의 문장도 도출해 낼 수 있어야 한다. 왜냐하면 전제들이 일관성이 없을 경우, 결론이 어떤 문장이든지 그 논증은 타당하기 때문이다. 따라서 전제들이 일관성이 없으면 전제들로부터 논리적 거짓의 문장도 도출해 낼 수 있어야 한다.

반면에 전제들이 일관성이 있을 경우, 논리적 거짓의 문장은 결론으로 도출될 수 없다. 만약 일관성이 있는 전제들로부터 논리적 거짓의 문장이 도출되었다면, 그 논증은 타당하지 않은 논증이 될 것이기 때문이다. 따라서 SL의 문장들로 구성된 집합이 일관성이 없다는 것에 대한 SD에서의 증명은 12.E)처럼 설명될 수 있다.

12.E) SD에서의 논리적 일관성이 없음의 검증

> **{P1, …, Pn}이 논리적 일관성이 없음을 증명하기 위해서는 P1, …, Pn으로부터 논리적 거짓의 문장을 도출해 내야 한다.**

12.E)는 논리적 일관성이 없다는 것의 증명에 대한 타당한 설명이다. 그러나 12.E)는 문제점을 안고 있는 설명이다. 12.E)에 따르면 한 집합이 논리적 일관성이 없다는 것을 보이기 위해서는 논리적 거짓의 문장을 도출해 내야 하는데, 한 문장이 논리적 거짓이라는 것을 보이기 위해서는 SD에서의 새로운 증명이 필요하기 때문이다. 따라서 12.E)보다는 12.F)가 논리적 일관성이 없음의 증명에 대한 더 나은 설명이다.

12.F) SD에서의 논리적 일관성이 없음의 검증

> **{P1, …, Pn}이 논리적 일관성이 없음을 증명하기 위해서는 P1, …, Pn으로부터 '□와 ~□ (모순)'를 도출해 내야 한다. (즉, 주 증명선 상의 가정선 위에 P1, …, Pn을 놓고, 이들 가정들로부터 '□와 ~□ (모순)'를 도출해 내야 한다.)**

12.F)는 타당한 설명이다. 논리적 거짓으로부터는 모순이 도출되기 때문이다. 논리적 거짓으로부터 모순이 도출된다는 것은 간단하게 증명될 수 있다.

SL의 한 문장 □가 논리적 거짓이라고 가정하겠다. 그렇다면 h)에서 볼 수 있듯이 □로부터 모순이 도출된다.

```
h)   1 | □
       |----
     i | □          1 Reit
     l | ~□
```

h)에서 □가 논리적 거짓이라면, ~□는 논리적 진실이다. 그러므로 ~□는 전제 없이 도출될 수 있다. 또한 i단계의 □는 1단계로 부터 Reit로 도출되었다. 따라서 h)에서 볼 수 있듯이 논리적 거짓으로부터는 모순이 도출된다.

12.F)에서 설명된 방식에 따라 SL의 문장들로 구성된 하나의 집합이 일관성이 없음을 SD에서 증명해 보겠다.

i) {A→B, B→C, C→A, ~(~C∨B)}

12.F)에 따라 i)가 일관성이 없다는 것을 증명해 보이기 위해서는 i)를 구성하고 있는 문장들을 전제로 삼고, 이 전제들로부터 모순을 도출해 내야 한다. i)가 일관성이 없다는 것에 대한 SD에서의 증명은 i1)이다.

```
i1)  1 | A→B                 Ass
     2 | B→C                 Ass
     3 | C→A                 Ass
     4 | ~(~C∨B)             Ass
       |----
     5 | | C                 Ass
       | |----
     6 | | A                 3, 5 MP
     7 | | B                 1, 6 MP
     8 | | ~C∨B              7 Add
     9 | | ~(~C∨B)           4 Reit
    10 | ~C                  5~9 RA
    11 | ~C∨B                10 Add
    12 | ~(~C∨B)             4 Reit
```

i1)의 11단계의 ~C∨B와 12단계의 ~(~C∨B)는 서로 모순의 문장들이다. i1)은 i)로부터 모순이 도출되었다는 것을 보여 주고 있다. 따라서 i)는 일관성이 없는 집합이다.

12.5) SD를 쉽게 정복하는 방법은 있는가?

SD와 같은 형식증명체계는 연역논리의 기본 개념들을 검증하는 효과적인 방법을 제공하고 있다. 또한 SD에서의 증명은 일상생활에서 행해지는 추론과 상이하지 않은 방식으로 행해지며, 동시에 일정한 문장들로부터 어떤 다른 문장들이 결론으로 유도될 수 있는가를 보여준다. 이러한 장점에도 불구하고 SD는 의미론적 검증 방식에 비해 한 가지 단점을 가지고 있다.

진리표나 진리나무와 같은 의미론적 검증 방식에서는 기본 개념들에 대한 검증이 거의 기계적인 연산에 의해 이루어질 수 있는데 반해서 SD에서는 이것이 가능하지 않다. SD의 증명에서는 증명의 각 단계마다 어떤 추론규칙을 사용할 것인가를 증명자 스스로가 결정하여야 하기 때문이다. 따라서 SD에서는 추론규칙을 어떻게 사용하느냐에 따라 매우 간단한 증명도 아주 난해한 증명이 될 수 있다.

이러한 이유로 논리학을 접하는 많은 사람들이 SD와 같은 형식증명체계에 따른 학습을 힘겨워하고 심지어 혐오하는 경향까지 보이기도 한다.

원칙적으로 말하자면, SD에서의 증명을 쉽게 수행할 수 있는 비법이나 왕도는 없다. 따라서 증명의 각 단계에 따라 어떤 추론규칙을 사용하는 것이 가장 효과적인가를 증명자 스스로가 결정해야만 한다.

필자는 여기서 단지 수년간의 경험을 통해 파악한 SD의 증명에서 나타나는 일정한 규칙성들을 정리하여 이를 통해 SD를 힘겨워하는 사람들에게 길잡이를 제공하고자 한다. 그래서 필자는 SD의 추론규칙들을 구성규칙과 분해규칙으로 구분하여 보았다.

12.G) 구성규칙: Conj, CP, Add, BI, RA
　　　분해규칙: Simp, MP, DS, BE, Reit

12.G)에서의 구성규칙과 분해규칙은 대체로 각 추론규칙들이 연결사가 사용된 문장을 구성문장들로 분해하는 규칙이냐 아니냐에 따라 구분되었다.

12.H) SD의 전략

1. 증명을 시작하기 전에 전제들과 결론을 살펴보고 전제들로부터 분해규칙들을 사용하여 결론이 직접 유도될 수 있는가를 먼저 살펴보라.
2. 만약 분해규칙들을 사용하여 결론이 직접 유도될 수 없는 경우에는 아래의 방법들을 사용하라.
   ① 만약 결론이 조건문(□→△)이면, CP를 사용하라. (즉, 전건을 가정하고 부 증명선 상에서 후건의 도출을 시도하라.)
   ② 만약 결론이 연언문(□&△)이면, □와 △를 각기 유도한 후에 Conj를 사용하라.
   ③ 만약 결론이 선언문(□∨△)이면, □나 △를 도출하고 Add를 사용하거나 RA를 사용하라. (많은 경우에 있어서 RA를 사용하는 것이 효과적이다.)
   ④ 만약 결론이 부정문이거나 원자명제이면, RA를 사용하라.
   ⑤ 만약 결론이 쌍조건문(□↔△)이면, BI를 사용하라.
   ⑥ 증명 도중에 모순이 도출되면, RA와 Reit를 사용하여 의도하는 문장의 도출을 시도하라.

다시 언급하거니와 12.H)는 SD의 증명을 힘겨워하는 사람들을 위한 길잡이로 제공된 것에 불과하다. 따라서 반드시 12.H)를 따라 SD의 증명을 수행할 필요는 없다. 경우에 따라서는 12.H)를 따르는 것이 비효과적일 수도 있다는 것을 밝혀 둔다.

12.6) 중요한 타당한 논증형식들과 법칙들은 무엇인가?

11장에서 보았듯이 모든 타당한 논증들을 형식화시키면 그것은 하나의 타당한 논증형식들이다. 그러므로 타당한 논증형식들의 개수는 무한하다. 또한 SD는 이들 무수하게 많은 타당한 논증형식들 중에서 가장 기본적인 타당한 논증형식들과 증명방식들로 구성된 10가지 추론규칙들만을 사용하는 형식증명체계이다. 여기서는 SD의 추론규칙들은 아니지만 논리적으로 매우 중요한 타당한 논증형식들과 증명법칙들에 대해서 살펴보도록 하겠다.

12.I) 타당한 논증형식들

MT(Modus Tollens)

□→△
～△
――――
～□

HS(hypothetical Syllogism)

□→△
△→○
――――
□→○

CD(Constructive Dilemma)

□∨△	□∨△
□→○	□→○
△→○	△→◇
――――	――――
○	○∨◇

DD(Distructive Dilemma)

～□∨～△
○→□
◇→△
――――
～○∨～◇

12.I)에 열거된 4가지 타당한 논증형식들은 매우 기본적이고 자주 거론되는 논증형식들이다. 이들 4가지 논증형식들은 SD와 같은 형식 증명체계의 추론규칙으로 도식화될 수 있다.

12.J) MT(Modus Tollens)

i	□→△
l	~△
	~□ i, l MT

HS(Hypothetical Syllogism)

i	□→△
l	△→○
	□→△ i, l HS

CD(Constructive Dilemma)

i	□∨△
l	□→○
m	△→○
	○ i, l, m CD

i	□∨△
l	□→○
m	△→◇
	○∨◇ i, l, m CD

DD(Distructive Dilemma)

i	~□∨~△
l	○→□
m	◇→△
	~○∨~◇ i, l, m DD

12.J)는 12.I)에 열거된 타당한 논증형식들을 추론규칙으로 표현한 것이다.

12.K) **중요한 대체법칙들**(Rule of Replacement)

DeM (De Morgan)

~(□&△) :: ~□∨~△

~(□∨△) :: ~□&~△

Assoc (Association)

□∨(△∨○) :: (□∨△)∨○

□&(△&○) :: (□&△)&○

Dist (Distribution)

□&(△∨○) :: (□&△)∨(□&○)

□∨(△&○) :: (□∨△)&(□∨○)

Com (Commutation)

□∨△ :: △∨□

□&△ :: △&□

Trans (Transposition)

□→△ :: ~△→~□

Impl (Material Implication)

□→△ :: ~□∨△

Equiv (Material Equivalence)

□↔△ :: (□→△)&(△→□)

□↔△ :: (□&△)∨(~□&~△)

Taut (Tautology)

□ :: □∨□

□ :: □&□

Exp (Exportation)

(□&△)→○ :: □→(△→○)

DN (Double Negation)

□ :: ~~□

12.K)에서 '::'를 사이에 두고 있는 두 문장들은 논리적 동치의 문장들이다. 대체법칙이란 '::'를 사이에 두고 있는 한 문장은 언제나 '::'를 사이에 두고 있는 다른 한 문장으로 대체될 수 있다는 것을 의미한다. 따라서 이들 대체법칙들은 모두 SD와 같은 형식증명체계에서의 추론규칙으로 사용될 수 있다.

한 예로 DeM의 첫 번째 법칙인 '~(□&△) :: ~□∨~△'는 ~(□&△)는 ~□∨~△로 대체 가능하며, 또한 ~□∨~△를 ~(□&△)로 대체할 수 있다는 것을 나타낸다. 그러므로 DeM은 j)에서처럼 4가지 추론규칙으로 도식화될 수 있다.

j) i | ~(□&△)
  | ~□∨~△ i DeM

i | ~□∨~△
  | ~(□&△) i DeM

i | ~(□∨△)
  | ~□&~△ i DeM

i | ~□&~△
  | ~(□∨△) i DeM

j)와 같은 방식으로 12.K)의 대체법칙들은 32가지 추론규칙으로 도식화될 수 있다. 12.I)의 타당한 논증형식들과 12.K)의 대체법칙들을 SD의 추론규칙들에 추가하여 사용하면 SD에서는 난해한 증명들이 쉽게 해결될 수 있다.

그러나 11장에서 우리는 가장 필수적이고 기본적인 10가지 추론규칙들만을 사용하기로 약속했다. 따라서 12.I)의 타당한 논증형식들과 12.K)의 대체법칙들을 형식증명에서 사용하는 것이 정당화되기 위해서는 SD의 10가지 추론규칙들만을 사용하여 이들에 대한 형식증명이 선행되어야 한다.

이것은 수학의 증명의 경우와 유추하여 설명될 수 있다. 수학의 증명에서는 많은 정리들이 사용된다. 그러나 정리를 사용한 증명이 정당화되려면 공리만을 사용한 정리에 대한 증명이 선행되어야 한다. 이렇게 볼 때, SD의 추론규칙들은 공리의 역할을 하는 것이고, 12.I)의 타당한 논증형식들과 12.K)의 대체법칙들은 정리에 해당하는 역할을 하는 것이라고 할 수 있다.

여기서는 12.I)의 MT와 12.K)의 DeM 중에서 '~(□&△) :: ~□∨~△'를 SD에서 증명해 보겠다.

k) MT의 증명

1	□→△	Ass
2	~△	Ass
3	□	Ass
4	△	1, 3 MP
5	~△	2 Reit
6	~□	3~5 RA

l) DeM의 증명

1	~□∨~△	Ass
2	□&△	Ass
3	□	2 Simp
4	~△	1, 3 DS
5	△	2 Simp
6	~(□&△)	2, 5 RA

1	~(□&△)	Ass
2	~(~□∨~△)	Ass
3	~□	Ass
4	~□∨~△	3 Add
5	~(~□∨~△)	2 Reit
6	□	3~5 RA
7	~△	Ass
8	~□∨~△	7 Add
9	~(~□∨~△)	2 Reit
10	△	7~9 RA
11	□&△	6, 10 Conj
12	~(□&△)	1 Reit
13	~□∨~△	2~12 RA

12장과 관계된 문제들

1) a)를 SD의 추론규칙들과 12.J)와 12.K)의 법칙들을 모두 사용하여 증명하라.

2) 12.J)와 12.K)의 법칙들을 SD의 추론규칙들을 사용하여 증명하라.

3) ~(~A∨A)가 논리적 거짓임을 SD의 추론규칙들을 사용하여 증명하라.

4) 7장의 d)가 동치임을 SD에서 증명하라.

5) 아래의 문장, 한 쌍의 문장들, 문장들의 집합, 논증들의 논리적 성격을 SD의 법칙을 사용하여 규명하라.

① ((L→N)&(M→N))↔((L∨M)→N)

② ~(L↔M), (L∨~M)→(L&~M)

③ {(L&M)∨(L&N), ~(N&~O)&~M, O→~O}

④ M↔L
L∨M
―――――
~(~L∨~M)

⑤ D∨(~A∨C)
~D∨~B
―――――
(A&B)→C

6) 10장의 연습문제 5)의 ②, ④, ⑤의 논리적 성격을 SD의 법칙을 사용하여 증명하라.

2부

술어논리

1장 명제논리와 술어논리의 차이점은 무엇인가?
2장 술어논리의 구문론(Syntax)은 어떠한가?
3장 술어논리(PL)에서의 번역은 어떻게 이루어지는가?
4장 술어논리(PL)의 의미론은 어떠한가?
5장 술어논리(PL)의 진리나무는 무엇인가?
6장 술어논리(PL)의 형식증명이란 무엇인가?
7장 PD에서 연역논리의 기본 개념들은 어떻게 검증되는가?
8장 술어논리는 어떠한 한계를 가지는가?

1장 술어논리란 무엇인가?

1) 명제논리와 술어논리의 차이점은 무엇인가?

연역논리의 가장 기본적인 논리체계는 명제논리(Sentence Logic: SL)와 술어논리(Predicate Logic: PL)이다. 양상논리, 다치논리 등의 다양한 다른 논리체계들은 명제논리와 술어논리를 기초로 해서 이들을 확장하거나 이들로부터 파생된 논리체계이기 때문이다. 이러한 이유로 명제논리와 술어논리는 기초논리 혹은 고전논리라 불린다.

명제논리와 술어논리 사이의 가장 큰 차이점 중 하나는 표현의 기본 단위에서 나타난다. 명제논리에서는 표현의 기본 단위가 원자명제이다. 이에 반해 술어논리에서는 표현의 기본 단위가 명제 자체가 아니고 명제를 구성하는 주어와 술어가 구분되어 각기 다르게 표현되어야 한다.

a) 장나라는 가수이다.

명제논리에서는 표현의 기본 단위가 원자명제이므로 명제논리에서의 a)에 대한 번역은 하나의 문장기호가 사용되어야 한다. 따라서 b)는 a)에 대한 명제논리에서의 번역이다.

b) A

반변에 술어논리에서는 주어인 ‘장나라’와 술어인 ‘가수이다’가 각기 구분되어 번역되어야 하므로 ‘a’가 ‘장나라’를 ‘S’가 술어인 ‘가수이다’를 나타낸다면 a)는 c)처럼 번역되어야 한다.

c) Sa

명제논리는 주어가 고유명사이고 술어는 주어가 지시하는 개체가 소유하는 속성을 나타내는 명제들로 구성된 논증들을 포함하여 일정한 형식의 논증들이나 명제들은 다루는 데 매우 효과적인 논리체계이다. 그러나 표현의 기본 단위가 원자명제라는 명제논리의 특성은 다양한 다른 형식들의 논증이나 명제들을 다루는 데 한계로 작용한다. 술어논리에 대비되는 명제논리의 근본적인 한계들은 아래의 세 가지로 정리될 수 있다.

1.A) 술어논리에 대비되는 명제논리의 한계

① 일부의 동어반복의 명제들이 표현될 수 없다.

② 개체들 사이의 관계를 나타내는 명제들을 표현할 수 없다.

③ 정언명제들을 표현할 수 없다.

1.A)에 정리된 세 가지는 술어논리에 대비해 볼 때 드러나는 대표적인 명제논리의 한계들로서 원자명제를 표현의 기본 단위로 취급하는 명제논리의 특성으로부터 야기된 것이다. 따라서 명제 자체가 아니라 명제를 구성하는 주어와 술어를 각기 다르게 표현하는 술어논리에서는 이러한 명제논리의 한계들이 극복될 수 있다.

1.1) 동어반복의 표현이 명제논리에서 표현될 수 없는 이유는?

하나의 예를 통해 그 이유를 살펴보겠다.

d) 금성은 금성이다.

명제논리에서 d)는 하나의 문장기호(예를 들어 A)를 사용하여 번역되어야 한다. d)는 단문의 형태를 띠고 있고, 명제논리에서 표현의 기본 단위는 원자명제이기 때문이다. 명제논리에서 하나의 문장기호 A는 우연명제로 취급되어야 한다. 형식논리의 일종인 명제논리에서 한 명제의 논리적 성격은 그 명제의 내용이 아니라 형식에 따라 결정되기 때문이다. 그러나 d)는 동일성을 나타내는 동어반복의 명제로서 거짓일 가능성이 없는 명제이므로 논리적 진실의 명제이다. 따라서 d)와 같은 동어반복의 명제에 대한 명제논리에서의 번역은 논리적 진실의 명제가 우연명제로 표현되는 바람직하지 못한 결과를 야기한다고 할 수 있다.

1.2) 술어논리에서는 동어반복의 명제들이 어떻게 표현되는가?

d)는 논리적 진실이다. 금성은 금성이 아닐 수 없을 것이기 때문이다. 그러나 SL로 d)를 표현할 경우 d)는 논리적 진실이 아니라 우연명제로 취급되어야 한다. SL에서 d)는 하나의 문장기호를 사용하여 표현되어야 하는데 SL에서 하나의 문장기호는 우연명제이기 때문이다.

d)에 대한 술어논리에서의 번역은 d)가 우연명제가 아니라 논리적 진실이라는 것을 드러낸다. 7장의 PD=에서 볼 수 있듯이 '='를 포함한 술어논리체계에서 d)는 'a=a' 같은 방식으로 번역되는데 'a=a'와 같은 문장은 =int(동일성 기호 도입법칙)이 적용되는 논리적 진실의 한 형식의 문장이기 때문이다.

1.3) 개체들 사이의 관계를 나타내는 명제들로 구성된 논증들이 명제논리에서 표현될 수 없는 이유는?

개체들 사이의 관계를 나타내는 명제들로 구성된 논증 e)를 통해 그 이유를 살펴보겠다.

e) (1) **마이클 조던은 장동건보다 키가 크다.**
(2) **장동건은 보아보다 키가 크다.**
———————————————
(C) **마이클 조던은 보아보다 키가 크다.**

e)의 전제 (1), (2)와 결론인 (C)는 모두 단문의 형태를 취하고 있다. 따라서 f)는 명제논리에서의 e)에 대한 번역이다.

f) A
B
———
C

e)에 대한 명제논리에서의 번역인 논증 f)는 타당한 논증이 아니다. A와 B가 모두 T이고 C가 F인 가능성(진리표 상의 두 번째 줄)이 있기 때문이다. 그러나 (1)과 (2)가 모두 참이고 (C)가 거짓일 가능성이 없으므로 e)는 타당한 논증이다. 따라서 e)와 같은 관계를 나타내는 명제들로 구성된 논증을 명제논리에서 번역할 경우 타당한 논증이 타당하지 않은 논증으로 표현되게 된다.

1.4) 술어논리에서 개체들 사이의 관계를 나타내는 문장들은 어떻게 표현되는가?

e)는 타당한 논증이다. 그러나 앞에서 보았듯이 e)를 명제논리로 표현할 경우 e)는 타당한 논증이 아니라는 결과가 도출된다.

술어논리에서는 명제논리의 이러한 한계가 쉽게 극복될 수 있다. '마이클 조던'을 'a'로, '장동건'을 'b'로 '보아'를 'c'로 나타내고 '키가 크다'를 'B'로 나타낼 경우 e)는 술어논리에서 g)처럼 번역된다.

g) Bab

Bbc

Bac

a가 b보다 키가 크고 b가 c보다 키가 크면 a는 c보다 키가 크다. 따라서 '키가 크다'라는 관계는 a의 b에 대한 관계와 b의 c에 대한 관계가 성립하면 a의 c에 대한 관계도 성립하는 이행성의 관계이다. 따라서 a, b와 c 사이에 성립하는 '키가 크다'라는 관계가 이행성의 관계라는 것이 새로운 전제로 추가되면 e)는 술어논리에서 h)처럼 표현된다.

h) Bab

Bbc

(Bab&Bbc)→Bac

Bac

아래의 증명에서 보듯이 '키가 크다'라는 관계가 이행성의 관계라는 전제가 추가된 h)는 타당한 논증이다.

h')			
	1	Bab	Ass
	2	Bbc	Ass
	3	(Bab&Bbc)→Bac	Ass
	4	Bab&Bbc	1,2 Conj
	5	Bac	3,4 MP

1.5) 정언명제들로 구성된 논증들이 명제논리에서 표현될 수 없는 이유는?

정언명제란 주어와 술어가 지시하는 두 집합의 관계를 나타내는 명제이다.

i) (1) 모든 사람은 포유동물이다.
(2) 길동이는 사람이다.

(C) 길동이는 포유동물이다.

전제들 중 하나인 (1)이 정언명제인 논증 i)는 타당한 논증이다. 전제 (1)에 따르면 사람의 집합의 모든 원소들은 포유동물의 집합의 원소이고, (2)에 따르면 길동이는 사람의 집합의 한 원소이므로 길동이는 반드시 포유동물의 집합의 한 원소일 것이기 때문이다. 그러나 i)를 명제논리로 번역할 경우 i)는 타당한 논증이 아니라는 결과가 야기된다.

명제논리에서 (2)와 (C)는 주어명사가 고유명사인 단문이므로 각기 하나의 문장기호를 사용하여 번역될 수 있다. 이에 반해 (1)은 집합을 나타내는 주어명사와 역시 집합을 나타내는 술어부로 구성되어있는 정언명제이다. (1)은 하나의 주어명사와 하나의 술어부로 구성되어 있으므로 만약 (1)을 (2)와 같은 형식의 단문으로 간주하여 원자명제로 취급한다면 j)는 i)에 대한 명제논리에서의 번역이라 할 수 있다.

j) L
M

C

명제논리에서 j)는 타당한 논증형식이 아니다. 결국 i)에 대한 명제논리에서의 번역은 타당한 논증을 타당하지 않은 논증으로 만든다는 바람직하지 못한 결과를 야기한다.

명제논리에서 이러한 문제를 해결하기 위해서는 주어명사가 나타내는 집합에 속한 모든 개체를 지시하는 고유명사들이 주어인 명제들을 '&'로 연결한 문장으로 (1)을 번역하여야 한다. 만약 'a, b, c,…, z' 이 사람이라는 집합을 구성하는 모든 원소들이라면 (1)에 상응하는 표현은 k)일 것이다.

k) a는 포유동물이다. & b는 포유동물이다. & … & z는 포유동물이다.

l)은 k)의 명제논리에서의 번역이라 할 수 있다.

l) A&B&C& … &Z

정언명제 (1)을 l)로 번역하면 정언명제를 포함하고 있는 논증 i)가 타당한 논증이라는 것이 설명될 수 있다.

m) A&B&C& ... &z

M

C

l)은 사람의 집합을 구성하는 각각의 원소들이 모두 포유동물이라는 것을 나타내고 있으므로 l)을 구성하는 연언들은 반드시 '길동이는 포유동물이다'라는 원제명제에 대한 번역을 포함하고 있어야 한다. 따라서 m)은 타당한 논증이다.

그러나 이러한 방식은 명제논리에서 가능한 방식이라 할 수 없다. 정언명제 (1)에 대한 l)과 같은 번역이 가능하기 위해서는 사람이라는 집합을 구성하는 원소들의 완벽한 리스트가 요구되는데 사람의 수는 무한하게 클 것이고, 또한, 엄격하게 말해서 l)은 사람의 집합을 구성하고 있는 원소들 각각에 대해서만 언급하고 있으므로 정언명제 (1)과 동일한 의미의 표현이라 할 수 없기 때문이다.

1.6) 술어논리에서 정언명제는 어떻게 표현되는가?

주어가 지시하는 집합과 술어가 지시하는 집합 사이의 관계를 나타내는 명제들이 정언명제들이다. 정언명제들은 술어논리에서 적절히 표현될 수 있다. 하나의 예를 통해 이에 대해 살펴보겠다.

n) **모든 사자는 포유류이다.**
모든 포유류는 난태생이 아니다.
____
모든 사자는 난태생이 아니다.

n)은 전제들과 결론이 모두 정언명제로 구성된 타당한 논증이다. 모든 사자가 포유류이고 모든 포유류가 난태생이 아니면 포유류인 사자도 난태생이 아닐 수밖에 없기 때문이다. 그러나 n)을 SL로 표현하면 n)은 타당하지 않은 논증이 된다.

n)을 구성하는 문장들은 모두 단문의 형태를 취하고 있으므로 n)에 대한 SL에서의 하나의 번역은 o)이다.

o) A
B
____
C

그러나 앞에서 본 것처럼 o)는 타당한 논증이 아니다. A, B, C가 전혀 다른 원자명제이므로 A와 B가 참이고 C가 거짓일 가능성이 있기 때문이다.

술어논리에서는 명제논리의 이러한 한계가 극복될 수 있다. 3장에서 볼 수 있듯이 술어논리에서는 모든 형식의 정언명제들이 양화기호를 사용하여 주어가 지시하는 대상들과 술어가 지시하는 대상들 사이의 관계가 드러나도록 표현될 수 있기 때문이다. '사자이다'를 'L'로, '포유동물이다'를 'M'으로, '난태생이다'를 'Q'로 나타낼 경우 양화기호를 사용하여 n)은 술어논리에서 p)처럼 번역된다.

p) (∀x)(Lx→Mx) (모든 개체 x에 대해, x가 사자이면 x는 포유류이다)

(∀x)(Mx→~Qx) (모든 개체 x에 대해, x가 포유류이면 x는 난태생이 아니다)

(∀x))(Lx→~Qx) (모든 개체 x에 대해, x가 사자이면 x는 난태생이 아니다)

뒤에서 살펴보게 되겠지만 4장과 5장 그리고 6장 등에서 제시된 타당성 검증 방법을 사용하면 p)가 타당한 논증이라는 것은 쉽게 검증될 수 있다.

1.7) 술어논리의 장점과 명제논리의 필요성은?

앞에서 살펴보았듯이 술어논리에서는 1.A)에 열거된 명제논리의 한계들이 쉽게 극복된다. 또한 술어논리는 양과 수적인 관계 등이 표현될 수 있다는 장점을 가지고 있다. 따라서 술어논리는 수와 양이 표현될 수 있는 동시에 명제논리, 관계논리, 정언삼단논증 등이 하나의 체계 속에서 종합적으로 다루어질 수 있는 논리체계이다. 논리실증주의자들이 과학에서의 명제들을 표현하는 이상적인 언어로 술어논리를 사용한 것도 술어논리의 이러한 특징 때문이라 할 수 있다.

이러한 맥락을 고려할 때 명제논리는 술어논리에 포함되고, 따라서 술어논리 하에서 다루어질 수 있는 논리체계에 불과하다 할 수 있다. 그러나 명제논리가 술어논리체계 속에서 다루어질 수 있다는 점이 명제논리의 불필요성을 함축하는 것은 아니다. 앞에서 언급했듯이 명제논리는 일정한 형식의 명제들로 구성된 논증들을 다룰 경우 가장 효과적이고 적합한 논리체계이기 때문이다. 또한 명제논리에서 다루어진 기본개념들과 법칙들은 술어논리에서도 그대로 사용되고 있다. 따라서 명제논리에 대한 확실한 이해는 술어논리에 대한 효과적인 학습을 위해서 필수적으로 요구된다고 할 수 있다.

2장 술어논리의 구문론(Syntax)은 어떠한가?

2) 술어논리의 구문론(Syntax)은 어떠한가?

1부에서 보았듯이 명제논리는 표현의 기초 단위가 원자명제이고 원자명제들에 부여된 진리치와 연결사들의 진리함수적 성격에 의존하여 타당성 등 논리학의 기본 개념들을 검증하는 체계이다. 또한 1장에서 보았듯이 명제논리의 이러한 특성은 명제논리의 한계로 작용하고 있다. 여기서는 술어논리의 구문론적 특징을 드러내기 위해, 술어논리의 구문론을 시작하기에 앞서 정언명제와 개체들 사이의 관계를 나타내는 명제들로 구성된 논증을 이용해 명제논리의 한계에 대해 다시 살펴보겠다.

a) **(1) 모든 남자는 길순이 보다 키가 크다.**
(2) 길순이는 길남이보다 키가 크고 길남이는 순희 보다 키가 크다.

(C) 모든 남자는 순희보다 키가 크다.

a)의 명제논리에서의 번역은 b)의 형태를 취해야 한다.

b) A

B&C

D

1장에서 보았듯이 a)에 대한 명제논리에서의 번역인 b)는 타당하지 않다. 명제논리에서 a)의 전제 (1)과 결론 (C)는 원자명제로, 전제 (2)는 두 개의 원자명제로 구성된 분자명제로 취급되어야 할 것이기 때문에 A와 B, C가 모두 T이고 D가 F일 가능성(진리표 상의 둘째 줄)이 있기 때문이다. 그러나 a)는 연역적으로 타당한 논증이다. 모든 남자는 길순이 보다, 길순이는 길남이 보다, 길남이는 순희 보다 키가 크고, '키가 크다'는 관계는 이행성의 관계이므로 모든 남자는 순희 보다 크다는 것이 전제들로부터 필연적으로 도출되기 때문이다. a)에 대한 명제논리에서의 번역인 b)가 이처럼 만족스럽지 못한 결과를 야기하는 것은 SL에서 번역의 기본 단위가 원자명제이고 논증의 타당성 여부가 원자명제로 구성된 전제들과 결론 사이의 형식적 관계에 의해 결정되기 때문이다. 그러나 앞에서 보았듯이 a)가 타당한 이유는 원자명제로 구성된 전제들과 결론 사이의 형식적 관계에 있는 것이 아니라, 길순, 길남 그리고 순희와 남자들과 같은 개체들 사이에 성립하고 있는 '키가 크다'라는 관계에 달려 있다. 따라서 a)가 타당한 논증이라는 것을 보이기 위해서는 '키가 크다'라는 관계를 소유하고 있는 개체들 사이의 관계가 드러날 수 있도록 a)의 명제들이 번역되어야 한다. 이를 위해서는 번역의 기본 단위가 원자명제이어서는 안 되고, 개체들 사이의 관계가 드러날 수 있도록 원자명제를 구성하고 있는 부분들에 대한 번역이 이루어져야 한다. 술어논리에서는 표현의 기본 단위가 원자명제가 아니고 원자명제를 구성하고 있는 부분들이다. 따라서 술어논리는 개체들이 소유한 속성이나 개체들 사이의 관계가 드러날 수 있는 인공 언어체계라 할 수 있다.

2.1) PL은 무엇으로 구성되는가?

PL의 모든 식은 2.A)에 나오는 기호들의 조합으로 이루어진다.

2.A) PL을 구성하는 기호들

문장기호(Sentence Leter): A, B, C, …, Z, A', B', …, Z', A", B", …
(SL과 동일함)

문장연결사(Connectives): ~, &, ∨, →, ↔ (SL과 동일함)

괄호(Parenthesis): (,)

개체상수(Individual Constants): a, b, …, t, a', b', …, t', a", b", …

개체변수(Individual Variables): u, v, …, z, u', v', …, z', u", v", …

술어기호(Predicate Symbol): A, B, C. …, Z, A', B', …, Z', A", B", …

양화기호(Quantifier): ∀, ∃

PL의 모든 식은 2.A)에 열거된 기호들의 조합으로 이루어진다. 그러나 이들 기호들의 조합으로 이루어진 것들 중 일정한 조건들을 만족시키는 것만이 PL의 식이다. PL의 식이기 위해 요구되는 조건에 대해서는 2.A)에 열거된 기호들 자체의 의미와 기능에 대해 알아본 후에 살펴볼 것이다.

2.2) 문장기호, 문장연결사, 괄호의 의미와 기능은 무엇인가?

문장기호, 문장연결사, 괄호는 SL에서와 동일한 의미와 기능을 가진 것으로 취급된다. 단지 괄호의 경우 SL에서의 기능 이외에 양화사를 형성하는 기능이 추가된다. 양화사를 형성하는 괄호의 기능에 대해서는 2.6)에서 살펴볼 것이다.

문장기호는 SL에서와 마찬가지로 원자명제를 나타낸다. 주의 깊은 독자라면 PL의 구성 요소의 하나로 문장기호가 포함된 것에 대해 의문을 가질 것이다. PL의 구성 요소로 문장기호가 포함된다는 것은 PL과 SL

의 가장 큰 차이점이 PL에서는 원자명제가 번역의 기본 단위로 취급되지 않는 데 있다는 앞에서의 언급과 상치되는 것처럼 보이기 때문이다. 앞에서 언급했듯이 PL에서 번역의 기본 단위는 원자명제가 아니라 원자명제를 구성하고 있는 부분들이다.

그러나 일부 경우에 이러한 PL에서의 번역(원자명제를 기본 단위로 취급하지 않는 번역)이 적절하지 않을 수 있다. PL의 구성 요소로서 문장기호가 포함된 것은 PL에서의 번역이 용이하지 않은 명제들의 번역을 위해서이다. 하나의 예를 들어 이를 살펴보겠다.

c) 선은 아름답다.

술어논리에서의 번역 방식에 따라 명제 c)의 주어인 '선'은 'a'로 술어인 '아름답다'는 B'로 나타내서 c)를 'Ba'로 번역하면, 우리는 'a'라는 개체상수가 지시하는 대상이 '아름답다'는 속성을 소유하고 있다고 주장하고 있는 셈이다. 비록 논리적 모순을 포함하고 있지는 않다고 할지라도 이러한 주장은 엄청난 형이상학적 가정을 하고 있는 셈이다. 이러한 번역에서는 '선'이 구체적인 물리적 개체와 동일하게 하나의 대상으로 취급되고 있기 때문이다. 이러한 형이상학적 가정을 회피하는 손쉬운 방법은 c)를 하나의 문장기호를 사용하여 번역하는 것이다.

우리는 일반 언어로 쓰여진 글들 속에서 술어논리에서의 번역 방식으로 번역되어서는 안 될 c)와 유사한 명제들을 접하게 된다. 형이상학이나 윤리학, 그리고 문학에서 접하게 되는 많은 명제들이 이러한 명제들에 속한다고 할 수 있다. PL의 구성 요소로서 문장기호가 포함되는 이유는 이러한 명제들을 번역하기 위해서이다.

2.3) 개체상수들의 의미와 기능은 무엇인가?

개체상수는 어떤 하나의 대상을 지시하는 언어적 표현을 대신하는 역할을 한다. 하나의 대상을 지시하는 언어적 표현들은 대체로 아래의 두 가지로 구별된다.

2.B) 하나의 대상을 지시하는 언어적 표현들

i) 고유명사: 클린턴, 김대중, 남대문, 서울 등

ii) 한정지시구: 힐러리의 남편, 현재의 프랑스의 왕 등

2.B)에서 '클린턴'과 같은 고유명사들은 한 구체적인 대상의 이름으로서 그 구체적인 대상을 지시하고 있다. 반면에 '힐러리의 남편'과 같은 한정지시구는 구체적인 대상의 이름은 아니지만 구체적인 한 대상을 지시하는 언어적 표현이다. 따라서 2.B)에 열거된 표현들은 모두 개체상수로 번역될 수 있다.

d) i) 김대중은 한국의 대통령이다.

ii) 힐러리의 남편은 미국의 대통령이다.

d)의 i)의 '김대중'은 한국의 7대 대통령인 구체적 대상을 지시하는 고유명사이고, d)의 ii)의 '힐러리의 남편'은 르윈스키와 염문을 뿌린 미국의 대통령인 구체적 대상을 지시하는 한정지시구이다. '김대중'과 '힐러리의 남편'은 서로 다른 구체적인 대상들을 지시하는 언어적 표현들이므로 d)는 개체상수를 사용하여 d')처럼 번역될 수 있다.

d') i) a는 한국의 대통령이다.

ii) b는 미국의 대통령이다.

[* d')는 주어만을 번역한 것이므로 d)에 대한 완전한 번역이 아니다.]

d')에서 '김대중'과 '힐러리의 남편'은 각기 다른 대상들을 지시하고 있으므로 서로 다른 개체상수가 사용되었다.

e) 길남이는 힐러리를 좋아하지만 힐러리의 남편은 좋아하지 않는다.

e)에서 구체적 대상들을 지시하는 표현들인 '길남이', '힐러리' '힐러리의 남편'은 각기 다른 대상들을 지시하고 있다. 따라서 각기 다른 개체상수들을 사용하여 e')처럼 번역되어야 한다.

e') a는 b를 좋아하지만 c를 좋아하지 않는다.

개체상수와 관련된 설명에 있어서 몇 가지 주의할 점들이 있다. 우선 개체상수에 대한 앞의 설명에 따르면, 개체상수들은 구체적인 물리적 개체가 아니라 대상을 지시하는 언어적 표현을 대신하는 기능을 하는 것으로 취급되고 있다. 이처럼 개체상수가 지시하는 대상을 물리적 개체들에 국한시키지 않고 막연한 표현인 대상으로 포괄적으로 규정하는 이유는 PL에서 표현될 수 있는 명제들의 범위를 물리적 개체들에 관한 것에 한정시키지 않기 위해서이다. 논리학이 물리적 개체들의 성질이나 이들 사이의 관계에 관한 명제만이 아니라 수와 같은 추상적 대상들도 취급할 수 있기 위해서는 개체상수가 지시하는 대상들의 범위가 물리적 개체들에 국한되지 않도록 확장되어야 한다. 개체상수에 대한 설명에서 '물리적 개체' 대신에 '대상'이라는 표현을 사용하는 이유는 이러한 목적을 위해서이다. 따라서 f)와 같은 대수의 명제도 PL에서 f')처럼 번역되어야 한다.

f) 2 + 3 = 5
f') a + b = c

둘째로, 개체상수에 대한 앞의 설명에 따르면 '힐러리의 남편'과 같은 한정지시구도 하나의 구체적 대상을 지시하는 언어적 표현이므로 하나의 개체상수가 이를 대신할 수 있다. 그러나 그 지시대상이 없을 경우에 논리적 문제가 야기될 수 있다고 본 러셀(B. Russell)과 같은 일부 철학자들에 의해 한정지시구를 일종의 존재양화문장으로 취급할 수 있는 방식이 개발되었다. 만약 한정지시구를 러셀처럼 존재양화문장으로 취급한다면 개체상수는 한정지시구를 대신할 수 없다. 러셀의 한정기술과 관련해서는 3.8)에서 상세히 다루게 될 것이다.

2.4) 술어기호들의 의미와 기능은 무엇인가?

술어기호들은 영어나 국어와 같은 자연언어에서 대상들의 속성이나 대상들 사이의 관계들을 나타내는 표현(술어)들을 대신하는 기능을 한다. 구체적인 예를 통해 이를 살펴보겠다.

g) i) **철수는 사람이다.**
ii) **철수는 순희를 사랑한다.**
iii) **서울은 평양과 대전 사이에 있다.**

g)에서 개체상수로 번역될 수 있는 부분들을 공백으로 남기면 g')을 얻게 된다.

g') i) **_①는 사람이다.**
ii) **_①는 _②를 사랑한다.**
iii) **_①는 _②와 _③사이에 있다.**

g')의 i)에서의 '_①는 사람이다'는 속성을 나타내는 술어이고, g')의 ii)에서의 '_①는 _②를 사랑한다'는 ①의 공백에 대입되는 표현이 지시하는 대상의 ②의 공란에 대입되는 표현이 지시하는 대상에 대한 관계를 나타내는 술어이고, g')의 iii)에서의 '_①는 _②와 _③ 사이에 있다'는 ①과 ②와 ③의 공백에 대입되는 표현이 지시하는 세 대상들 사이의 관계를 나타내는 술어이다. 대상들을 지시하는 표현들을 제거하여 얻게 되는 공백의 수에 따라 술어들이 구분될 수 있다. 이러한 구분은 2.C) 처럼 정리될 수 있다.

2.C) 공백의 수에 따른 술어들의 구분: 한 술어에서 공백의 수가 n일 경우 그 술어는 n자리 술어이다.

2.C)에 따르면 g')의 i)은 1자리 술어이고, ii)는 2자리 술어이며, iii)은 3자리 술어이다. 한 술어가 여러 대상들 사이의 관계를 나타낼 수 있으므로 이론상으로는 10자리 술어기호도 100자리 술어기호도 가능하다. 1자리 술어에는 '~는 사람이다', '~는 동물이다'와 같이 대상들의 속성을 나타내는 술어들이 포함된다. 이에 반해 2자리 이상의 술어들은 대상들 사이의 관계를 나타내는 술어들이다.

PL에서는 술어기호들이 자연언어에서의 술어들을 대신한다. 따라서 g')는 PL에서 임의의 술어기호 A, B, C 등을 사용하여 g")처럼 번역될 수 있다.

g") i) A ~
 ii) B ~ …
 iii) C ~ … -

g")에서 A는 "~는 사람이다"를, B는 "~는 …를 사랑한다"를, C는 "~는 …와 - 사이에 있다"를 나타내고 있다. 자연언어의 표현인 g')와 달리 PL에서의 번역인 g")에서는 술어기호가 제일 앞에 위치하고 술어기호의 뒤에 대상들을 지시하는 표현들을 제거한 공백들이 순서대로 위치하게 된다. 따라서 개체상수와 술어기호를 사용한 g)에 대한 PL에서의 번역은 g*)이다.

g*) i) Aa
 ii) Bab
 iii) Ccde

g")의 ii)와 iii)과 같이 2자리 이상의 술어기호가 사용될 경우 개체상수가 어느 위치를 차지하느냐는 매우 중요하다. 한 예로 g*)에서 a가

‘철수’를 b가 ‘순희’를 나타내므로, ‘Bba’는 ‘순희가 철수를 사랑한다’는 명제에 대한 번역이 된다.

2.5) 개체변수들의 의미와 기능은 무엇인가?

2.3)에서 보았듯이 개체상수들은 하나의 대상을 지시하는 언어적 표현들을 대신하는 역할을 한다. 따라서 PL에서 구체적인 한 대상의 이름들이나 한정지시구들이 개체상수로 번역될 수 있다. 개체상수와는 달리 개체변수들은 하나의 대상을 지시하는 역할을 하지 않는다. 따라서 개체변수는 한 대상의 이름이나 한 구체적인 대상을 지시하는 한정지시구들을 대신할 수 없다. 개체변수는 구체적인 하나의 대상을 지시하는 언어적 표현을 대신할 수는 없지만 구체적 대상을 지시하는 언어적 표현들이 개체변수에 대입될 수 있다.

h) x는 대통령이다.

h)에서 개체변수 x는 구체적인 대상을 지시하지 않지만 구체적인 한 대상을 지시하는 어떤 언어적 표현들도 x에 대입될 수 있다. h')는 개체변수 x에 구체적 대상을 지시하는 언어적 표현들이 대입된 예들이다.

h') 1) ‘메리’는 대통령이다. (여기서 메리는 한 강아지의 이름이라고 가정)
2) ‘김대중’은 대통령이다.
3) ‘클린턴’은 대통령이다.
4) ‘이주일’은 대통령이다.

h')에서 볼 수 있듯이 개체변수에는 대상을 지시하는 언어적 표현들이 대입될 수 있지만 어떤 언어적 표현이 대입되는가에 따라 전체 문장의 진위는 달라질 수 있다. h')의 1)과 4)는 거짓인 반면에 2)와 3)은 참이다. h')의 2에서 ‘김대중’처럼 개체변수에 대입되었을 때 전체 문장이 참이 되었을 경우, 그 대입된 언어적 표현은 h')의 변수 x에 대한 적

절한 대입 예라고 할 수 있다. h')의 변수 x에 대한 적절한 대입 예들은 아래와 같이 집합으로 표시될 수 있다.

h") {이승만, 김대중, 김영삼 ...}

i) x는 y보다 크다.

i)에서는 두 개의 개체변수가 사용되고 있다. 따라서 x와 y에는 대상을 지시하는 어떠한 언어적 표현도 대입될 수 있다. i')은 i)의 변수들에 대한 대입 예들이다.

i') 1) 2는 3보다 크다.
2) 4는 2보다 크다
3) 4는 4보다 크다.
4) 마이클 조던은 최진실 보다 크다.

i')의 1)과 3)은 거짓이다. 반면에 i')의 2와 4)는 참이고, 따라서 '4'와 '마이클 조던'은 i)의 x에 대한, '2'와 '최진실'은 y에 대한 적절한 대입 예들이다. i)의 변수 x와 y에 대한 적절한 대입 예들은 아래와 같이 집합으로 표현될 수 있다.

i") {<4, 2>, <마이클 조던, 최진실>, … }
[* '<>'는 순서쌍을 나타내고 있다. 따라서 <4, 2>에서 4는 x의 대입 예를 2는 y의 대입 예를 나타내고 있다.]

'~는 사람이다'를 술어기호 P로, '~는 …보다 크다'를 술어기호 T로 대체하면 h)와 i)는 PL에서 j)처럼 번역된다.

j) 1) Px
2) Txy

j)의 1)은 h)에 대한, j)의 2)는 i)에 대한 PL에서의 번역이다. j)의 1)

과 2)는 모두 참도 아니고 거짓도 아니다. 개체변수 x와 y는 구체적인 대상을 지시하는 것이 아니고, 단지 구체적 대상을 지시하는 언어적 표현들이 대입될 수 있는 위치를 차지하고 있는 허수아비 기호에 불과하기 때문이다. 따라서 x와 y에 개체상수 a와 b가 대입되었을 경우인 'Pa' 와 'Tab'는 참·거짓이 결정될 수 있는 명제인 반면에 'Px'와 'Txy'는 어떤 의미 있는 내용을 진술하는 명제가 아니다. 개체변수들은 구체적인 대상을 지시하는 역할을 하지 않고, 단지 구체적인 대상을 지시하는 언어적 표현들이 대입될 수 있는 위치를 차지하는 허수아비 기호에 불과하지만 개체변수들의 이러한 특성은 일반화의 표현을 용이하게 한다. 이에 대해서는 2.6)에서 살펴보겠다.

2.6) 양화기호들의 의미와 기능은 무엇인가?

앞에서 보았듯이 구체적 대상을 지시하는 언어적 표현과 술어로 구성된 모든 명제들은 개체상수와 술어기호를 사용하여 PL로 번역될 수 있다. 그러나 자연언어는 개체상수와 술어기호만을 사용하여 번역될 수 없는 명제들을 포함하고 있다.

k) 1) 길동이는 사람이다.
2) 어떤 대상은 사람이다.
3) 모든 대상은 사람이다.

k)의 1)에서 '길동이'는 하나의 구체적 대상을 지시하는 고유명사이다. 따라서 '길동이'를 a로 '~는 사람이다'를 P로 나타내면 k)의 1)은 'Pa'로 PL에서 번역될 수 있다. 그러나 k)의 2)와 3)은 개체상수와 술어기호만으로 PL로 번역될 수 없다. '어떤 대상'이나 '모든 대상'이라는 표현은 하나의 구체적 대상을 지시하는 언어적 표현이 아니기 때문이다.

'어떤'이나 '모든' 같은 표현은 일정한 속성이나 관계들을 가진 대상들의 양을 규정하기 위해 사용되는 용어로서 양적 용어(Quantity Term)라 불린다. '모든'과 '어떤' 이외에 '적어도 하나의', '아무도'와 같은 표현들과 영어에서의 'all', 'none', 'something', 'everything', 'someone', 'no one', 'everyone' 등이 양적 용어에 속한다. 양화기호들은 양적 용어들이 포함된 명제들을 번역하기 위해 사용된다.

2.D) 양화기호들의 의미

∀ (보편양화기호): '모든'이나 'all'의 의미를 가진다.

∃ (존재양화기호): '적어도 하나의'나 '어떤', 'some'의 의미를 가진다.

2.D)에서 보듯이 보편양화기호(Universal Quantifier) '∀'는 '모든'이나 'all'의 의미로 사용된다. 반면에 존재양화기호(Existential Quantifier) '∃'는 '적어도 하나의'나 '어떤', 'some'의 의미로 사용된다. '∀'와 '∃' 두 양화기호는 개체변수들과 결합하여 양적 용어들이 포함된 명제들을 표현하는 기능을 수행하고 있다. 이를 알아보기 위해 k)를 살펴보겠다.

앞에서 보았듯이 k)의 1)에 대한 PL에서의 번역은 'Pa'이다. 'Pa'는 a가 지시하는 구체적 대상인 길동이가 P가 나타내는 술어인 '사람이다'라는 속성을 가지고 있다는 PL에서의 번역이다. 아래의 1)은 k)의 1)에 대한 번역에서 개체상수 'a'를 개체변수 'x'로 대체하여 얻어진 것이다.

1) Px

앞에서 언급했듯이 x는 개체변수이므로 구체적 대상을 지시할 수 없고, 따라서 'Px'는 그 자체로서는 참도 거짓도 아니다. 그러나 변수 x에는 모든 대상을 지시하는 표현들이 대입될 수 있으므로 1)은 1')로 해석될 수 있다.

1') 대상 x는 P(사람)이다.

1')에서 x는 구체적 대상을 지시하지는 않지만 대상을 지시하는 모든 표현들이 대입될 수 있으므로, P라는 속성을 지니고 있는 대상들의 범위가 x의 범위를 규정함에 의해 주어질 수 있다.

1") a) 적어도 하나의 대상 x 는 P이다.
b) 모든 대상 x는 P이다.

1")의 a)는 '우주 속의 적어도 하나의 대상은 사람이다'라고 x의 대상들을 규정하고 있고, 1")의 b)는 '우주 속의 모든 대상들이 사람이다'라는 규정을 하고 있다. '적어도 하나'와 '모든'은 P라는 속성을 가진 대상들의 범위를 x를 규정함에 의해 나타내고 있다.

1*) a) 적어도 하나의 대상 x에 대해서, x는 P이다.
b) 모든 대상 x에 대해서, x는 P이다.

2.D)에서 보았듯이 '∃'는 '적어도 하나의'의 의미를, '∀'는 '모든'의 의미를 가지고 있고, 이들은 개체변수와 결합하여 대상들의 양을 규정하는 역할을 하고 있다. 따라서 문제가 되는 속성이나 관계를 가진 대상들의 범위가 대상들 전체일 경우 '∀'과 하나의 개체변수가 결합된 식에 괄호를 한 '(∀x)'(여기서 어떤 변수가 사용되어도 된다.)로 표현된다. 반면에 적어도 하나의 대상이 문제가 되는 속성이나 관계를 가지고 있다고 규정하기 위해서는 '∃'와 하나의 개체변수가 결합된 식에 괄호를 한 '(∃x)'로 표현된다. x와 y는 대상을 지시하는 모든 언어적 표현들이 대입될 수 있는 개체변수이므로 (∀x)와 (∃x)는 아래와 같이 해석될 수 있다.

2.E) 양화사

보편양화사 (∀x): 모든 대상 x에 대해서
존재양화사 (∃x): 어떤 대상 x에 대해서

1")의 a)와 b)는 각기 k)의 2)와 3)과 동일한 의미를 가지고 있다. 또한 1*)의 a)와 b)는 k)의 2)와 3)과 동일한 의미의 표현이다. 2.E)를 이용하면 1*)는 쉽게 PL로 번역될 수 있다. 1*)의 번역인 m)은 k)의 2)와 3)에 대한 PL에서의 번역이다.

m) a) $(\exists x)Px$

b) $(\forall x)Px$

m)의 a)는 '우주 속의 적어도 한 대상은 사람이다'라는 참인 주장을 하고 있는 명제이다. 이에 반해 m)의 b)는 우주 속의 모든 대상이 모두 사람이라는 거짓 주장을 하고 있다. m)과 관련하여 한 가지 주의할 점은 양화사에서의 변수와 양화되어지는 식에서의 변수가 동일한 한에 있어서 어떤 개체변수가 사용되어도 무방하다는 것이다. 따라서 '$(\exists y)Py$', '$(\exists z)Pz$' 등은 '$(\exists x)Px$'와 마찬가지로 k)의 2)에 대한 타당한 번역이다. 반면에 '$(\exists x)Py$' 나 $(\exists y)Px$' 등은 k)의 2)에 대한 적절한 번역이 아니다.

2.7) PL의 식이기 위한 조건은 무엇인가?

PL의 식들은 2.A)에 열거된 기호들의 조합으로 이루어진 식들로 2.F)의 조건들을 만족시키는 것들이어야 한다. 2.F)의 조건들을 만족시키지 못하는 식들은 2.A)에 열거된 기호들의 조합으로 이루어졌을지라도 PL의 식이 아니다.

2.F) ① **각각의 문장기호들은 모두 PL의 식이다.**

ex) A, Z, B

② **만약 □가 n자리 술어기호라면, 개체상수들과 개체변수들 중 n개가 □의 뒤에 위치하는 식은 PL의 식이다.**

③ **만약 □가 PL의 식이면, ~□도 PL의 식이다.**

④ 만약 □와 △가 PL의 식이면,

i) (□&△)

ii) (□∨△)

iii) (□→△)

iv) (□↔△)도 PL의 식이다.

⑤ 만약 □가 적어도 하나의 임의의 개체변수 x(여기서 변수는 어느 것을 사용해도 무방함)를 포함하고 있고, 그 임의의 개체변수 x를 포함하고 있는 양화사((∀x), (∃x))를 포함하고 있지 않으면,

i) (∀x)□

ii) (∃x)□ 도 PL의 식이다.

ex) (∀x)Pxy, (∃z)(Pza&(∀y)Lxy)는 PL의 식이지만, (∀y)(Lxa&(∃y)Pxy)는 PL의 식이 아니다.

⑥ 제일 왼쪽에 '~'나 양화사가 없을 경우 가장 바깥쪽 괄호를 생략할 수 있다.

ex) (∃x)(Px&Laby)나 ~(Lab&(∀y)Lya)의 경우에는 괄호가 제거될 수 없으나 ((∀x)Lax&Lby)의 경우에는 괄호가 제거될 수 있다. 따라서 (∀y)Lax&Lby도 PL의 식이다.

⑦ 이외의 것들은 모두 PL의 식이 아니다.

2.F)에 열거된 각각의 조건들을 만족시키는 것들은 모두 PL의 식들이다. 따라서 어떤 식이 PL의 식인가는 그 식이 2.F)에 열거된 적어도 하나의 조건을 만족시키는가의 여부에 의해 결정된다. PL의 식인가를 결정하는 2.F)의 조건들을 예문 n)을 통해서 살펴보겠다.

n) (∀z)(Lxy&(∃y)(Pa∨Lzy))&~K

n)이 PL의 식인가를 효과적으로 설명하기 위해 '논리작용자'라는 개념을 소개하겠다.

2.G) 논리작용자(Logical Operator): 진리함수적 연결사(~, &, ∨, →, ↔),

양화사 ((∃x), (∀x))

5개의 진리함수적 연결사와 양화사들은 모두 논리작용자이다. 따라서 n)에서 (∀z), &, (∃y), ∨, ~등은 모두 논리작용자이다. 논리작용자라는 개념을 새로 도입하는 이유는 PL은 진리함수적 연결사로 연결된 식 이외에도 양화사에 의해 식의 양적인 성격이 규정된 양화식들을 포함하고 있기 때문이다.

이제 2.F)의 조건에 따라 n)이 PL의 식인지를 분석해 보겠다. n)은 2.F)에서의 ④-ⅰ)의 형태를 가진 식이고 n)의 주 논리작용자는 오른쪽의 '&'이다. 따라서 '&'로 연결된 두 식인 (1) (∀z)(Lxy&(∃y)(Pa∨Lzy))와 ~K가 PL의 식이면 n)은 ④-ⅰ)에 따라 PL의 식이다. 2.F)의 ③에 따라 ~K가 PL의 식이므로 n)이 PL의 식이기 위해서는 (1)이 PL의 식이어야 한다. (1)은 2.F)에서의 ⑤-ⅰ)의 형태를 가진 식이고 주 논리작용자는 '(∀z)'이다. 따라서 (1)이 식이기 위해서는 (2) Lxy&(∃y)(Pa∨Lzy)는 PL의 식이어야 하고, (2)는 변수 z를 포함하고 있어야 하며 동시에 z를 포함한 양화사를 포함하고 있지 않아야 한다. (2)는 주 논리작용자인 양화사 '(∀z)'에서 사용된 변수 z를 포함하고 있고, 또한 'z'를 포함한 양화사를 포함하고 있지 않다. 따라서 (2)가 PL의 식이라면 (1)은 PL의 식이다. (2)의 주 논리작용자는 '&'이므로 (2)가 PL의 식이기 위해서는 Lxy와 (∃y)(Pa∨Lzy)가 모두 PL의 식이어야 한다. 2.F)의 ②에 의해 Lxy는 PL의 식이고 Pa와 Lzy도 PL의 식이다. 또한 (Pa∨Lzy)가 PL의 식이고, (Pa∨Lzy)는 변수 y를 포함하고 있고 y가 사용된 양화사를 포함하고 있지 않으므로 (∃y)(Pa∨Lzy)도 PL의 식이다. 따라서 (1)과 ~K가 PL의 식이므로 n)은 PL의 식이다.

2.8) PL의 식들의 종류는?

2.7)에서 언급했듯이 2.F)의 조건을 만족시키는 모든 식들은 PL의 식들이다. PL의 식들은 주 논리작용자에 따라 2.H)와 같이 구분될 수 있다.

2.H) PL의 식들의 종류

1) 원자식(Atomic Formula): 논리작용자를 포함하고 있지 않은 PL의 식

   ex) Lxy, Pa, Kaxz

2) 분자식(Molecular Formula): 적어도 하나의 논리작용자를 포함하고 있는 식

   a) 부정식: 주 논리작용자가 ~인 식

   b) 연언식: 주 논리작용자가 &인 식

   c) 선언식: 주 논리작용자가 ∨인 식

   d) 조건식: 주 논리작용자가 →인 식

   e) 쌍조건식: 주 논리작용자가 ↔인 식

   f) 보편양화식(Universally Quantified Formula): 주 논리작용자가 보편양화사인 식

      ex) (∀x)Pxa, (∀y)((∃x)Lxy&Kay)

   g) 존재양화식(Existentially Quantified Formula): 주 논리작용자가 존재양화사인 식

      ex) (∃x)Lxy, (∃y)(Pab&(∀x)Lxy)

2.H)에서 PL의 식들은 크게 원자식과 분자식으로 구분된다. 이러한 구분의 근거는 그 식이 논리작용자를 포함하고 있는 지의 여부에 의거한다. 따라서 'A'나 'Lxy', 'Kab', 'Caxby'는 모두 논리작용자를 포함하고 있지 않으므로 원자식들이다. 반면에 아래의 o)는 논리작용자를 포함하고 있으므로 분자식이다.

o) (∃x)((∀y)(Lxy&Kabx)&Lxa)→(∀y)(Pyx↔Lab)

o)의 주 논리작용자는 '→'이다. 따라서 o)는 2.H)의 2)-d)에 해당하는 조건식이다. 반면에 '→'로 연결된 두 식인 (∃x)((∀y)(Lxy&Kabx)&Lxa)와 (∀y)(Pyx↔Lab)는 각기 존재양화식과 보편양화식이다. 전자의 주 논리작용자는 존재양화사인 '(∃x)'이고 후자의 주 논리작용자는 보편양화사인 '(∀y)'이다.

2.9) 어떤 PL의 식들이 PL의 문장인가?

2.F)의 조건들을 만족시키는 것들은 모두 PL의 식들이다. 그러나 PL의 식들 모두가 진리치가 부여될 수 있는 식들은 아니다. PL의 식들 중 참과 거짓이라는 진리치가 부여될 수 있는 식들만이 PL의 문장들이다. 일정한 PL의 식이 PL의 문장인가를 결정하기 위해서는 그 PL의 식에 나타나는 변수들이 속박된 변수인가의 여부를 알아야 한다.

2.I) i) **속박변수(bound variable): 만약 PL의 식 △에 양화사 이외에 임의의 변수 x가 나타나고 △는 (∃x)□ 나 (∀x)□의 식일 경우 변수 x는 △에서 '속박된 변수'이다. (만약 임의의 변수 x가 (∃x)나 (∀x)에 의해 양적으로 규정되는 식에 포함되어 있으면 x는 속박된 변수이다.)**
ii) **자유변수(free variable): 만약 임의의 변수 x가 △에서 속박되지 않았다면 변수 x는 △에서 자유변수이다.**

하나의 변수가 속박변수인지 자유변수인지의 여부는 양화사에 의해 그 변수가 양적으로 규정되는지의 여부에 달려 있다. 따라서 동일한 변수가 양화사에 의해 규정되는 범위 안에 있느냐의 여부에 따라(위치에 따라) 속박된 변수일 수도 자유변수일 수도 있다. 구체적인 예를 통해 변수들이 속박변수인지의 여부를 살펴보겠다.

p) (∃y)(Lxy∨(∃z)(Lab→Kyb))&~(∀x)(Ryxz&Px)

p)는 존재양화식과 부정식이 주 논리작용자인 '&'에 의해 결합된 연언식이다. p)의 첫 번째 연언인 (∃y)(Lxy∨(∃z)(Lab→Kyb))에서 변수 y는 존재양화사인 (∃y)에 의해 양적으로 규정되고 있다. 따라서 Lxy와 Kyb에서의 변수 y는 속박된 변수이다. 반면에 두 번째 연언 ~(∀x)(Ryxz&Px)에서의 변수 y는 자유변수이다. 또한 첫 번째 연언의 Lxy에서의 x는 자유변수이고 두 번째 연언의 Ryxz와 Px에서의 변수 x는 속박된 변수이다. Lxy에서의 x를 규정해 주는 양화사가 없고 두 번째 연언에서의 변수 x는 (∀x)에 의해 양적으로 규정되고 있기 때문이다. 마찬가지 이유로 두 번째 연언에서의 변수 z는 자유변수이다. PL의 한 식이 자유변수를 포함하고 있는지의 여부는 매우 중요한 의미론적 차이점을 드러낸다.

g) i) (∃x)(Px&Dx)

ii) (∃x)Px&Dx

(기호들의 의미: P; ~은 사람이다. D; ~은 대머리이다.)

g)의 i)에서 변수 x는 모두 속박된 변수이다. 반면에 g)의 ii)에서 끝에 나오는 변수 x는 자유변수이다. 2.E)에 따르면 g)의 i)은 '적어도 하나의 대상 x에 대해서, x는 사람이고 대머리이다'라고 독해될 수 있고, 이는 국어에서의 '어떤 사람은 대머리이다'와 동일한 표현으로 실제로 참인 사실을 나타내고 있다. 반면에 g)의 ii)에서 두 번째 변수 x는 양적으로 규정되지 않았기 때문에 이러한 독해가 불가능하고, 따라서 g)의 ii)는 참이라고도 거짓이라고도 할 수 없다.

g)를 통해서 살펴보았듯이 한 PL의 식 □가 자유변수를 포함하고 있으면 □에는 어떠한 진리치도 부여할 수 없다. 반면에 □가 자유변수를 포함하고 있지 않으면(모든 변수가 속박되었으면) 자연언어에서의 독해가 가능하고 □에는 일정한 진리치가 부여될 수 있다.

1부의 2장에서 우리는 명제를 '참이나 거짓일 수 있는 문장의 의미'라고 정의했다. 따라서 자유변수가 나타나지 않는 PL의 식은 명제들에 대한 PL에서의 번역이라 할 수 있고, 이러한 식만이 PL의 문장이다. 자유변수의 유무와 PL의 문장과의 관계는 2.J)처럼 정리될 수 있다.

2.J) 한 식 □가 PL의 문장이기 위해서는 □는 아래의 조건들을 만족시켜야 한다.
i) □는 PL의 식이어야 한다.
ii) □는 자유변수를 포함하고 있지 않아야 한다.

2.J)에 근거하여 구체적인 식들이 PL의 문장인가를 살펴보겠다.

r) 1) $(\exists x)(Lab \rightarrow (\forall y)Kxy) \& (\exists z)Laz$
2) $((\forall y)Kyx \& (\exists x)Lyx) \rightarrow Cbc$

r)의 1)은 PL의 문장이다. r)의 1)은 PL의 식이고 자유변수를 포함하고 있지 않기 때문이다. 반변에 r)의 2)는 PL의 문장이 아니다. r)의 2)는 PL의 식이지만 Kyx에서의 x와 Lyx에서의 y가 자유변수이기 때문이다.

2장과 관계된 문제들

1) PL의 구성 요소로 문장기호가 포함되어야 하는 이유는 무엇인가?

2) ‘P’가 ‘~는 사람이다’를 ‘L’은 ‘~는 …를 사랑한다’를 ‘a’는 ‘길동이’를 나타낸다면 아래의 두 식은 어떠한 의미의 차이를 보이는가?

① (∃y)(Py&Lya)

② (∃y)Py&Lya

3) 아래의 각각에 대해서 그것이 PL의 식인가의 여부와 문장인가의 여부, 그리고 PL의 식일 경우 어떤 종류의 식인가를 밝혀라.

① ~K∨L

② (x)Lxy∨ka

③ (∃x)~Kxx→((∃y)Py→Gb)

④ (∀w)(∃y)(Lwy∨Lyw)

⑤ (∀w)((∃y)Lwy∨Lyw)

⑥ ~(∀x)(∀y)(∃w)((∃z)Lxyz&Lywz)→

⑦ (∀x)((∃y)((∃w)Pw&Lxy→Lxy)

⑧ (∀x)((∃y)Lxy&Py)&(∀y)Lxy)&(∀x)Lxx

⑨ ~(~(∀y)(~(∀z)Lyz&Kya)↔~(∃w)~Pw)→Lak

⑩ ∀x)((∀y)((∀z)((∀w)Lwxy&Lxyz)&Kzy)&Kxy

3장 술어논리(PL)에서의 번역은 어떻게 이루어지는가?

3) 술어논리(PL)에서의 번역은 어떻게 이루어지는가?

1장에서 보았듯이 명제논리는 표현 능력과 관련하여 치명적인 한계를 드러내고 있다. 동어반복의 명제나 개체들 사이의 관계를 나타내는 명제, 그리고 정언명제들이 명제논리에서는 번역될 수 없기 때문이다. 술어논리에서는 명제논리의 이러한 한계들이 극복될 수 있다.

이 장에서는 동어반복의 명제, 개체들 사이의 관계를 나타내는 명제, 정언명제들을 포함하여 일상 언어에서 사용되는 다양한 명제들이 술어논리에서 어떻게 번역될 수 있는가에 대해 다루게 될 것이다.

3.1) 개체들 사이의 관계를 나타내는 명제들은 PL에서 어떻게 번역되는가?

개체들 사이의 관계를 나타내는 명제들의 번역을 위한 일반적인 설명은 이미 2장에서 제시되었다. 여기에서는 구체적인 예를 통해 살펴보겠다.

a) 만약 철수가 미남이거나 영희보다 키가 크다면 영희는 그를 좋아할 것이지만, 철수는 미남이 아니고 영희는 철수를 좋아하지 않는다.

a)는 '~것이지만'과 '철수는 ~' 사이에서 나누어지고 전반부의 조건문과 후반부의 연언문으로 구성되었다. 전반부의 조건문을 □로 후반부의 연언문을 △로 치환하면 a)는 주 논리작용자가 '&'인 '□&△' 형식의 문장이다. 따라서 전반부의 조건문과 후반부의 연언문을 각기 PL의 식으로 번역해서 □와 △를 대치하면 우리는 a)에 대한 PL에서의 번역을 얻게 된다.

□와 △의 번역을 위해 'a'는 '철수'를 'b'는 '영희'를 지시하는 개체상수로, 'M'은 '~는 미남이다'를, 'T'는 '~는 …보다 키가 크다'를, 'L'은 '~는 …를 좋아 한다'를 나타내는 술어기호로 지정하겠다. 조건문인 □의 전건이 '철수가 미남이거나 영희보다 키가 크다'는 선언문이므로 □의 전건은 '철수가 미남이다'와 '철수는 영희보다 키가 크다'를 각기 PL로 번역해서 '∨'를 사용하여 연결해야 한다. '철수는 미남이다'는 한 자리 술어기호 'M'을 사용하여 'Ma'로, '철수는 영희보다 키가 크다'는 두 자리 술어기호 'T'를 사용하여 'Tab'로 번역되고, 후건인 '영희는 그(철수)를 좋아한다'는 두 자리 술어기호 'L'을 사용하여 'Lba'로 번역되므로 □의 전건인 'Ma∨Tab'와 후건인 'Lba'를 조건문을 나타내는 '→'를 사용하여 연결한 식인 '(Ma∨Tab)→Lba'가 □에 대한 PL에서의 번역이다. 연언문인 △는 '철수는 미남이 아니다'라는 부정문과 '영희는 철수를 사랑하지 않는다'라는 두 개의 부정문이 '&'로 연결된 문장이다. '철수는 미남이 아니다'는 '철수는 미남이다'의 부정이고 '영희는 철수를 사랑하지 않는다'는 '영희는 철수를 사랑한다'의 부정이므로, '철수는 미남이 아니다'는 '~Ma'로 '영희는 철수를 사랑하지 않는다'는 '~Lba'로 번역된다. 따라서 '~Ma'와 '~Lba'가 '&'로 연결된 식인 '~Ma&~Lba'가 △에 대한 PL에서의 번역이다. '(Ma∨Tab)→Lba'가 □에 대한,

'~Ma&~Lba'가 △에 대한 번역이므로 a)에 대한 PL에서의 번역은 $((Ma \lor Tab) \rightarrow Lba)\&(\sim Ma\&\sim Lba)$이다.

대상들 사이의 관계를 나타내는 문장을 PL로 번역할 때 주의할 점은 '영희는 철수를 좋아한다.'와 같이 술어기호에 따라 나오는 개체상수와 개체변수의 위치에 따라 그 의미가 달라진다는 것이다. a)에서 '영희는 철수를 좋아한다.'를 'Lba' 대신에 'Lab'로 번역할 경우 그 의미는 '영희가 철수를 좋아한다.'는 것이 아니라 '철수가 영희를 좋아한다.'는 것이 될 것이기 때문이다. 하나의 예를 통해 이에 대해 살펴보겠다.

b) 철수와 영희는 각기 자기 자신을 좋아하고 철수와 영희는 서로 좋아하는 사이이다.

'철수와 영희는 각기 자기 자신을 좋아한다.'는 것은 영희는 영희를, 철수는 철수를 좋아한다는 것이고, '철수와 영희는 서로 좋아하는 사이이다'라는 것은 철수는 영희를, 영희는 철수를 좋아한다는 것이다. 따라서 b)는 b')처럼 재해석될 수 있다.

b') 철수는 철수를 좋아하고 영희는 영희를 좋아하고, 철수는 영희를 영희는 철수를 좋아한다.

b')는 두 개의 연언문이 &로 결합된 연언문이다. 따라서 '~는 …를 좋아 한다'를 술어기호 'L'을 사용하여 나타내면 b')는 '(Laa&Lbb)&(Lab&Lba)'로 번역되고 이는 b)에 대한 PL에서의 번역이다.

3.2) 정언명제란 무엇인가?

정언명제란 주어명사가 지시하는 집합과 술어명사가 지시하는 집합 사이의 관계를 나타내는 명제이다. 정언명제는 크게 아래의 네 가지 명제로 구분될 수 있다.

3.A) A(전칭긍정명제): 모든 S는 P이다.
(모든 토끼는 포유동물이다.)
E(전칭부정명제): 모든 S는 P가 아니다.
(모든 토끼는 포유동물이 아니다.)
I(특칭긍정명제): 어떤 S는 P이다.
(어떤 토끼는 포유동물이다.)
O(특칭부정명제): 어떤 S는 P가 아니다.
(어떤 토끼는 포유동물이 아니다.)

두 집합 사이의 관계를 나타내는 정언명제들은 모두 3.A)의 네 형태 중 하나에 해당한다. 한 예로 '대통령이 아닌 사람이 있다'라는 명제는 O(특칭부정)명제이다. '대통령이 아닌 사람이 있다'는 '어떤 사람은 대통령이 아니다'라는 명제와 동일한 의미이기 때문이다.

정언진술은 두 개의 집합 사이의 관계를 나타내는 것이므로 정언진술들은 집합을 나타내는 도식을 사용하여 표현될 수 있다. 집합들 사이의 관계를 도식을 사용하여 표현하는 방식은 영국의 논리학자인 벤(J. Venn)에 의해 개발되었다. 벤에 의해 개발된 방식에 따라 3.A)의 명제들을 표현해 보겠다.

c)

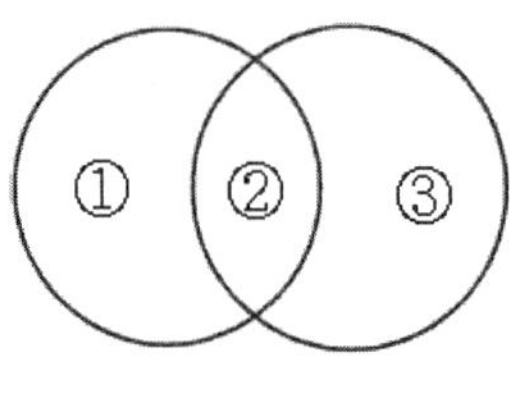

토끼 포유동물

c)에서 왼쪽 원은 토끼의 집합을 오른쪽은 포유동물의 집합을 나타내고 있다. 따라서 ①은 포유동물이 아닌 토끼의 집합을, ②는 포유동물이면서 토끼인 집합을, ③은 토끼가 아닌 포유동물의 집합을 나타내고 있

다. '모든 토끼는 포유동물이다'라는 A명제는 토끼라는 집합에 속한 원소들은 모두 포유동물이라는 집합 속에 포함되어 있다는 주장을 하고 있다. 따라서 이 주장이 성립하려면 ①부분은 공집합이어야 한다. '모든 토끼는 포유동물이 아니다'라는 E명제는 토끼이면서 동시에 포유동물인 대상이 없다는 주장을 하고 있다. 따라서 이 주장이 성립하려면 ②부분은 공집합이어야 한다. '어떤 토끼는 포유동물이다'라는 I명제는 적어도 하나의 포유동물인 토끼가 있다는 주장을 하고 있다. 따라서 이 주장이 성립하려면 포유동물이면서 토끼의 집합을 나타내는 ②부분이 적어도 하나의 원소를 포함하고 있어야 한다. 끝으로 '어떤 토끼는 포유동물이 아니다'라는 O명제는 적어도 하나의 포유동물이 아닌 토끼가 있다는 주장을 하고 있다. 따라서 이 주장이 성립하려면 포유동물이 아닌 토끼의 집합을 나타내는 ①부분이 적어도 하나의 원소를 포함하고 있어야 한다. 이제 공집합을 '검은 색'으로, 하나의 원소를 '×'로 나타내면 정언명제들은 3.B)처럼 도식화될 수 있다.

3.B) A: 모든 S는 P이다.

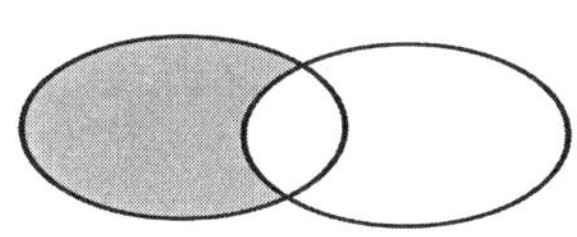

S P

E: 모든 S는 P가 아니다.

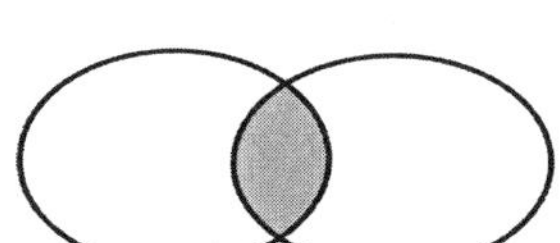

S P

I: 어떤 S는 P이다.

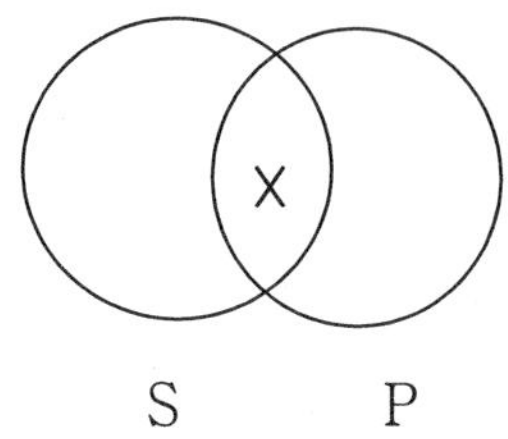

O: 어떤 S는 P가 아니다.

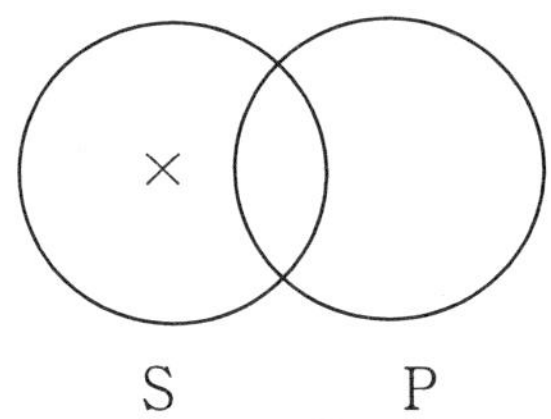

벤 도식을 사용하여 정언명제들로만 구성된 논증의 타당성 여부가 결정될 수 있다. 한 예로 정언명제들로만 구성된 삼단논증인 d)의 타당성 여부가 벤 도식을 사용하여 결정될 수 있다는 것을 설명해 보겠다.

d) ① 머리를 여러 색으로 물들인 모든 사람은 유행에 민감한 사람이다.
② 모든 교수들은 머리를 여러 색으로 물들이지 않았다.

© 모든 교수들은 유행에 민감하지 않다.

d)는 타당하지 않은 논증이다. 머리를 여러 색으로 물들이지 않은 유행에 민감한 교수가 있을 가능성을 전제 ①과 ②가 배제하지 못하고 있기 때문이다. d)가 타당한 논증이 아니라는 것은 벤 도식으로 쉽게 나타낼 수 있다.

논증 d)에서는 세 개의 집합이 언급되고 있다. 이들 세 개의 집합은 머리를 물들인 사람들의 집합과 유행에 민감한 사람들의 집합, 그리고 교수들의 집합이다. 전제 ①은 머리를 여러 색으로 물들인 사람들과 유행에 민감한 사람 사이의 관계를, 전제 ②는 교수들과 머리를 여러 색으로 물들인 사람들 사이의 관계를 나타내고 있으므로, 전제①과 전제②를 벤 도식으로 나타내기 위해서는 d1)처럼 세 개의 집합들을 나타내는 원들이 서로 중첩되게 표현되어야 한다.

d1)

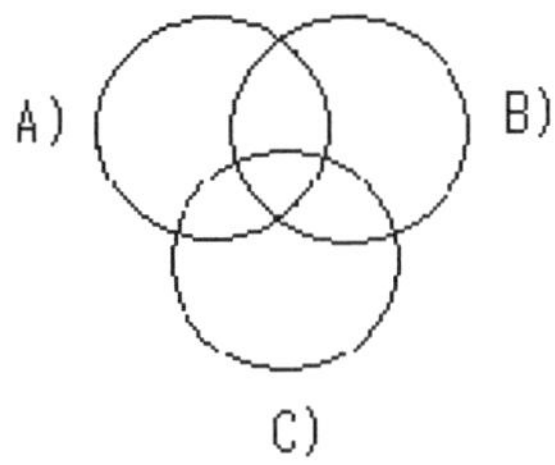

d1)에서 A)는 머리를 물들인 사람들의 집합을, B)는 유행에 민감한 사람들의 집합을, C)는 교수들의 집합을 나타낸다면, d)의 전제①은 A명제이므로 d2)처럼 표현된다.

d2)

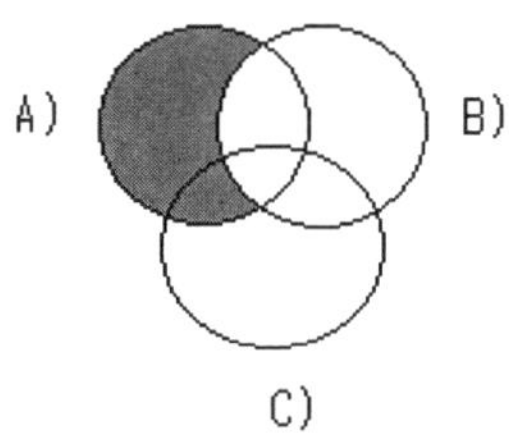

d)의 전제 ②는 E명제이므로 d3)처럼 표현된다.

d3)

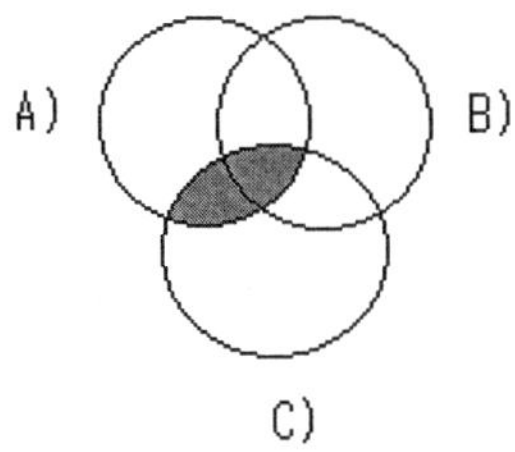

d2)는 전제 ①, 그리고 d3)는 전제 ②에 대한 도식이므로 d2)와 d3)이 중첩되게 나타낸 도식인 d4)는 d)의 전제들을 나타낸 벤 도식이다.

d4)

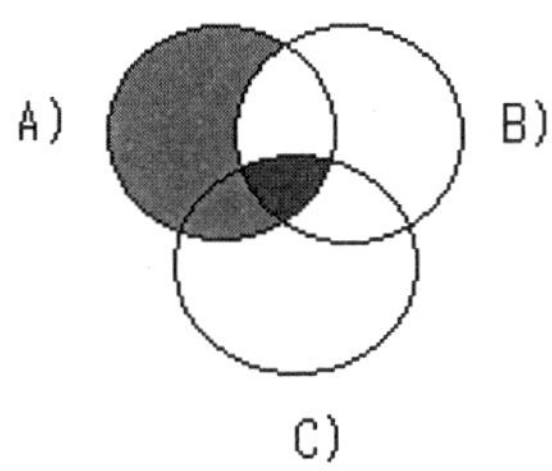

반면에 d)의 결론 ⓒ는 E명제이므로 d5)처럼 표현된다.

d5)

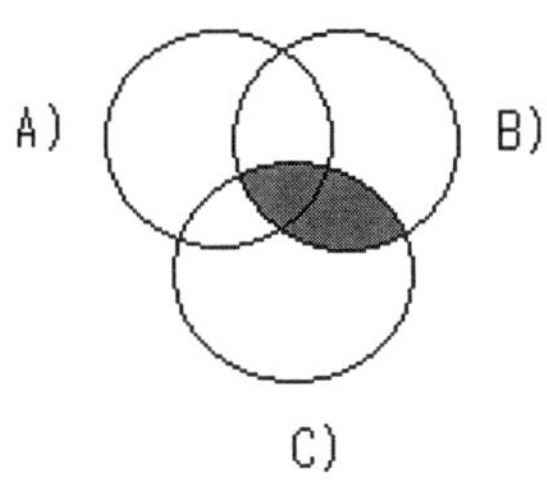

d)의 전제들에 대한 벤 도식인 d4)는 d)의 결론 ⓒ가 거짓일 가능성을 배제하지 못하고 있다. d5)에서 보듯이 결론이 참이려면 머리를 여

러 색으로 물들인 교수들은 유행에 민감하지 못할 뿐만 아니라 머리를 여러 색으로 물들이지 않은 교수들도 유행에 민감하지 못해야 하기 때문이다. d4)는 머리를 여러 색으로 물들이지 않은 교수들이 유행에 민감할 가능성을 배제하지 못하고 있으므로 전제들이 참일지라도 결론은 거짓일 가능성이 있다. 따라서 d)는 타당한 논증이 아니다.

벤 도식은 정언명제들로 구성된 논증들의 타당성 여부를 결정하는 효과적인 방식을 제공하고 있다. 또한 앞에서 보았듯이 A, E, I, O라는 네 가지 종류의 정언명제들에 상응하는 벤 도식들이 있고, 이들 벤도식들은 정언명제들의 의미를 잘 나타내고 있다. 따라서 정언명제들에 대한 술어논리에서의 번역도 A, E, I, O라는 정언명제들의 형태에 따라 구분하여 설명되는 것이 효과적이다.

3.3) A(전칭긍정명제)에 속하는 정언명제들은 PL에서 어떻게 번역되는가?

아래의 e)는 A에 속하는 정언명제이고, e)에 대한 벤 도식은 e')이다.

e) 모든 고래는 포유동물이다.

e')

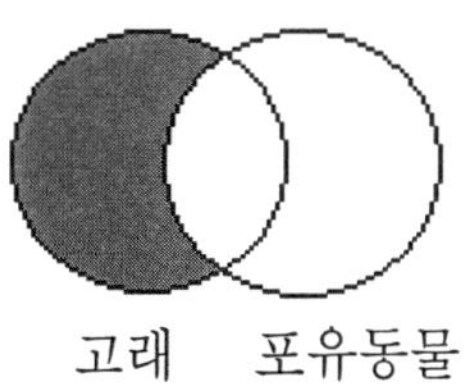

e')에서 볼 수 있듯이 고래이며 포유동물이 아닌 집합은 공집합이다. 따라서 e)가 참이려면 존재하는 모든 대상들 중에서 고래인 대상들은 모두 포유동물이라는 것이 성립해야 한다. 다시 말해서 e)가 참이려면

모든 고래를 살펴볼 경우 모든 고래들은 모두 포유동물이어야 한다. 이러한 의미를 살릴 경우 e)는 e")로 재해석될 수 있다.

e") 모든 대상에 대해서, 만약 그 대상이 고래이면 그 대상은 포유동물이다.

e")은 e)의 의미를 정확하게 나타내고 있다. e")은 어떤 대상이 고래인 경우 그 대상은 포유동물이라는 것을 보증해 주고 있기 때문이다. 2.6)에서 언급했듯이 변수들은 구체적인 대상을 지시하지는 않지만 변수들에는 모든 대상을 지시하는 표현들이 대입될 수 있으므로 e")은 변수 x를 사용하여 e‴)로 재해석될 수 있다.

e‴) 모든 (대상)x에 대해서, 만약 (대상)x가 고래이면 (대상)x는 포유동물이다.

'~는 고래이다'를 술어기호 W로, '~는 포유동물이다'를 술어기호 M으로 대체하면 '모든 (대상)x에 대해서'는 보편양화사에 해당하므로 e‴)는 PL에서 e*)로 번역된다.

e*) $(\forall x)(Wx \rightarrow Mx)$

A에 속하는 모든 정언명제들은 e*)와 같은 방식으로 번역된다. 따라서 A명제에 대한 PL에서의 번역은 3.C)로 정리될 수 있다.

3.C) A: **모든 S는 P이다.**

모든 (대상)x에 대해서, 만약 x가 S이면 x는 P이다.

$(\forall x)(Sx \rightarrow Px)$

(여기서 변수 x는 임의로 사용되었다. 따라서 다른 변수가 사용되어도 무방하다.)

3.4) E(전칭부정명제)에 속하는 정언명제들은 PL에서 어떻게 번역되는가?

아래의 f)는 E에 속하는 정언명제이고, f)에 대한 벤 도식은 f')이다.

f) 모든 양서류는 포유동물이 아니다.

f')

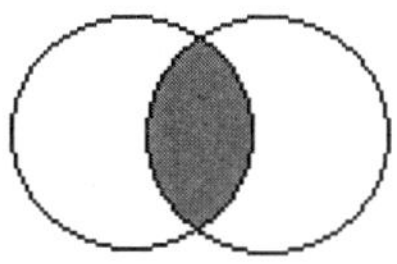

양서류 포유동물

f')에서 볼 수 있듯이 양서류이며 포유동물인 집합은 공집합이다. 따라서 양서류이며 포유동물인 대상은 존재하지 않으므로 f)가 참이려면 '존재하는 모든 대상들 중 양서류인 대상들은 모두 포유동물이 아니다'는 것이 성립해야 한다. 다시 말해서 f)가 참이려면, 모든 양서류를 살펴볼 경우 이 모든 양서류들은 포유류가 아니어야 한다. 이러한 의미를 살릴 경우 f)는 f")로 재해석될 수 있다.

f") 모든 대상에 대해서, 만약 그 대상이 양서류이면 그 대상은 포유류가 아니다.

f")는 f)의 의미를 정확하게 나타내고 있다. f")은 한 개체가 양서류일 경우 그 개체는 포유동물이 아니라는 것을 보증해 주고 있기 때문이다. f")은 변수x를 사용해서 f"')로 재해석될 수 있다.

f"') 모든 (대상)x에 대해서, 만약 (대상)x가 양서류이면 (대상)x는 포유동물이 아니다.

'~는 양서류이다'를 술어기호 A로, '~는 포유동물이다'를 술어기호 M으로 대체하면 f"')은 PL에서 f*)로 번역된다.

f*) $(\forall x)(Ax \rightarrow \sim Mx)$

E에 속하는 모든 전칭명제들은 f*)와 같은 방식으로 번역된다. 따라

서 E명제에 대한 PL에서의 번역은 3.D)로 정리될 수 있다.

3.D) E: 모든 S는 P가 아니다.

모든 (대상)x에 대해서, 만약 (대상)x가 S이면 (대상)x는 P가 아니다.

$(\forall x)(Sx \rightarrow \sim Px)$

(여기서 변수 x는 임의로 사용되었으므로 다른 변수가 사용되어도 무방하다.)

3.5) I(특칭긍정명제)에 속하는 정언명제들은 PL에서 어떻게 번역되는가?

아래의 g)는 I에 속하는 정언명제이고, g')은 g)에 대한 벤 도식이다.

g) 어떤 사람은 대머리이다.

g')

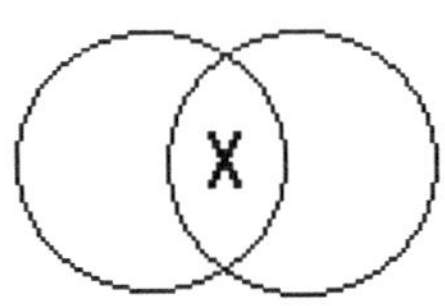

g')에서 볼 수 있듯이 사람이며 대머리인 집합은 적어도 하나의 대상을 포함하고 있다. 따라서 g)가 참이려면 '사람이며 대머리인 대상이 적어도 하나는 존재한다'가 성립해야 한다. 다시 말해서 g)가 참이려면 사람들 중 적어도 하나는 대머리여야 한다. 이러한 의미를 살릴 경우 g)는 g")로 재해석될 수 있다.

g") 적어도 하나의 대상에 대해서, 그 대상은 사람이고 대머리이다.

g")은 g)의 의미를 정확하게 반영하고 있다. g")은 사람이며 대머리인

대상의 존재를 보증해 주고 있기 때문이다. g″)은 변수 x를 사용해서 g‴)으로 재해석될 수 있다.

g‴) 적어도 하나의 (대상)x에 대해서, (대상)x는 사람이고 (대상)x는 대머리이다.

'~는 사람이다'를 술어기호 H로, '~는 대머리이다'를 술어기호 B로 대체하면 g‴)은 PL에서 g*)로 번역된다.

g*) (∃x)(Hx&Bx)

I에 속하는 모든 정언명제들은 g*)와 같은 방식으로 번역된다. 따라서 I명제에 대한 PL에서의 번역은 3.E)로 정리될 수 있다.

3.E) I: 어떤 S는 P이다.
적어도 하나의 (대상)x에 대해서, x는 S이고 x는 P이다.
(∃x)(Sx&Px)
(여기서 변수 x는 임의로 사용되었으므로 다른 변수가 사용되어도 무방하다.)

3.6) O(특칭부정명제)에 속하는 정언명제들은 PL에서 어떻게 번역되는가?

아래의 h)는 O에 속하는 정언명제이고, h')는 h)에 대한 벤 도식이다.

h) 어떤 말은 검은 색이 아니다.

h')

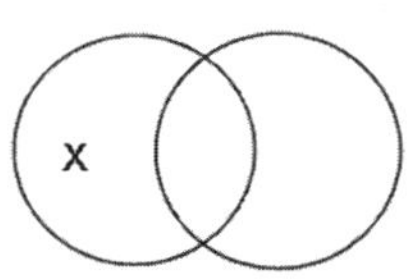

말 검은 것

h')에서 볼 수 있듯이 검은 색이 아닌 말의 집합은 적어도 하나의 대상을 포함하고 있다. 따라서 h)가 참이려면 '말이며 검은 색이 아닌 대상이 적어도 하나는 존재한다.'는 것이 성립해야 한다. 다시 말해서 h)가 참이려면 말들 중 적어도 하나는 검은 색이 아니어야 한다. 이러한 의미를 살릴 경우 h)는 h")로 재해석될 수 있다.

h") 적어도 하나의 대상에 대해서, 그 대상은 말이고 검은 색이 아니다.

h")은 h)의 의미를 정확하게 반영하고 있다. h")은 검은 색이 아닌 말의 존재를 보증해 주고 있기 때문이다. h")은 변수 x를 사용해서 h‴)으로 재해석될 수 있다.

h‴) 적어도 하나의 (대상)x에 대해서, (대상)x는 말이고 (대상)x는 검은 색이 아니다.

'~는 말이다'를 술어기호 G로, '~는 검은 색이다'를 술어기호 K로 대체하면 h)는 PL에서 h*)로 번역된다.

h*) (∃x)(Gx&~Kx)

O명제에 속하는 정언명제들은 모두 h*)와 같은 방식으로 번역된다. 따라서 O명제에 대한 PL에서의 번역은 3.F)로 정리될 수 있다.

3.F) O: 어떤 S는 P가 아니다.
적어도 하나의 (대상)x에 대해서, x는 S이고 x는 P가 아니다.
(∃x)(Sx&~Px)
(여기서 변수 x는 임의로 사용되었으므로 다른 변수가 사용되어도 무방하다.)

3.7) 명제들 사이의 관계는 어떠한가?

3.2)부터 3.6)을 통해 정언명제들이 PL에서 어떻게 번역되는가에 대해 살펴보았다. 이에 따르면 '고래'와 '포유동물'이라는 두 집합 사이의 관계를 나타내는 정언명제들은 3.G)처럼 PL에서 번역된다.

3.G) A: **모든 고래는 포유동물이다.** $(\forall x)(Sx \rightarrow Px)$
E: **모든 고래는 포유동물이 아니다.** $(\forall x)(Sx \rightarrow {\sim}Px)$
I: **어떤 고래는 포유동물이다.** $(\exists x)(Sx \& Px)$
O: **어떤 고래는 포유동물이 아니다.** $(\exists x)(Sx \& {\sim}Px)$

쉽게 알 수 있듯이 A, E, I, O의 네 가지 정언명제들 사이에는 일정한 논리적 관계가 성립하고 있다. 주어가 지시하는 집합과 술어가 지시하는 집합에 원소가 존재한다는 것을 인정할 경우 정언명제들 사이의 논리적 관계는 3.H)로 정리될 수 있다.

3.H) **① A는 I에 대해, E는 O에 대해 함축관계를 가지고 있다. (A는 I를 E는 O를 함축한다.)**
② A와 O, 그리고 E와 I는 각기 모순관계에 있다. (A와 O는 모순이고 E와 I는 모순이다.)
③ A와 E는 반대 관계에 있다. (A와 E가 동시에 참일 수 없지만 동시에 거짓일 수 있다.)
④ I와 O는 소 반대 관계에 있다. (I와 O가 동시에 참일 수 있지만 동시에 거짓일 수 없다.)

정언명제들 사이의 논리적 관계가 3.H)처럼 정리될 수 있다는 것을 3.G)를 통해 살펴보겠다. 우선 A명제인 '모든 고래는 포유동물이다'가 참이면 I명제인 '어떤 고래는 포유동물이다'는 반드시 참이어야 하고, E명제인 '모든 고래는 포유동물이 아니다'가 참이면 O명제인 '어떤 고래는 포유동물이 아니다'는 반드시 참이어야 한다. 따라서 i)에 열거된 논증들은 타당한 논증들이다.

i) 모든 고래는 포유동물이다. (A)　　　모든 고래는 포유동물이 아니다. (E)

어떤 고래는 포유동물이다. (I)　　　어떤 고래는 포유동물이 아니다. (O)

i)에 열거된 두 논증들은 전제가 참이고 결론이 거짓일 가능성이 없으므로 타당한 논증이다. 따라서 3.H)의 ①처럼 A는 I에 대해, 그리고 E는 O에 대해 함축관계를 가진다. 이어서 A와 O, 그리고 E와 I 사이에 성립하는 모순관계에 대해 살펴보겠다. A명제인 '모든 고래는 포유동물이다'는 포유동물이 아닌 고래가 적어도 하나 있으면 거짓이고, 따라서 O명제인 '어떤 고래는 포유동물이 아니다'가 참이면 A명제인 '모든 고래는 포유동물이다'는 거짓이다. 반대로 A명제인 '모든 고래는 포유동물이다'가 참이면 O명제인 '어떤 고래는 포유동물이 아니다'는 거짓이어야 한다. 따라서 A와 O 사이에는 모순관계가 성립한다. 마찬가지로 E명제인 '모든 고래는 포유동물이 아니다'가 참이면 I명제인 '어떤 고래는 포유동물이다'는 거짓이고, 반대로 I명제인 '어떤 고래는 포유동물이다'가 참이면 E명제인 '모든 고래는 포유동물이 아니다'는 거짓이어야 한다. 따라서 E와 I 사이에는 모순관계가 성립한다. A와 E 사이에는 반대관계가 성립한다. A명제인 '모든 한국인은 미남이다'가 참이면 E명제인 '모든 한국인은 미남이 아니다' 는 거짓이다. 그러나 A명제가 거짓일 경우 E명제는 거짓일 수도 참일 수도 있다. E명제가 참인 모든 한국인이 미남이 아닐 경우에도 A명제는 거짓이고 E명제가 거짓인 일부의 한국인은 미남이고 일부는 아닐 경우에도 A명제는 거짓일 것이기 때문이다. I와 O 사이에는 소 반대관계가 성립한다. 일부의 한국인이 미남이고 일부는 아닌 경우 I명제와 O명제는 모두 참이지만 I명제인 '어떤 한국인은 미남이다'가 거짓이면 모든 한국인은 미남이 아니므로 O명제인 '어떤 한국인은 미남이 아니다'는 참일 수밖에 없기 때문이다.

3.8) 존재함축이란 무엇인가?

한 명제가 일정한 종류의 대상들이 존재함을 주장할 경우 그 명제는 존재함축을 갖는 명제이다. 한 예로 '내 팔은 길다'와 같은 명제는 실제로 존재하는 나의 팔에 대해 언급하고 있으므로 존재함축을 갖는 명제이지만 '둥근 사각형은 둥글고 사각형이다'와 같은 명제는 둥근 사각형이 존재할 수 없으므로 존재함축을 갖는 명제가 아니다.

앞에서 언급했듯이, 3.H)로 정리된 정언명제들 사이에 성립하는 관계들은 정언명제들의 주어나 술어가 지시하는 집합이 적어도 하나의 원소를 포함하고 있다는 가정 하에 성립하는 관계들이다. 따라서 3.H)에 언급된 관계들은 존재함축을 갖는 정언명제들 사이에 성립하는 관계들이다.

정언명제들 중 I나 O와 같은 특칭명제들은 존재함축을 갖는 명제들이라 할 수 있다. 한 예로 '어떤 한국인은 미남이다'와 같은 I명제는 미남인 한국인이 적어도 하나 있음을 주장하며 이 명제가 참이기 위해서는 미남인 한국인이 존재해야만 할 것이기 때문이다. 3.G)의 A와 E에서 볼 수 있듯이 대부분의 전칭명제들도 존재함축을 갖는 명제들이다. 그러나 전칭명제들의 경우 의미 있는 명제이지만 존재함축을 갖지 않는 명제들이 존재한다.

j) i) 모든 외계인은 인간과 생리구조가 다를 것이다.
ii) 키가 3m 이상인 모든 인간은 거인이다.

j)의 두 A명제는 참이라 할 수 있는 의미 있는 명제이지만 존재함축을 갖는 명제라 할 수 없다. i)의 경우 외계인이 만약 존재한다면 다른 천체에서 태어나 지구와 다른 환경에서 성장했을 것이므로 인간과는 생리구조가 근본적으로 다를 것이다. 따라서 i)은 참이라 할 수 있는 의미 있는 명제이다. 그러나 i)이 외계인이 존재한다고 주장하는 명제

는 아니다. ii)의 경우에도 키가 3m 이상인 인간은 존재하지 않지만 참인 의미 있는 명제이다.

영국의 수학자이자 논리학자인 부울(G. Boole)은 존재함축을 갖지 않는 전칭명제들을 고려하여 정언명제들에 대한 새로운 해석을 창안하였다. 부울의 해석에 따르면 정언명제들 중 전칭명제들은 존재함축을 갖지 않으며 주어가 지시하는 집합이 원소가 없는 공집합인 경우 그 전칭명제는 참으로 간주된다.

부울의 해석을 따라 전칭명제들을 존재함축을 갖지 않는 것으로 해석할 경우 3.H)에 정리된 정언명제들 사이에 성립하는 관계들 중 모순관계를 제외한 다른 관계들은 성립하지 않는다. 부울의 새로운 해석을 따를 경우 함축관계가 성립하지 않는다는 것을 간단히 설명하겠다.

k) 모든 심장이 없는 포유류는 인간이 아니다.

어떤 심장이 없는 포유류는 인간이 아니다.

K)에서 전제는 E명제이고 결론은 O명제이다. 따라서 3.H)에 따르면 k)는 타당한 논증이고 전제는 결론에 대해 함축관계에 있다. 그러나 (전칭명제를 존재함축을 갖지 않는 명제로 취급하는) 부울의 해석에 따르면 전제는 참이지만, 심장이 없는 포유류는 존재하지 않으므로 결론은 거짓이고 k)는 타당한 논증이 아니다. 따라서 전제와 결론 사이의 함축관계는 성립하지 않는다.

현대논리학은 정언명제들과 관련하여 부울의 해석을 따르고 있다. 따라서 현대 논리학에서는 정언명제들 사이에 성립하는 관계들 중 오직 A와 O, E와 I사이에 성립하는 모순관계만이 인정된다.

A와 O 그리고 E와 I가 모순관계에 있다는 것은 정언명제들에 대한 PL에서의 번역과 관계해서 중요한 시사를 하고 있다. A명제인 '모든 고래는 포유동물이다'는 O명제인 '어떤 고래는 포유동물이 아니다'와 모순

관계에 있으므로 '모든 고래는 포유동물이다'는 O명제의 부정인 '어떤 고래는 포유동물이 아닌 것이 아니다(포유동물이 아닌 고래는 없다)'와 동일한 의미이다. 반면에 E명제는 I명제와 모순관계에 있으므로 E명제인 '모든 고래는 포유동물이 아니다'는 I명제의 부정인 '어떤 고래는 포유동물인 것이 아니다(포유동물인 고래는 없다)'와 동일한 의미이다. 따라서 A명제에 대한 PL에서의 번역은 O명제를 부정한 명제에 대한 PL에서의 번역과 동일한 번역이라 할 수 있다. 정언명제들 사이의 모순관계에 입각한 PL에서의 번역은 3.I)로 정리될 수 있다.

3.I) 모순관계에 근거한 정언명제들의 번역

i) A: 모든 고래는 포유동물이다.
   (∀x)(Sx→Px)
   O의 부정: 어떤 고래가 포유동물이 아닌 것이 아니다.
   ~(∃x)(Sx&~Px)

ii) E: 모든 고래는 포유동물이 아니다.
   (∀x)(Sx→~Px)
   I의 부정: 어떤 고래가 포유동물인 것이 아니다.
   ~(∃x)(Sx&Px)

iii) I: 어떤 고래는 포유동물이다.
   (∃x) (Sx&Px)
   E의 부정: 모든 고래가 포유동물이 아닌 것이 아니다.
   ~(∀x)(sx→~Px)

iv) O: 어떤 고래는 포유동물이 아니다.
   (∃x)(Sx&~Px)
   A의 부정: 모든 고래가 포유동물인 것은 아니다.
   ~(∀x)(Sx→Px)

3.I)에 열거된 한 쌍을 구성하는 두 개의 번역들은 동일한 의미를 가

지고 있고 따라서 동일한 번역이라 할 수 있다. 3.I)에 열거된 내용을 명확히 하기 위해 아래의 정언명제를 살펴보겠다.

1) A: 모든 것은 살아 있다.
E: 모든 것은 살아 있지 않다.
I: 어떤 것은 살아 있다.
O: 어떤 것은 살아 있지 않다.

'~는 살아 있다'를 술어기호 'L'로 대체하면 1)의 정언명제들은 PL에서 1')처럼 번역된다.

1') A: 모든 대상 x에 대해서, x는 살아 있다. (∀x)Lx
E: 모든 대상 x에 대해서, x는 살아있지 않다. (∀x)~Lx
I: 적어도 하나의 대상 x에 대해서, x는 살아 있다. (∃x)Lx
O: 적어도 하나의 대상 x에 대해서, x는 살아 있지 않다. (∃x)~Lx

정언명제들 사이에는 모순관계가 성립하므로 1')에 열거된 각각의 번역과 동일한 의미를 지닌 번역이 있고 이는 1")처럼 정리될 수 있다.

1") i) A: (∀x)Lx
O의 부정: ~(∃x)~Lx
ii) E: (∀x)~Lx
I의 부정: ~(∃x)Lx
iii) I: (∃x)Lx
E의 부정: ~(∀x)~Lx
iv) O; (∃x)~Lx
A의 부정: ~(∀x)Lx

1")에서 4개의 쌍을 구성하고 있는 두 개의 식들은 동일한 의미를 지닌 동일한 번역이다. 1")에 정리된 내용은 하나의 법칙으로 정리될 수 있다.

3.J) QN(양화사 부정의 법칙(Quantifier Negation): 부정 기호(~)가 양화사를 넘어가면 양화사가 바뀌어야(존재양화사에서 보편양화사로, 보편양화사에서 존재양화사로)한다.

ⅰ) ~~(∀x)□ : : ~(∃x)~□

ⅱ) (∀x)~□ : : ~(∃x)□

ⅲ) ~~(∃x)□ : : ~(∀x)~□

ⅳ) (∃x)~□ : : ~(∀x)□

(여기서 □는 x가 속박되지 않은 PL의 식이다.)

3.J)에 따르면 부정 기호가 양화사를 앞이나 뒤로 넘어가면 양화사의 종류가 바뀌어야 한다. 한 예로 PL의 한 식'~(∃x)~(Px&Qx)'에서 제일 앞의 부정 기호가 양화사를 넘어가면 양화사의 종류가 '(∃x)'로부터 '(∀x)'로 바뀌어야 한다. 따라서 3.J)에 따라 '~(∃x)~(Px&Qx)'는 '(∀x)~~(Px&Qx)'와 동일한 번역이고 따라서 '(∀x)(Px&Qx)'와 동일한 의미의 번역이다.

QN을 사용해서 3.I)의 ⅰ)에 열거된 번역을 살펴보겠다. '(∀x)(Sx→Px)'는 이중 부정인'~~(∀x)(Sx→Px)'와 동일한 의미이다. 따라서 두 번째 부정기호가 양화사 (∀x)를 건너가면 QN에 따라 '~(∃x)~(Sx→Px)'는 '(∀x)(Sx→Px)'와 동일한 의미의 번역이다. 쉽게 증명될 수 있듯이 '~(□→△)'와 '□&~△'는 동치이다. 따라서 '~(∃x)(Sx&~Px)'는 '~(∃x)~(Sx→Px)'와 동일한 의미의 번역이고 결국 '(∀x)(Sx→Px)'와 '~(∃x)(Sx&~Px)'는 동일한 번역이라 할 수 있다.

3.9) 한정지시구는 술어논리에서 어떻게 다루어질 수 있는가?

2.B)에 따르면 하나의 대상을 지시하는 언어적 표현들은 고유명사와 한정지시구로 구분될 수 있다. 또한 2장에서는 한정지시구도 고유명사와 마찬가지로 개체상수로 번역되었다. 그러나 러셀과 같은 일부의 철

학자들은 한정지시구를 개체상수로 번역하는 것은 논리적 문제점을 야기한다고 보고 한정지시구를 일종의 존재양화명제로 번역하는 방식을 개발하였다. 여기서는 러셀에 의해 개발된 한정지시구를 번역하는 방식에 대해 간단히 살펴보겠다.

m) 힐러리의 남편은 남자이다.

m)에서 주어인 '힐러리의 남편'은 하나의 구체적인 대상을 지시하는 한정지시구이다. 러셀이 개발한 한정기술이론(Theory of Definite Description)에 따르면 '힐러리의 남편'은 m')의 두 가지 표현이 요약된 것이다.

m') i) 힐러리의 남편이 있다.
ii) 오직 그 대상만이 힐러리의 남편이다.

m')의 i)은 '적어도 하나의 대상 x에 대해서, x는 힐러리의 남편이다'라는 의미의 존재표현이고, m')의 ii)는 '힐러리의 남편은 오직 하나만이 있다'는 유일성을 나타내는 표현이다. 따라서 유일성을 나타낼 경우 m')의 ii)는 '모든 대상 y에 대해서, 만약 y가 힐러리의 남편이면 y는 (m')의 i)의) x와 동일하다'는 의미라 할 수 있다.

따라서 '~는 …의 남편이다'를 H로, '~와 …는 동일하다'를 I로, '힐러리'를 a로 번역할 경우, m')은 m")처럼 PL에서 번역될 수 있다.

m") i) 적어도 하나의 대상 x에 대해서, x는 힐러리의 남편이다.
(∃x)Hxa
ii) 모든 대상 y에 대해서, 만약 y가 힐러리의 남편이면 y는 x와 동일하다.
(∀y)(Hya→Iyx) 혹은 (∀y)(Hya→y=x)

m")의 i)는 '힐러리의 남편이 존재한다'는 표현에 대한 PL에서의 번역이고 m")의 ii)는 '오직 m")의 i)에서의, 그 대상만이 힐러리의 남편

이다'라는 표현의 PL에서의 번역이다. 러셀의 한정기술이론에 따르면 '힐러리의 남편'이라는 한정지시구는 m'')의 ⅰ)과 ⅱ)의 연언인 m''')처럼 번역된다.

m''') $(\exists x)(Hxa\&(\forall y)(Hya\rightarrow y=x))$

m''')은 존재양화문장이다. 따라서 한정기술이론에 따르면 m의 주어인 '힐러리의 남편'의 경우처럼 모든 한정지시구는 존재양화문장으로 번역된다. 따라서 '~는 남자이다'를 'M'으로 나타내면 m)는 PL에서 m*)로 번역될 수 있다.

m*) $(\exists x)((Hxa\&(\forall y)(Hya\rightarrow y=x))\&Mx)$

m''')은 힐러리의 남편이라는 자격을 갖춘 오직 한 대상이 존재할 경우에만 참이다. 따라서 힐러리의 남편이라는 자격을 갖춘 대상이 없을 경우 m''')은 거짓이고 m)의 번역인 m*)도 거짓이다. 결국 러셀의 한정기술이론에 따르면 주어인 한정지시구의 지시체가 결여된 문장인 '현재의 프랑스의 왕은 대머리이다'는 n)처럼 번역되고 거짓의 문장이다.

n) $(\exists x)((Kx\&(\forall y)(Ky\rightarrow y=x))\&Dx)$

(여기서 'D'는 '~는 대머리이다'를 'K'는 '~는 현재의 프랑스의 왕이다'를 나타낸다.)

n)은 실제로 거짓이다. 현재 프랑스에는 왕이 없으므로 x에 대체되어서 n)이 참이 될 대상이 없기 때문이다.

3.10) 수와 양을 나타내는 표현들은 PL에서 어떻게 번역되는가?

1장에서 명제논리에 대비되는 술어논리의 장점 중의 하나는 수와 양을 표현할 수 있다는 데 있다고 주장하였다. 여기서는 수와 양을 나타내는 문장들이 PL에서 어떻게 번역될 수 있는가를 살펴보겠다.

ㅇ) ⅰ) 이 바구니 속에 적어도 한 개의 사과가 있다.
ⅱ) 이 바구니 속에 적어도 두 개의 사과가 있다.

ㅇ)의 ⅰ)은 PL에서 쉽게 번역될 수 있다. ㅇ)의 ⅰ)은 '적어도 하나의 사과가 이 바구니에 있다'는 의미이다. ㅇ)의 ⅰ)은 ㅇ)의 ⅰ')처럼 재해석될 수 있다.

ㅇ) ⅰ') 적어도 하나의 대상 x 에 대해서, x는 사과이고 x는 이 바구니에 있다.

따라서 '~는 사과이다'를 'A'로 '~는 …속에 있다'를 'G'로 나타내고 이 바구니를 개체상수 a를 사용해 나타내면, ㅇ)의 ⅰ)은 PL에서 ㅇ)의 ⅰ*)로 번역된다.

ㅇ) ⅰ*) (∃x)(Ax&Gxa)

ㅇ)의 ⅱ)의 경우는 ㅇ)의 ⅰ)의 경우처럼 간단하지 않다. ㅇ)의 ⅱ)는 '적어도 두 개의 사과가 이 바구니에 있다'는 의미이다. 따라서 하나의 변수를 사용해서는 적어도 두 개의 사과가 이 바구니에 있다는 것을 표현할 수 없다. 두 개의 변수 x와 y를 사용할 경우 ㅇ)의 ⅱ)는 ㅇ)의 ⅱ")으로 PL에서 표현된다.

ㅇ) ⅱ") (∃x)(∃y)((Ax&Gxa)&(Ay&Gya))

ㅇ)의 ⅱ")은 ㅇ)의 ⅱ)에 대한 정확한 번역이라 할 수 없다. 변수 x와 y에는 하나의 대상을 나타내는 어떠한 표현도 대입될 수 있으므로 오직 하나의 사과가 이 바구니에 있을 경우에도 ㅇ)의 ⅱ")는 참일 것이기 때문이다. 따라서 ㅇ)의 ⅱ)의 의미를 정확하게 나타내기 위해서는 ㅇ)의 ⅱ")에 x와 y는 서로 다른 대상들이라는 표현이 추가되어야 한다. 'x와 y가 서로 다르다'는 'x와 y는 동일하지 않다'와 동일한 의미이다. 따라

서 o)의 ii")은 o)의 ii''')로 재해석되어야 하고, 이는 o)의 ii*)로 PL에서 표현된다.

o) ii''') 적어도 하나의 대상 x와 적어도 하나의 대상 y에 대해서, x는 사과이고 x는 이 바구니 속에 있고 y는 사과이고 y는 이 바구니 속에 있고 x와 y는 동일하지 않다.

o) ii*) (∃x)(∃y)(((Ax&Gxa)&(Ay&Gya))&x≠y)

앞에서 설명된 방식을 적용하면 일정한 수를 나타내는 어떠한 o)형식의 문장들도 쉽게 PL에서 번역될 수 있다. 한 예로 '이 바구니 속에 적어도 세 개의 사과가 있다'는 문장은 p)처럼 PL에서 번역된다.

p) 적어도 하나의 대상 x와 적어도 하나의 대상 y와 적어도 하나의 대상 z에 대해서, x는 사과이고 x는 이 바구니에 있고 y 는 사과이고 y는 이 바구니에 있고 z는 사과이고 z는 이 바구니에 있고 x와 y와 z는 동일하지 않다.

(∃x)(∃y)(∀z)((((Ax&Gxa)&(Ay&Gya))&(Az&Gza))&((x≠y&y≠z)&x≠z))

정확한 수의 양을 나타내는 문장들도 PL로 표현될 수 있다.

q) 1) 정확하게 하나의 사과가 이 바구니에 있다.
2) 정확하게 두 개의 사과가 이 바구니에 있다.

우선 q)의 1)은 PL에서 쉽게 번역된다. q)의 1)은 '정확하게 한 개의 사과만이 이 바구니에 있다'는 의미이고, 이는 '적어도 하나의 사과가 이 바구니에 있다'와 '그 사과가 이 바구니에 있는 유일한 사과이다'의 두개의 표현이 요약된 것이라 할 수 있다. 따라서 3.8)에서 설명된 유일성을 표현하는 방식과 3.10)의 앞에서 설명된 방식에 따르면 q)의 1)은 q)의 1')의 두 식이 요약된 것이라 할 수 있다.

q) 1') ① 적어도 하나의 대상 x에 대해서, x 는 사과이고 이 바구니에 있다.

$(\exists x)(Ax\&Gxa)$

② **모든 대상 y에 대해서, y가 사과이고 이 바구니에 있으면 y는 x와 동일하다.**

$(\forall y)((Ay\&Gya)\rightarrow y=x)$

q)의 1)은 q)의 1')의 ①과 ②의 두 식이 결합된 것이다. 따라서 q)의 1)은 q)의 1*)로 PL에서 번역될 수 있다.

q) 1*) **적어도 하나의 대상 x에 대해서, x는 사과이고 이 바구니에 있고, 모든 대상 y에 대해서, 만약 y가 사과이고 이 바구니에 있으면 x와 y는 동일하다.**

$(\exists x)((Ax\&Gxa)\&(\forall y)((Ay\&Gya)\rightarrow y=x))$

q)의 2)도 q)의 1)의 경우와 유사한 방식으로 PL에서 번역된다. q)의 2)는 '적어도 두 개의 사과가 이 바구니에 있다'와 '그 두 사과만이 이 바구니에 있는 사과들이다'는 두 표현이 요약된 것이다. 따라서 q)의 2)는 q)의 2')처럼 재해석될 수 있다.

q) 2') ① **적어도 하나의 대상 x와 적어도 하나의 대상 y에 대해서, x는 사과이고 x는 이 바구니에 있고 y는 사과이고 y는 이 바구니에 있고 x와 y는 동일하지 않다.**

$(\exists x)(\forall y)(((Ax\&Gxa)\&(Ay\&Gya))\&x\neq y)$

② **모든 대상 w 에 대해서, w가 사과이고 w가 이 바구니에 있으면 w는x와 동일하거나w는 y와 동일하다.**

$(\forall w)((Aw\&Gwa)\rightarrow(w=x\vee w=y))$

q)의 2')의 ②는 '사과이고 이 바구니에 있다'는 것을 만족시키는 모든 대상은 x이거나 y이어야 한다는 것을 보증해 주고 있고, 따라서 이 바구니에 있는 사과가 두 개 이상일 수 없다는 것을 나타내는 식이다. 따라서 q)의 2)에 대한 PL에서의 번역은 q)의 2')의 두 식의 결합인 q)

의 2*)이다.

q) 2*) **적어도 하나의 대상 x와 적어도 하나의 대상 y에 대해서, x는 사과이고 이 바구니에 있고 y는 사과이고 이 바구니에 있고 x와 y는 동일하지 않고, 모든 대상 w에 대해서, 만약 w가 사과이고 이 바구니에 있으면 w는 x와 동일하거나 w는 y와 동일하다.**
$(\exists x)(\exists y)((((Ax\&Gxa)\&(Ay\&Gya))\&x\neq y)\&(\forall w)((Aw\&Gwa)\rightarrow(w=x \vee w=y)))$

3.11) 복잡한 문장들은 PL에서 어떻게 번역되는가?

PL로의 번역을 위해 필요한 기본적인 내용은 이미 앞에서 설명되었다. 복잡한 문장의 PL에서의 번역은 앞에서 기술된 기본적인 번역 방식들을 체계적으로 적용하여 수행된다. 여기서는 비교적 복잡한 문장인 r과 s에 대한 PL에서의 번역을 살펴보겠다.

r) **길동이는 길순이를 사랑하지만 길동이는 모든 여자를 사랑하는 것이 아니고, 길동이가 사랑하는 어떤 여자는 길동이를 사랑하지 않는다.**
s) **자신의 처를 제외한 모든 여자를 사랑하는 철학자는 자신을 사랑하지 않는다.**

r)이나 s)와 같은 복잡한 문장을 PL로 번역할 때 가장 먼저 살펴야 할 것은 문장의 주 논리작용자를 찾아내는 것이다. r)의 경우 주 논리작용자는 '&' 이고 '&'에 의하여 '길동이는 길순이를 사랑하지만 길동이는 모든 여자를 사랑하는 것이 아니다'와 '길동이가 사랑하는 어떤 여자는 길동이를 사랑하지 않는다'의 두 문장이 연결되고 있다. 따라서 두 문장을 PL의 식으로 나타내고 이를 &로 연결한 것이 r)에 대한 PL 에서의 번역이다. 즉, r)에 대한 PL에서의 번역은 r1)의 구조를 취하고 있는 연언식이다.

r1) ① **(길동이는 길순이를 사랑하지만 길동이는 모든 여자를 사랑하는 것이**

아니다)&② (길동이가 사랑하는 어떤 여자는 길동이를 사랑하지 않는다)

r1)의 첫 번째 연언인 ①도 연언식이다. 따라서 '길동이'를 a 로 '길순이'를 b로 '~는 …를 사랑한다'를 'L'로 나타내면, ①의 첫 번째 연언에 대한 번역은 'Lab'이다. 반면에 ①의 두 번째 연언인 '길동이는 모든 여자를 사랑하는 것이 아니다'는 부정식이고 그 주 논리작용자는 '~'이다. 따라서 ①의 두 번째 연언은 '~□'의 구조의 식이고, □에 해당하는 '길동이는 모든 여자를 사랑한다'는 A에 속하는 정언명제이다. '길동이는 모든 여자를 사랑한다'는 '모든 대상 x에 대해서, 만약 x가 여자이면 길동이는 x를 사랑한다'로 재해석될 수 있고 '~는 여자이다'를 'W'로 나타내면 '(∀x)(Wx→Lax)'로 번역된다. 따라서 ①의 두 번째 연언은 '~(∀x)(Wx→Lax)'로 PL에서 번역된다. 결국 r1)의 ①은 ①의 첫 번째 연언인 'Lab'와 ①의 두 번째 연언인 '~(∀x)(Wx→Lax)'를 '&'로 연결한 연언식인 'Lab&~(∀x)(Wx→Lax)'로 PL에서 번역된다. 반면에 r1)의 두 번째 연언인 ②은 O에 속하는 정언명제이다. ②는 '적어도 하나의 대상 x에 대해서, x는 여자이고 길동이는 x를 사랑하고, x는 길동이를 사랑하지 않는다'로 재해석될 수 있고, 따라서 ②의 PL에서의 번역은 '(∃x)((Wx&Lax)&~Lxa)'이다. 결국 r1)의 PL에서의 번역은 ①의 번역과 ②의 번역을 '&'로 연결한 r*)이다.

r*) (Lab&~(∀x)(Wx→Lax))&(∃x)((Wx&Lax)&~Lxa)

s)는 복잡한 형태를 취하고 있지만 E에 속하는 보편양화식이다. s)에서 '자신의 처를 제외한 모든 여자를 사랑하는'은 철학자를 수식하고 있다. 따라서 s)는 s1)으로 재해석될 수 있다.

s1) 모든 대상 x에 대해서, x가 철학자이고 x가 자신의 처를 제외한 모든 여자를 사랑한다면 x는 자신을 사랑하지 않는다.

'~는 철학자이다'를 'p'로 '~는 …를 사랑한다'를 'L'로 나타내면, 부분적으로 s1)은 s2)로 번역될 수 있다.

s2) (∀x)((px&□)→~Lxx)

s2)에서 'x는 자신을 사랑한다'는 'x는 x 자신을 사랑한다'는 것으로 재해석될 수 있으므로 'Lxx'로 번역되었다. 이제 s)를 PL로 번역하기 위해서 필요한 것은 □에 해당하는 'x는 자신의 처를 제외한 모든 여자를 사랑한다'에 대한 번역이다. □에 해당하는 부분은 s3)로 재해석될 수 있다.

s3) 모든 대상 y에 대해서, y가 여자이고 y가 x의 처가 아니면 x는 y를 사랑한다.

'~는 ...의 처이다'를 'F'로 '~는 여자이다'를 'W'로 나타내면 s4)는 s3)에 대한 PL에서의 번역이다.

s4) (∀y)((Wy&~Fyx)→Lxy)

따라서 s)에 대한 PL에서의 번역은 s4)를 s2)의 □에 대체한 s*)이다.

s*) (∀x)((Px&(∀y)((Wy&~Fyx)→Lxy))→~Lxx)

r)과 s)에 대한 PL에서의 번역을 살펴볼 때 복잡한 문장에 대한 PL에서의 번역시 참고해야 할 사항은 3.K)처럼 정리될 수 있다.

3.K) 복잡한 문장을 PL로 번역할 경우 참고할 사항

i) 문장의 주 논리작용자가 무엇인지를 찾아내라.

ii) 주 논리작용자가 진리함수적 연결사일 경우 그 진리함수적 연결사로 연결된 각각의 문장을 PL로 번역하고 번역된 문장들을 그 진리함수적 연결사로 연결하라.

iii) 주 논리작용자가 양화사일 경우 그 문장이 A, E, I, O 중 어느 형태에

속하는 정언명제인지를 밝히고 그에 상응하게 그 문장을 PL로 번역하라.

iv) 한 문장이 양화사를 포함하고 있는 양화문장일 경우 전체 양화문장의 기본 골격만을 우선 PL로 번역하고 부속 양화문장은 따로 번역하여 전체 양화식의 적절한 부분에 연결하라.

3장과 관계된 문제들

1) 아래의 문장들을 PL로 번역하라.

① 서울에 살고 있는 길동이는 영희를 사랑하지만 자기 자신을 사랑하지 않는다.

② 길동이는 영희만을 사랑한다.

③ 길동이는 적어도 두 여자를 사랑한다.

④ 길동이는 정확히 두 여자를 사랑한다.

⑤ 길동이는 영희 외에 적어도 한 여자를 사랑한다.

⑥ 길동이는 영희 외에 정확하게 한 여자를 사랑한다.

⑦ 모든 철학과 학생들은 모든 죽은 철학자들을 존경하거나 어떤 살아있는 철학자를 두려워한다.

⑧ 모든 야구선수들은 모든 축구선수들을 싫어하거나 두 골프선수 펄신과 박세리를 좋아한다.

⑨ 조용필은 길동이가 좋아하는 유일한 가수이다.

⑩ 김대중 대통령의 부인은 정숙하지만 모든 대통령의 부인이 정숙한 것은 아니다.

⑪ 결혼한 모든 남자들이 모든 여자들을 사랑하는 것은 아니지만 적어도 한 여자를 사랑한다.

⑫ 모든 철학자가 논리학자는 아니지만 모든 논리학자는 철학자이고 어떤 논리학자는 현상학자이다.

⑬ 15세기에 살았던 모든 유럽 사람들은 태양이 돈다고 믿었지만 코페르니쿠스만은 지구가 돈다고 믿었다.

2) 아래에 제시된 갑순 여사가 말순 여사에게 한 말을 술어논리로 번역하라.

갑순 여사: 아니야 결혼했는데 같이 살지 않는 사람은 길동과 갑분이고 철수와 영희는 같이 살지만 결혼은 하지 않았어.

4장 PL의 의미론은 어떠한가?

4) PL의 의미론은 어떠한가?

의미론은 언어에서 사용되는 기호들과 지시대상 사이의 관계나 기호들의 의미, 그리고 문장의 진/위와 관련된 특징들을 다루는 학문이다. 따라서 PL의 의미론은 PL의 기호들의 의미나 지시대상 사이의 관계와 PL의 문장들의 의미와 진/위들을 다루는 학문이라 할 수 있다.

앞에서 보았듯이 명제논리에서 의미론에 속하는 대표적인 부분은 진리표와 진리나무이다. PL에서도 진리나무 방식이 사용될 수 있다. 그러나 진리표 방식은 PL에서는 사용될 수 없고, PL의 의미론은 대체로 해석(Interpretation)이라는 개념에 의존하고 있다.

4.1) 해석이란 무엇인가?

1부의 7장에서 보았듯이 명제논리에서는 타당성과 같은 기본적인 논리적 개념들은 원자문장들에 대한 진리치 할당을 기초로 하여 정의된다. 그러나 동일한 주장이 PL에서는 성립될 수 없다. 명제논리에서의 원자명제는 번역의 기본 단위로서 더 이상 분석될 수 없는 반면에 PL에서의 원자문장들은 개체상수와 술어기호로 구성되어 있고, 따라서 PL에서의 원자문장의 진/위는 개체상수들의 지시대상과 술어기호가 나타내는 것이 무엇인가에 따라 달라지기 때문이다. 한 예로 'Fa'라는 PL의 원자문장은 그 자체로서는 참도 거짓도 아니다. 그러나 'a'에 일정한 대상을 할당하고 'F'를 일정한 속성을 나타내는 것으로 해석할 경우 'Fa'는 참이나 거짓으로 판명된다. 만약 a는 '이주일씨'를 F는 '~는 개이다'를 나타내는 것으로 해석하면 'Fa'는 거짓인 반면, a를 '이주일씨'로 F를 '~는 사람이다'로 해석하면 'Fa'는 참이 된다. 이처럼 개체상수에 일정한 지시대상을 할당하고 술어기호가 나타내는 것을 규정하고, 개체상수들의 지시대상이 될 수 있고 개체변수의 값어치가 될 수 있는 대상들의 집합을 규정해 주는 것을 해석이라 한다.

일정한 해석이 주어지면 그 해석에 따라 PL의 문장들의 진/위가 판명된다. 따라서 PL에서 기본적인 논리적 개념들은 해석을 기초로 하여 정의된다고 할 수 있다. PL에서의 해석은 4.A)처럼 정의될 수 있다.

4.A) I(해석: Interpretation)는 아래의 4가지로 구성된다.

1) D(논의의 영역: Domain)의 설정(논의되고 있는 대상들의 집합으로 최소한 하나의 원소를 가진 집합으로 설정).

2) 문장기호들에 대한 진리치 할당.

3) 각각의 개체상수에 대해 D의 원소로서 하나의 대상을 할당.

4) 술어기호들에 대한 규정.

4.2) D(논의의 영역: Domain)란 무엇인가?

개체상수들의 지시대상이나 변수들의 값이 될 수 있는 대상들의 집합으로서 공집합이 아닌 모든 집합은 D가 될 수 있다. 단, 개체상수들에 대한 대상들의 할당이나 술어기호들에 대한 규정은 D의 설정에 밀접하게 관련되어 있으므로 이를 고려하여 D가 설정되어야 한다. 만약 D가 두 개의 대상을 가진 집합으로 설정되었다면 각각의 개체상수에 대한 지시대상은 D의 두 원소 중 하나로 국한되어야 한다. 또한 D의 설정은 양화문장의 의미와 밀접한 관련이 있다.

a) D_1 = {x: x는 우주 속의 대상}
D_2 = {x: x는 사람}

우주 속의 모든 대상들을 원소로 하는 D_1으로 D를 설정하면 우주 속의 모든 대상들은 개체변수의 값이 될 수 있다. 따라서 논의의 영역을 D_1으로 설정했을 경우 아래의 b)는 b')처럼 번역되어야 한다.

b) 모든 사람은 동물이다.
b') (D_1 속의) 모든 대상 x에 대해서, 만약 x가 사람이면 x는 동물이다.
$(\forall x)(Px \rightarrow Mx)$
(여기서 P는 '사람이다'를, M은 '동물이다'를 나타낸다.)

그러나 만약 D_2로 논의의 영역을 설정했을 경우 c)도 b)에 대한 적절한 번역이다.

c) (D_2 속의) 모든 대상 x에 대해서, x는 동물이다.
$(\forall x)Mx$

D_2로 설정되었을 경우 c)는 b)에 대한 적절한 번역이다. 논의의 영역이 사람들로 한정되었으므로 c)에서의 '(D_2 속의) 모든 대상 x에 대해서'는 '모든 사람 x에 대해서'를 의미하기 때문이다. D를 어떻게 설정하느냐에 따라 양화문장의 의미가 달라지므로 동일한 양화문장의 진/위는 D의 성격에 따라 달라질 수 있다. 한 예로 'G'가 '~는 유기체이다'를 나타낼 경우 '$(\forall x)Gx$'는 논의 영역이 D_1일 경우는 거짓이지만 논의 영역이 D_2일 경우에는 참이다. '$(\forall x)Gx$'는 '모든 사람은 유기체이다'를

나타내기 때문이다.

4.3) 문장기호들과 개체상수에 대한 해석은?

PL에서 문장기호들은 PL로의 번역이 적절하지 않은 원자명제들을 번역하기 위해 사용된다. 따라서 명제논리에서와 마찬가지로 문장기호들에는 진리치를 할당해야 한다. 한 예로 '선은 아름답다'를 문장기호 'A'로 번역했을 경우, 'A'에 대한 한 가지 해석은 A를 참으로 규정하는 것이고 다른 해석은 A를 거짓으로 규정하는 것이다.

개체상수는 하나의 구체적 대상을 지시하는 역할을 한다. 따라서 개체상수에 대한 해석은 개체상수의 지시대상을 할당해 주는 것이다. 단, 개체상수들에 할당될 수 있는 대상들은 설정된 D에 속한 원소들로 국한되어야 한다. 한 예로 논의 영역을 D_2로 설정했을 경우, 임의의 개체상수 a에 할당될 수 있는 것들은 사람들에 국한되어야 한다.

4.4) 술어기호들에 대한 해석은?

술어기호들은 대상들의 속성이나 대상들 사이의 관계를 나타낸다. 따라서 술어기호들에 대한 해석은 각 술어기호들이 일정한 속성이나 관계를 나타내는 것으로 설정함에 의해 이루어진다. 'P~'와 같은 1자리 술어기호에는 일정한 속성을, 두 자리 이상의 술어기호에는 대상들 사이에 성립하는 일정한 관계를 규정해 줌에 의해 술어기호들에 대한 해석이 이루어진다. 앞에서 살펴보았듯이 속성이나 관계들은 집합으로 나타낼 수 있다. 따라서 술어기호들에 대한 해석은 각 술어기호들에 D에 속한 대상들로 구성된 집합을 할당하는 것이라고 할 수 있다. 한 예로 'P'를 '~는 사람이다'를 나타내는 것으로 규정하고 논의 영역을 D_1으로 설정하면 'P'는 사람으로 구성된 집합({홍길동, 김영삼, … })을 나타낸다고 할 수 있고, ‘L~ …’를 ‘~는 …를 사랑한다’를 나타내는 것으로 규정하면 ‘L’은 사랑하는 대상들의 순서쌍으로 구성된 집합({<이몽룡, 성춘향>, <로미오, 줄리엣>, … })을 나타낸다고 할 수 있다.

4.5) 일정한 I(해석: Interpretation)이 설정되었을 경우 PL의 문장의 진리치는 어떻게 결정되는가?

4.4)까지의 논의를 통해 I를 설정하는 방식에 대해 살펴보았다. 이제 구체적인 예를 통해 PL의 문장들에 대한 I를 설정해 보겠다.

d) $(A \lor (\forall x)(Px \to Lxa)) \& (Pb \& \sim Lba)$

d)는 주 논리작용자가 ‘&’인 PL의 문장이다. 4.A)에 따르면 I는 D의 설정, 문장기호들에 대한 진리치 할당, 개체상수에 대한 지시대상 할당, 술어기호들의 규정으로 구성된다. 따라서 d')은 d)에 대한 하나의 I(해석)이다.

d') I

1) D={x: x는 사람이다}
2) A: T
3) a: 마이클 조던
   b: 김대중
4) P: ~는 한국의 대통령이다.
   L: ~는 …보다 키가 크다.

d')은 4.A)의 I(해석)이기 위한 구성 요건들을 만족시키고 있다. D는 사람들로 구성된 집합이고 문장기호 A에는 진리치 T가 할당되었다. 또한 개체상수 a와 b에는 D의 원소들이 지시대상으로 할당되었고, 술어기호 P와 L은 각기 하나의 속성과 하나의 관계를 나타내는 것으로 규정되었다. d')에 제시된 I에 따르면 d)는 참인 문장이다. A가 T이므로

d)의 앞쪽 연언은 T이고, 김대중은 한국의 대통령이고(Pb) 김대중은 마이클 조던보다 키가 크지 않으므로(~Lba), d)의 뒤쪽 연언도 T이기 때문이다. 한편 I를 d')과 다르게 규정할 경우 d)가 거짓인 I도 찾아낼 수 있다.

d") I

1) D={x: x는 자연수이다}

2) A: F

3) a: 5

   b: 3

4) P: ~는 홀수이다.

   L: ~는 …보다 크다.

쉽게 알 수 있듯이 d")에 제시된 I에 따르면 d)의 첫 번째 연언에서 A는 거짓이고 '(∀x)(Px→Lxa)'도 거짓이다. '(∀x)(Px→Lxa)'는 '모든 홀수는 5보다 크다'라는 의미의 표현인데 1, 3, 5는 5보다 크지 않기 때문이다. 반면에 두 번째 연언인 '(Pb&~Lba)'는 참이다. 3은 홀수이고 3은 5보다 크지 않기 때문이다. 그러나 d)의 첫 번째 연언이 거짓이므로 d)는 거짓의 문장이다.

4.6) 연역논리의 6가지 기본 개념들은 I(해석)를 사용하여 어떻게 정의되는가?

1부의 4장에서 연역논리의 기본적인 6가지 개념들은 '가능성'이라는 개념에 의거해서 정의되었다. 한 예로 '논리적 진실의 명제는 거짓일 가능성이 없는 명제이다'라고 정의되었다. 연역논리의 6가지 기본 개념들에 대한 이러한 정의는 PL에서는 '해석'이라는 개념에 의존하여 설명될 수 있다. PL의 한 문장 □가 참인 I(해석)이 있다면, 그 I에 따르면 □는 참이고 □는 참일 가능성이 있기 때문이다. 따라서 연역논리의 기본적인 6가지 개념들은 I(해석)를 사용하여 4.B)처럼 정의될 수 있다.

4.B) ① 논리적(양화적 Quantificational) 진실: PL의 한 문장 □가 F인 I가 성립하지 않으면 □는 논리적 진실이다.

② 논리적(양화적) 거짓: PL의 한 문장 □가 T인 I가 성립하지 않으면 □는 논리적 거짓이다.

③ 우연명제: PL의 한 문장 □가 T인 I도 F인 I도 성립하면 □는 우연명제이다.

④ 논리적(양화적) 일관성: PL의 문장들로 구성된 하나의 집합 A를 구성하고 있는 모든 문장들이 동시에 T인 I가 성립하면 A는 논리적 일관성이 있는 집합이다.

⑤ 논리적(양화적) 동치: PL의 문장 □와 △가 서로 다른 진리치를 가지는 I가 성립하지 않으면 □와 △는 논리적 동치이다.

⑥ 타당성: 한 논증의 전제들이 모두 T이고 결론이 F인 I가 성립하지 않으면 그 논증은 타당하다.

4.B)에 따르면 d)는 우연명제이다. d)가 T인 I인 d')과 d)가 F인 I인 d")이 모두 성립하기 때문이다. 4.B)에 따라 기본 개념들을 검증하는 방법을 구체적인 예를 통해 살펴보겠다.

e) ① $(\forall x)(Kx \rightarrow Px)$

② $Tab \& (\forall y)(Gy \rightarrow Py)$

―――――――――――――

© $(\exists x)Txa \lor (\exists x)(Kx \& Gx)$

e)는 두 전제들과 결론으로 이루어진 PL의 논증이다. 4.B)에 따라 전제인 ①과 ②가 모두 T이고 결론인 ©가 F인 I가 성립하면 e)는 타당하지 않고, 그러한 I가 성립하지 않으면 e)는 타당하다. 아래의 e')은 e)에 대한 하나의 I이다.

e') I

1) D={x: x는 자연수이다}

2) a: 1

b: 5

3) K: ~는 홀수이다.

G: ~는 짝수이다.

T: ~는 …보다 작다.

P: ~는 자연수이다.

e')에 따르면 '(∀x)(Kx→Px)'는 '모든 홀수는 자연수이다'라는 의미의 문장이고, ②의 첫 번째 연언인 'Tab'는 '1은 5보다 작다'라는 의미의 문장이고, 두 번째 연언인 '(∀y)(Gy→Py)'는 '모든 짝수는 자연수이다' 라는 의미의 문장이다. 따라서 ②는 '1은 5보다 작고 모든 짝수는 자연수이다'라는 의미의 문장이다. 반면에 결론인 ⓒ의 첫 번째 선언인 '(∃x)Txa'는 '적어도 하나의 자연수는 1보다 작다'라는 의미이고, 두 번째 선언인 '(∃x)(Kx&Gx)'는 '적어도 하나의 자연수는 홀수이고 동시에 짝수이다'라는 의미이다. 따라서 ⓒ는 '적어도 하나의 자연수는 1보다 작거나 적어도 하나의 자연수는 홀수이며 동시에 짝수이다'라는 의미의 문장이다. e')에 따르면 ①과 ②는 참이다. D의 원소인 모든 홀수와 짝수는 자연수이고 1은 5보다 작기 때문이다. 반면에 e')에 따르면 ⓒ는 거짓이다. 1보다 작은 자연수는 없고 하나의 자연수가 짝수이면서 홀수일 수는 없기 때문이다. e')은 ①과 ②가 참이고 ⓒ가 거짓인 I이고 e')에 제시된 I에 따르면 e)의 전제들은 모두 T이고 결론은 F이다. 따라서 전제들이 T이고 결론이 F인 I가 성립하므로 4.B)에 따라 e)는 타당하지 않은 논증이다.

4.4)에서 술어기호들을 집합으로 나타낼 수 있다는 것을 보았다. 술어기호들을 집합으로 나타내면 e)가 타당하지 않다는 것을 보이는 I를

쉽게 찾아낼 수 있다.

e") I

1) D={길동, 영자}

2) a: 길동

b: 영자

3) K={길동}

G={영자}

T={<길동, 영자>}

P={길동, 영자}

논의영역인 D는 남자인 길동과 여자인 영자로 구성된 집합이고 'K'는 '~는 남자이다'를, 'G'는 '~는 여자이다'를, 'T'는 '~는 …를 사랑한다'를, 'P' 는 '~는 사람이다'를 의미하는 것으로 규정하고, 길동이가 영자를 사랑하는 것으로 상정하면, e")과 같은 I가 성립한다. e")에 제시된 I에 따르면 e)의 ①과 ②는 T이고 ⓒ는 F이다. K의 원소인 '길동'과 G의 원소인 '영자'는 P의 원소들이고 사랑의 관계를 나타내는 T에는 순서쌍인 <길동, 영자>만이 있기 때문에 Tab는 T이지만 D의 원소들 중 어느 것도 길동에 대해 사랑의 관계가 성립하지 않기 때문이다.

4.7) 진리함수적 확장(Truth-functional Expansion)이란 무엇인가?

진리함수적 확장이란 유한수의 대상으로 구성된 집합으로 D(논의영역)를 설정할 경우 모든 양화기호가 포함된 PL의 문장들을 양화기호들이 배제된 PL의 문장으로 대체하여 PL의 문장들을 진리함수적으로 취급할 수 있게 하는 방식이다. 구체적인 예를 통해 진리함수적 확장에 대해 살펴보겠다.

f) 1) $(\forall x)Px$

2) $(\exists x)Px$

f)에 열거된 PL의 문장들을 진리함수적으로 확장하기 위해 편의상 D를 두 개의 대상으로 구성된 것으로 설정하겠다. D의 두 원소를 각기 a와 b로 칭하면 f)의 두 문장은 f')처럼 독해될 수 있다.

f') 1) D 속의 모든 원소 x에 대해서, x는 P이다.
2) D 속의 원소 중 적어도 하나의 원소 x에 대해서, x는 P이다.

D의 원소들은 a와 b뿐이므로 f')은 f")과 같은 의미이다.

f") 1) a는 P이고 b도 P이다.
2) a는 P이거나 b가 P이다.

f")에 대한 술어논리에서의 번역은 f*)이다.

f*) 1) Pa&Pb
2) Pa∨Pb

f*)에는 f)에 나타난 양화기호가 제거되었지만 D가 두 개의 원소 a와 b로만 구성된 집합일 경우 f*)는 f)의 의미를 그대로 나타내고 있다. 따라서 f*)는 두 개의 원소 a와 b로 구성된 D에서의 f)에 대한 진리함수적 확장이다. 앞에서 살펴본 진리함수적 확장은 4.C)처럼 정리될 수 있다.

4.C) PL의 문장에 대한 진리함수적 확장 방식
1) 유한수의 대상으로 구성된 집합으로 D를 설정.
2) D의 원소들을 지시하는 개체상수를 차례로 변수에 대체할 것.
3) 2)를 통하여 얻어진 식을 양화사의 종류에 따라 '&'나 '∨'로 연결할 것.
i) ∀(보편양화기호)가 사용되었을 경우 '&'로 연결.
ii) ∃(존재양화기호)가 사용되었을 경우 '∨'로 연결.

4.C)를 이용하여 다소 복잡한 PL의 문장에 대한 진리함수적 확장에

대해 살펴보겠다.

g) (∀x)(Px→(∃y)(Qx&Lxy))

g)의 진리함수적 확장을 위해 f)의 경우와 같이 a와 b의 두 개의 대상으로 구성된 D를 설정하겠다. g)의 주 논리작용자는 '(∀x)'이므로 g)는 보편양화문장이다. 따라서 변수 x에 대해서 a를 대체하면 'Pa→(∃y)(Qa&Lay)'를, 변수 x에 b를 대체하면 'Pb→(∃y)(Qb→Lby)'를 얻게 된다. g)의 주 논리작용자는 '(∀x)'이므로 이들을 &로 연결한 g')은 보편양화기호가 제거된 g)에 대한 진리함수적 확장이다.

g') (Pa→(∃y)(Qa&Lay))&(Pb→(∃y)(Qb&Lby))

g')은 g)에 대한 완전한 진리함수적 확장이 아니다. g')은 존재양화기호를 포함하고 있기 때문이다. 따라서 '(∃y)(Qa&Lay)'와 '(∃y)(Qb&Lby)'를 진리함수적으로 확장하여 진리함수적으로 확장된 문장을 이들에 대체시켜야 한다. '(∃y)(Qa&Lay)'는 존재양화명제이므로 변수 y에 대해 a와 b를 대체해 얻게 된 진리함수적 확장은 '(Qa&Laa)∨(Qa&Lab)'이고, '(∃y)(Qb&Lby)'에 대한 진리함수적 확장은 '(Qb&Lba)∨(Qb&Lbb)'이다. 두 존재양화문장에 대한 진리함수적 확장들로 g')에서의 존재양화문장들을 대체하면 g*)를 얻게 된다.

g*) (Pa→((Qa&Laa)∨(Qa&Lab)))&(Pb→((Qb&Lba)∨(Qb&Lbb)))

g*)에서는 g)가 포함하고 있는 모든 양화사가 제거되었다. 따라서 g*)는 g)에 대한 D에서의 진리함수적 확장이다.

4.8) 연역논리의 기본적 개념들은 진리함수적 확장 방식에 의해 어떻게 검증되는가?

f*)와 g*)를 통해 볼 수 있듯이 양화기호를 포함한 PL의 문장에 대한 진리함수적 확장은 원자명제들과 진리함수적 연결사들로만 구성되어 있다. 따라서 원자명제들의 진리치를 알면 전체 문장의 진리치는 진리함수적으로 계산될 수 있다. 만약 'Pa'에 진리치 T를 'Pb'에 진리치 F를 할당하면 'Pa∨Pb'는 T이고 'Pa&Pb'는 F이다. 원자명제들과 진리함수적 연결사들로만 구성되어 있다는 진리함수적으로 확장된 문장의 성격 때문에, 진리함수적으로 확장된 문장에 대해 명제논리에서의 진리표 방식과 유사한 방식이 적용될 수 있다. 1부의 7장에 소개된 약식진리표 방식에 의해 우리는 쉽게 g)는 우연명제임을 알 수 있다. g)의 진리함수적 확장인 g*)에는 8개의 원자명제가 사용되고 있다. h)에서 볼 수 있듯이 g*)가 T인 진리표 상의 줄도 g*)가 F인 진리표 상의 줄도 찾아낼 수 있다.

h)	Pa	Qa	Laa	Lab	Pb	Qb	Lba	Lbb	(Pa→((Qa&Laa)∨(Qa&Lab)))& (Pb→((Qb&Lba)∨(Qb&Lbb)))
1)	T	T	T	T	T	T	T	T	T
2)	T	F							F

1)은 g*)가 T인 줄이고 2)는 g*)가 F인 진리표 상의 줄이다. h)는 g)의 한 진리함수적 확장이 참일 수도 있고 거짓일 수도 있다는 것을 보이고 있다. 한 명제가 참일 수도 거짓일 수도 있으면 그 명제는 우연명제이므로 h)는 g)가 우연명제임을 보여주고 있다.

연역논리의 기본 개념들에 대한 진리함수적 확장에 의한 검증 방식은 4.D)처럼 정리될 수 있다.

4.D) ① 논리적 진실: PL의 한 문장 □에 대해서 진리표 상에 □가 F인 줄이 있는 □에 대한 진리함수적 확장이 성립하지 않으면 □는 논리적 진실이다.

② 논리적 거짓: PL의 한 문장 □에 대해서 진리표 상에 □가 T인 줄이 있는 □에 대한 진리함수적 확장이 성립하지 않으면 □는 논리적 거짓이다.

③ 우연명제: PL의 한 문장 □가 논리적 진실도 논리적 거짓도 아니면 □는 우연명제이다.

④ 논리적 일관성: PL의 문장들로 구성된 집합 A에 대해서 진리표 상에 A의 모든 문장들이 동시에 T인 줄이 있는 적어도 하나의 진리함수적 확장이 성립하면 A는 논리적 일관성이 있는 집합이다.

⑤ 논리적 동치: PL의 두 문장 □와 △에 대해서 진리표 상에 □와 △가 서로 다른 진리치를 가지는 줄이 있는 진리함수적 확장이 성립하지 않으면 □와 △는 논리적 동치이다.

⑥ 타당성: PL의 문장들로 구성된 논증에 대해서 진리표 상에 전제들이 모두 T이고 결론이 F인 줄이 있는 진리함수적 확장이 성립하지 않으면 그 논증은 타당한 논증이다.

4.D)에 따라 진리함수적 확장에 의해 논리적 기본 개념들을 검증하는 방법을 구체적인 예를 통해 살펴보겠다.

i) ① (∀x)(Fx→(∃y)(Fy&Lxy)) ② (∃y)(Fy→(∀x)(Fx&Lyx))

두 개의 대상으로 구성된 D를 설정하여 진리함수적 확장 방식에 의거해 i)의 두 문장이 동치인가의 여부를 살펴보겠다. D의 두 대상을 a와 b로 정할 경우 i)에 대한 진리함수적 확장은 i')이다.

i') ① (Fa→(∃y)(Fy&Lay))&(Fb→(∃y)(Fy&Lby))

(①은 i)의 ①의 개체변수 x에 a와 b를 대체한 것이다.)

①' (Fa→((Fa&Laa)∨(Fb&Lab)))&(Fb→((Fa&Lba)∨(Fb&Lbb)))

(①'은 ①의 개체변수 y에 a와 b를 대체한 것으로 ①'은 i)의 ①에 대한 진리함수적 확장이다.)

② (Fa→(∀x)(Fx&Lax))∨(Fb→(∀x)(Fx&Lbx))

(②는 i)의 ②의 개체변수 y를 a와 b로 대체한 것이다.)

②' (Fa→((Fa&Laa)&(Fb&Lab)))∨(Fb→((Fa&Lba)&(Fb&Lbb)))

(②'는 ②의 개체변수 x를 a와 b로 대체한 것으로 i)의 ②에 대한 진리함수적 확장이다.

i')의 ①'는 i)의 ①에 대한 진리함수적 확장이고 i')의 ②'는 i)의 ②에 대한 진리함수적 확장이다. i)의 두 문장에 대한 진리함수적 확장인 i')의 ①'와 ②'의 원자문장들에 대해 j)처럼 진리치를 할당하면 i')의 ①'는 F이고 i')의 ②'는 T이다.

j) Fa	Fb	Laa	Lab	Lba	Lbb	①'	②'
T	F	F	F			F	T

j)에서 본 것처럼 두 개의 대상으로 구성된 D에 따른 진리함수적 확장에서 i)의 ①의 진리함수적 확장과 i)의 ②의 진리함수적 확장이 서로 다른 진리치를 가진 줄이 있다는 것이 확인되었다. 따라서 4.D)에 따라 i)의 ①과 ②는 논리적 동치가 아니다.

4.9) I(해석)와 진리함수적 확장의 한계는 무엇인가?

앞에서 보았듯이 I와 진리함수적 확장에 의한 논리적 기본 개념들에 대한 검증 방식은 4.B)와 4.D)로 정리되었다. 4.B)와 4.D)가 논리적 기본 개념들의 검증을 위한 잘못된 설명은 아니다. 그러나 I나 진리함수적 확장에 의해 PL의 문장이나 논증들의 모든 논리적 성격이 규명될 수 있는 것은 아니다. PL의 문장들이나 이들로 구성된 논증에 대한 해석이나 진리함수적 확장은 그 수가 무한할 것이기 때문이다. 하나의 I나 진리함수적 확장을 통해 논리적 성격이 규명될 수 있는 경우에는 4.B)와 4.D)가 실제로 적용될 수 있는 반면, 논리적 성격의 규명을 위해 무한

한 수의 I(해석)나 진리함수적 확장이 요구되는 경우 I나 진리함수적 확장 방식은 실제로 적용될 수 없다. 하나의 구체적인 예를 통해 이에 대해 살펴보겠다.

k) ① (∀x)Px
② (∀y)(Py→Ky)
―――――――――――
© (∃x)(Px&Kx)

k)의 전제 ①은 ‘D 안의 모든 대상은 P이다’로, ②는 ‘D 안의 모든 P인 대상은 K 이다’로 번역되고, ©는 ‘D 안의 대상 중 적어도 하나는 P이고 K이다’로 번역된다. 쉽게 알 수 있듯이 k)는 타당한 논증이다. ①과 ②에 의해 D안의 모든 대상이 P이고 K이므로 D안의 적어도 하나의 대상은 반드시 P이고 K일 것이기 때문이다. I나 진리함수적 확장 방식에 의해 k)가 타당한 논증이라는 것은 규명될 수 없다. k)에 대한 해석과 진리함수적 확장은 그 수가 무한할 것이기 때문이다. k)가 타당한 논증이라는 것을 I나 진리함수적 확장에 의해서 보이기 위해서는 가능한 모든 해석에서 ①과 ②가 참이고 ©가 거짓이 아니라는 것을 보이거나, 가능한 모든 진리함수적 확장에 대한 진리표상에 ①과 ②가 T이고 ©가 F인 줄이 없다는 것을 보이는 작업이 수행되어야 하지만, k)에 대한 가능한 해석이나 진리함수적 확장의 수는 무한할 것이기 때문이다. 따라서 I나 진리함수적 확장에 의해서 논리적 성격이 명확하게 규정될 수 있는 범위는 유한한 수의 I나 진리함수적 확장을 통해 PL의 문장들이나 논증들의 논리적 성격이 규명될 수 있는 것에 국한되어야 한다. 결국 I나 진리함수적 확장 방식에 의해 그 논리적 성격이 명확하게 규명될 수 있는 논리적 개념들은 4.E)에 열거된 것들에 국한된다.

4.E) I나 진리함수적 확장 방식에 의해 실제로 검증될 수 있는 논리적 개념들

1) 논리적 진실이 아님

2) 논리적 거짓이 아님

3) 우연명제

4) 논리적 일관성이 있음

5) 논리적 동치가 아님

6) 타당하지 않음

PL의 문장들이나 논증들이 4.E)에 열거된 것들에 해당하는 논리적 성격을 소유하고 있다는 것은 하나의 I나 진리함수적 확장을 찾아냄에 의해 규명된다. 반면에 '논리적 진실임', '논리적 거짓임', '논리적 일관성이 없음', '논리적 동치임', '타당함'과 같은 논리적 성격들을 PL의 문장들이나 논증들이 소유하고 있느냐의 여부를 규명하기 위해서는 무한한 수의 I나 진리함수적 확장이 요구된다. 따라서 PL의 문장들이나 논증들이 이러한 논리적 성격을 가졌다는 것은 I나 진리함수적 확장에 의해 명확하게 규명될 수 없다.

4장과 관계된 문제들

1) 다음의 I에 따라 아래의 PL의 문장들의 진리치를 결정하라.

D={x: 양의 정수}

F ①: ①은 홀수이다.

G ①: ①은 짝수이다.

L ①②: ①은 ②보다 크다.

A: T

a: 1

b: 4

① Lab∨(∃x)(Fx&(Lxa&~Lxb))

② (∀x)(Fx→(A&Lxa))

③ (∀x)(Gx→(A&Lxa))

④ (∃x)((Fx&Lbx)&(∀y)((Gy&Lyb)→Lyx))

2) 아래의 PL의 문장들이 논리적 진실이 아님을 I(해석)를 찾는 방식과 진리함수적 확장 방식을 사용해 증명하라.

① (∀x)(Fx→(∀y)(Gy→Lxy))

② (~(∀x)Px∨(∀w)Fw)→~(∃z)(Pz&~Fz)

3) 아래의 PL의 문장들이 논리적 거짓이 아님을 I를 찾는 방식과 진리함수적 확장 방식을 사용하여 증명하라.

① (∀x)Lxx&(∃x)(Lxa&(∀y)(~Lya→(Fy∨Gy)))

② (∃x)((Fx&~Gx)&(∀y)((Gy&Lyx)→~Fy))

4) 아래의 PL의 문장들이 우연명제임을 I를 찾는 방식과 진리함수적 확장 방식을 사용하여 증명하라.

① (∃x)(Px→Rx)→(∀y)(Py&Ry)

② (∀x)(Px→(Qx&Gxa))&(∀y)(Qy→(∃z)(Pz&Lzy))

5) 아래의 PL의 문장들의 쌍이 동치가 아님을 I를 찾는 방식과 진리함수적 확장 방식을 사용하여 증명하라.

① (∀x)(Px→Rx), (∀x)Px→(∀x)Rx

② (∃x)(Px&Rx), (∃x)Px&(∃x)Rx

6) 아래의 집합들이 일관성이 있는가를 I를 찾는 방식과 진리함수적 확장 방식을 사용하여 증명하라.

① {(∀x)(Px→Qx), (∀y)(Ry→Qy), (∃x)(Rx&Px)&(∃x)(~Rx&~Px)}

② {(∀x)(Px→(Qx∨Rx)), (∃y)(Qy&Ry)∨(∃y)(~Qy&Ry), (∀x)((Qx&Rx)→Px)}

7) 아래의 논증들이 타당한가를 I를 찾는 방식과 진리함수적 확장 방식을 사용하여 증명하라.

① (∀x)(Px→Rx)
(∀x) Rx
―――――――
(∀x) Px

② (∃x)(Px&Rx)
(∃x)(Rx&Qx)
(∀y)(Py→Ry)
―――――――
(∀x)(Px→(Qx∨(Rx&Qx))

5장 PL의 진리나무는 무엇인가?

5) PL의 진리나무는 무엇인가?

1부 10장에서 우리는 진리나무(Truth Tree)란 논리적 일관성 개념에 의해서 SL의 문장들과 논증들의 논리적 성격을 검증하기 위해 사용하는 논리적 장치라는 것에 대해 배웠다. PL에서의 진리나무도 SL에서의 진리나무와 마찬가지로 논리적 일관성 개념에 의존하여 PL의 문장들과 논증들의 논리적 성격을 검증하는 논리적 장치이다. 따라서 1부의 10장에서 설명된 내용은 모두 PL의 진리나무에도 동일하게 적용된다. 단지 PL은 SL의 진리나무 법칙에서 열거된 문장의 형식들에 포함되지 않는 형식의 문장들을 포함하고 있으므로 이들에 대한 진리나무 법칙이 추가되어야 한다.

5.1) PL에서의 진리나무 법칙은 무엇인가?

PL의 분자식들은 주 논리작용자에 따라 다음의 5.A)처럼 분류될 수 있다.

5.A) 1) 연언식: □&△

2) 선언식: □∨△

3) 조건식: □→△

4) 쌍조건식: □↔△

5) 부정식: a) 단순부정: ~□

b) 부정식의 부정: ~~□

c) 연언식의 부정: ~(□&△)

d) 선언식의 부정: ~(□∨△)

e) 조건식의 부정: ~(□→△)

f) 쌍조건식의 부정: ~(□↔△)

g) 보편양화식의 부정: ~(∀x)□

h) 존재양화식의 부정: ~(∃x)□

6) 보편양화식: (∀x)□

7) 존재양화식: (∃x)□

5.A)에 열거된 PL의 식들의 형태 중 5)의 g)와 h) 그리고 6)과 7)을 제외하고는 모두 SL에서 나타나는 식들의 형식이다. 따라서 이들 PL의 식에 대해서는 1부의 10.F)에 정리된 SL의 진리나무법칙을 동일하게 사용할 수 있다. 반면에 5)의 g)와 h) 그리고 6)과 7)의 형태의 식들은 SL에 포함되지 않는 식들이므로 이들 각각에 대해서는 새로운 진리나무 법칙들이 필요하다. 5)의 g)인 보편양화식의 부정과 5)의 h)인 존재양화식의 부정에 대한 진리나무 법칙은 QN(양화사 부정의 법칙)을 사용하여 5.B)처럼 정리될 수 있다.

5.B) g') ~(∀x)□

(∃x)~□

h') ~(∃x)□

(∀x)~□

(여기서 □는 x가 속박되지 않은 PL의 식이다.)

5.B)는 양화식의 부정에 대한 타당한 진리나무 법칙이다. 3.J)에 따르면 ~(∀x)□와 (∃x)~□는 동일한 의미이고 ~(∃x)□는 (∀x)~□와 동일한 의미이므로, ~(∀x)□가 참이면 (∃x)~□도 참이고 ~(∃x)□가 참이면 (∀x)~□도 참일 것이기 때문이다. 따라서 진리나무를 구성하는 과정에 양화식의 부정이 나타나면 5.B)의 진리나무 법칙에 의해 주 논리작용자가 양화사인 PL의 식으로 대체시킬 수 있다. 이처럼 양화식의 부정에 대한 진리나무 법칙은 QN(양화사 부정의 법칙)에 의해 간단하게 설명될 수 있다. 그러나 6)과 7) 형태의 양화식에 대한 진리나무 법칙은 양화사의 기능에 대한 이해에 입각한 설명이 필요한 법칙들이다.

우선 존재양화식의 진리나무 법칙에 대해 설명하겠다. 존재양화식에 대한 진리나무 법칙은 5.C)로 정리된다.

5.C) 존재양화식의 진리나무 법칙

(∃x)□

□(a/x)

(*만족되어야 할 사항)

i) □(a/x)는 □에서 개체변수 x를 모두 개체상수 a로 대체하여 얻은 식이다.

ii) 변수에 대체되는 개체상수는 진리나무 구성 중 앞에서 사용되지 않은 새로운 개체상수 이어야 한다.

구체적인 예를 통해 5.C)를 설명하겠다.

a) 1) (∃x)(Px&Lxx)

2) Lab

우선 1)에 5.C)를 적용하면 a1)이 얻어진다.

a1) 1) (∃x)(Px&Lxx)

2) Lab

3) Pc&Lcc

a1)의 3)에서 1)의 개체변수들은 모두 개체상수 c로 대체되었고 c는 1)과 2)에서 사용되지 않은 개체상수이다. 따라서 a1)의 3)은 존재양화식에 대한 진리나무 법칙의 사용 시 만족되어야 할 사항들을 준수하고 있다. 3)에 c 대신 개체상수 a나 b는 사용될 수 없다. a와 b는 2)에서 사용되고 있는 개체상수이기 때문이다. 1)에 존재양화식에 대한 진리나무 법칙을 적용하여 도출된 3)에 이미 사용된 상수인 a나 b가 사용될 수 없음은 우리가 존재양화식의 의미를 반추해 보면 명확하게 드러난다. a)의 1)은 '적어도 하나의 대상은 P라는 속성과 자신에 대해 L이라는 관계를 가지고 있다'는 의미이고, a)의 1)이 보증해주는 것은 P라는 속성과 L이라는 관계를 가진 적어도 하나의 대상이 존재한다는 것에 불과하기 때문이다. 만약 개체상수 c대신에 2)에서 사용된 개체상수 a를 사용하여 3) 대신에 'Pa&Laa'를 도출했다면, 우리는 P라는 속성과 자신과 L이라는 관계를 가진 그 대상이 b와 L의 관계를 가진 대상과 동일한 대상이라는 새로운 가정을 하고 있는 셈이다. 5.C)의 조건 ii)는 이러한 가정을 피하기 위해 요구되는 조건이다.

보편양화식에 대한 진리나무 법칙은 5.D)처럼 정리될 수 있다.

5.D) 보편양화식의 진리나무 법칙

(∀x)□

□(a/x)

(*만족되어야 할 사항)

i) □(a/x)에서 개체변수 x에 대체되는 개체상수는 어느 것이어도 무방하다.

ii) 보편양화식이 나타난 가지가 완성된 가지이기 위해서는 진리나무 작

성 중 앞에서 사용된 모든 개체상수 a에 대해서 □(a/x)를 도출해야 한다.

구체적인 예를 통해 5.D)를 설명하겠다.

b) 1) (∀y)Py
2) Lab

b)의 1)의 'Py'에서 개체변수 y에 대체될 수 있는 개체상수는 5.D)의 조건 ⅰ)에 따라 어느 개체상수가 사용되어도 무방하다. 따라서 'Pa'도 'Pk'도 5.D)를 적용해 도출된 식이다. 개체상수 a를 사용하여 개체변수 y를 대체하면 b1)이 얻어진다.

b1) 1) (∀y)Py
2) Lab
3) Pa

b1)의 3)은 1)에 대해 보편양화식에 대한 진리나무 법칙을 적용하여 도출된 식이다. 그러나 b1)은 완성된 진리나무의 가지가 아니다. 2)에서 a외에도 b라는 개체상수가 사용되고 있기 때문이다. b1)의 'Py'의 변수 y에 개체상수 b를 대체하면 b2)가 얻어진다.

b2) 1) (∀y)Py
2) Lab
3) Pa
4) Pb

b2)는 5.D)의 두 조건을 모두 만족시키고 있다. 따라서 b2)는 완성된 가지이다. 보편양화식의 의미를 고려하면 5.D)의 두 조건은 타당한 조건들이다. b의 1)은 '모든 대상은 P라는 속성을 가진다'의 의미이고 개체상수는 대상을 지시하므로, 1)이 참이면 a와 b가 지시하는 대상뿐 아

니라 모든 대상이 P라는 속성을 가지고 있을 것이기 때문이다. 5.B), 5.C) 그리고 5.D)에서 정리된 진리나무의 법칙을 포함하여 PL의 진리나무의 법칙은 5.E)로 정리될 수 있다.

5.E) PL의 진리나무 법칙

1) ~~□
   □

2) □&△
   □
   △

3) □∨△
   / \
   □   △

4) □→△
   / \
   ~□   △

5) □↔△
   / \
   □   ~□
   △   ~△

6) ~(□&△)
   / \
   ~□   ~△

7) ~(□∨△)
   ~□
   ~△

8) ~(□→△)
   □
   ~△

9) ~(□↔△)
   / \
   □   ~□
   ~△   △

10) ~(∀x)□
    (∃x)~□

11) ~(∃x)□
    (∀x)~□

12) (∃x)□
    □(a/x)

   i) □(a/x)는 □에서 개체변수 x를 모두 개체상수 a로 대체해서 얻은 식이다.

   ii) 개체변수에 대체될 수 있는 개체상수는 앞에서 사용되지 않은 새로운 개체상수여야 한다.

13) (∀x)□
    □(a/x)

   i) □(a/x)에서 어떤 개체상수도 a대신 사용될 수 있다.

   ii) 완전한 가지이기 위해서는 앞에서 사용된 모든 개체상수 a에 대해서 □(a/x)를 도출해야한다.

5.2) PL에서의 진리나무 작성 방법은 어떠한가?

PL에서의 진리나무란 PL의 문장들로 구성된 집합의 일관성 여부를 검증하기 위한 논리적 장치이고, 진리나무 법칙은 진리나무를 구성하는 데 사용되는 법칙이다. PL에서의 진리나무 작성 방법은 5.F)처럼 정리될 수 있다.

5.F) PL의 문장들로 구성된 하나의 집합 A에 대한 진리나무 작성 방법

1) 집합 A를 구성하는 PL의 문장들을 위에서 아래로 일렬로 열거한다.
2) 열거된 문장들을 진리나무 법칙에 따라 분해하고 분해된 문장 옆에 '√'를 사용하여 표기한다. 단, 분해의 순서는 아래의 순서를 따르는 것이 효과적이다.
    a) ~~□, □&△, ~(□∨△), ~(□→△), ~(∀x)□, ~(∃x)□ 형태의 식들을 먼저 분해한다.
    b) a)의 식들 다음에 □∨△, □→△, □↔△, ~(□&△), ~(□↔△) 형태의 식들을 분해한다.
    c) a)와 b)의 식들을 분해한 후에 (∃x)□ 형태의 식들을 분해한다.
    d) 끝으로 (∀x)□ 형태의 식들을 분해한다.
3) 2)의 과정을 원자문장이나 원자문장의 부정만 남을 때까지 계속한다.
4) 집합 A의 문장들을 모두 T로 만들 수 있는 각각의 가지(경우)들을 검토한다.
5) 검토한 가지가 모순을 포함하고 있으면 그 가지 끝에 x를 표기한다.
6) 검토한 가지가 모순을 포함하고 있지 않으면 그 가지 끝에 O를 표기한다.

5.F)에 제시된 진리나무 작성 방법에 따라 c)에 제시된 PL의 문장들로 구성된 집합에 대한 진리나무를 작성해 보겠다.

c) {(∃x)(Px&(∀y)(Py→Lxy)), Pa&Lab, ~(∀x)(Px∨Lxx)}

5.F)의 1)에 따라 c)의 문장들을 위에서 아래로 열거하면 c1)을 얻게 된다.

c1) ① (∃x)(Px&(∀y)(Py→Lxy))

② Pa&Lab

③ ~(∀x)(Px∨Lxx)

c)가 일관성이 있는 집합인가를 알기 위해서는 c1)의 세 문장이 동시에 T가 되는 경우가 있는가를 살펴보아야 한다. 5.F)의 2)에 따라 ②를 분해한 것이 c2)이다.

c2) ① (∃x)(Px&(∀y)(Py→Lxy))

② Pa&Lab √

③ ~(∀x)(Px∨Lxx)

④ Pa

⑤ Lab

③은 '~(∀x)□' 형태의 식이므로 5.F)의 2)에 따라 ③을 분해하면 c3)를 얻는다.

c3) ①

② √

③ ~(∀x)(Px∨Lxx) √

④ Pa

⑤ Lab

⑥ (∃x)~(Px∨Lxx)

5.F)의 2)에 따라 '(∃x)□' 형태의 식인 ⑥을 분해한 것이 c4)이다.

C4) ①

⋮

⑥

⑦ ~(Pc∨Lcc)

'(∃x)~(Px∨Lxx)'에 대해 진리나무 법칙에 따라 도출된 식이 ⑦이다. ⑦에서 사용된 개체상수 c는 앞에서 사용되지 않은 새로운 개체상수이다. 따라서 ⑦은 5.E)의 12)의 요구 조건을 만족시키고 있다. ⑦은 '~(□∨△)' 형태의 식이므로 ⑦을 분해하면 c5)를 얻게 된다.

c5) ①

⋮

⑥

⑦ ~(Pc∨Lcc) √

⑧ ~Pc

⑨ ~Lcc

이제 '(∃x)□' 형태의 식인 ①을 분해하면 c6)을 얻는다.

c6) ① (∃x)(Px&(∀y)(Py→Lxy)) √

②

⋮

⑨

⑩ Pd&(∀y)(Py→Ldy)

⑩은 '□&△' 형태의 식이므로 ⑩을 분해하면 c7)을 얻는다.

c7) ①

⋮

⑩ Pd&(∀y)(Py→Ldy) √

⑪ Pd

⑫ (∀y)(Py→Ldy)

⑫는 '(∀x)□' 형태의 식이므로 5.F)의 13)의 두 번째 조건에 따라 가지를 완성하기 위해서는 앞에서 사용된 모든 개체상수를 'Py→Ldy'의 y에 대체하여야 한다. c8)은 'Py→Ldy'에 앞에서 사용된 개체상수들을 대체하여 얻어진 것이다

c8) ①

⋮

⑫ (∀y)(Py→Ldy) √

→ ⑬ Pa→Lda

→ ⑭ Pb→Ldb

→ ⑮ Pc→Ldc

→ ⑯ Pd→Ldd

⑯을 분해하면 c9)를 얻는다.

c9) ① (∃x)(Px(∀y)(Py→Lxy) √

②	Pa&Lab √	
③	~(∀x)(Px∨Lxx) √	
④	Pa	2 5.E)의 2)
⑤	Lab	2 5.E)의 2)
⑥	(∃x)~(Px∨Lxx) √	3 5.E)의 10)
⑦	~(Pc∨Lcc) √	6 5.E)의 12)
⑧	~Pc	7 5.E)의 7)
⑨	~Lcc	7 5.E)의 7)
⑩	Pd&(∀y)(Py→Ldy) √	1 5.E)의 12)
⑪	Pd	10 5.E)의 2)
⑫	(∀y)(Py→Ldy) √	10 5.E)의 2)
⑬	Pa→Lda	12 5.E)의 13)
⑭	Pb→Ldb	12 5.E)의 13)
⑮	Pc→Ldc	12 5.E)의 13)
⑯	Pd→Ldd √	12 5.E)의 13)
⑰	~Pd Ldd	16 5.E)의 4)
	×	

①부터 ⑯ 그리고 ⑰의 ~Pd로 이어지는 왼쪽 가지는 ~Pd와 ⑪의 Pd가 모순이다. 따라서 ①⇒⑯, ~Pd로 이어지는 가지는 닫힌 가지이다. ⑬, ⑭, ⑮를 차례로 분해하면 c10)을 얻게 되고 c10)은 c)에 대한 완성된 진리나무이다.

c10) 1
2
⋮
16
17 ~Pd Ldd 16 5.E)의 4)
×
18 ~Pa Lda 13 5.E)의 4)
×
19 ~Pb Ldb 14 5.E)의 4)
20 ~Pc Ldc ~Pc Ldc 15 5.E)의 4)
○ ○ ○ ○

c10)에서 보듯이 1⇒18⇒~Pb⇒~Pc로 이어지는 가지와 1⇒18⇒Lab ⇒~Pc로 이어지는 가지를 포함하여 네 가지가 열린 가지이다. 따라서 c)를 구성하는 세 문장들은 동시에 참일 수 있고 c)는 논리적 일관성이 있는 집합이다. c)는 일관성이 있는 집합이므로 c)가 일관성이 있다는 것을 보이는 I와 진리함수적 확장이 성립해야 한다. 1⇒18⇒~Pb⇒~Pc로 이어지는 c10)의 열린가지를 이용하여 c)가 일관성이 있는 집합이라는 것을 보이는 I와 진리함수적 확장을 찾아보겠다.

이 가지에 나타나는 원자문장과 원자문장의 부정은 Pa, Lab, ~Pc, ~Lcc, Pd, Ldd, Lda, ~Pb의 8개이다. 이들 8개의 원자문장과 원자문장의 부정들에는 a, b, c, d의 4개의 개체상수가 사용되었다. 따라서 네 개의 대상으로 구성된 D를 설정하고 각 대상을 각기 a, b, c, d로 정하여 c)의 문장들을 진리함수적으로 확장한 세 문장들은 Pa, Lab, Pd, Ldd, Lda가 모두 참이고 Pc, Lcc, Pb가 모두 거짓일 경우 모두 참이고, 따라서 4.D)에 따라 c)는 일관성이 있는 집합이다. 또한 네 개의 대상으로 구성된 집합으로 D를 설정하고 Pa, Lab, Pd, Ldd, Lda가 참이고 Pc, Lcc, Pb가 거짓이게끔 술어들을 해석한 I는 c)가 일관성이 있다는 것을 보이는 I이다.

d) I

D={길동, 길순, 길남, 길복}

a: 길동

b: 길순

c: 길남

d: 길복

P={길동, 길복}

L={<길동, 길순>, <길복, 길복>, <길복, 길동>}

d)에서 P는 '~는 대학생이다'를 L은 '~는 …를 좋아한다'를 나타내는 것으로 가정할 때, d)에 따르면 길동과 길복만이 대학생이고 길동은 길순을 좋아하고 길복은 자신과 길동을 좋아한다. d)는 c)를 구성하는 세 문장이 모두 참임을 보여 주는 I이다. d)에서 길동은 대학생이고 길동은 길순을 좋아하므로 c1)의 ②는 참이다. d)에서 길남은 대학생이 아니고 자신을 좋아하지도 않는데, ③은 대학생이 아니고 자신을 좋아하지도 않는 대상이 D 속에 있으면 참이므로 ③은 참이다. 또한 D 속의 적어도 한 대상이 대학생이고 그 대상이 모든 대학생들을 좋아하면 ①은 참인데, 길동과 길복이 대학생이고 길복은 길동과 길복을 좋아하므로 ①도 참이다. 따라서 d)는 c10)의 하나의 열린 가지에 근거하여 찾아낸,

c)가 일관성이 있는 집합임을 보이는 I이다.

5.3) PL에서 연역논리의 기본 개념들은 진리나무 방식에 의해 어떻게 설명되는가?

1부의 10장에서 진리나무는 집합의 논리적 일관성 여부를 결정하는 논리적 장치이고 타당성과 같은 논리적 일관성 이외의 논리적 개념들은 모두 논리적 일관성 개념에 의해 설명될 수 있다는 것을 보았다. 따라서 PL의 문장들이나 논증들이 어떠한 논리적 성격을 가지는 가에 대한 설명은 1부의 10장에서의 설명과 동일하다. 우선 논리적 일관성 개념에 의해 다른 논리적 개념들이 어떻게 설명될 수 있는가는 1부의 10장에서의 설명과 마찬가지로 5.G)로 정리된다.

5.G) 1) **{~□}가 논리적 일관성이 없으면 □는 논리적 진실이고, {~□}가 논리적 일관성이 있으면 □는 논리적 진실이 아니다.**

2) **{□}가 논리적 일관성이 없으면 □는 논리적 거짓이고, {□}가 논리적 일관성이 있으면 □는 논리적 거짓이 아니다.**

3) **{~□}도 {□}도 논리적 일관성이 있으면 □는 우연명제이다.**

4) **{~(□↔△)}가 논리적 일관성이 없으면 □와 △는 논리적 동치이고 {~(□↔△)}가 논리적 일관성이 있으면 □와 △는 논리적 동치가 아니다.**

5) P1

⋮

Pn

———

C

이 논증은 {P1, …, Pn, ~C}가 일관성이 없으면 타당하고 {P1, …, Pn, ~C}가 일관성이 있으면 타당하지 않다.

5.G)에 따라 PL의 한 문장의 논리적 성격과 PL의 한 논증의 타당성 여부를 진리나무를 작성하여 알아보겠다.

e) (∃x)(Px&(∀y)~((Py&Lxy)→(Px&Lxy)))

우선 e)가 논리적 진실인가를 살펴보겠다. e)가 논리적 진실인가를 알기 위해서는 e1)이 일관성이 있는 가를 살펴보아야 한다.

e1) {~(∃x)(Px&(∀y)~((Py&Lxy)→(Px&Lxy)))}

e1)의 진리나무는 e2)이다.

e2) ① ~(∃x)(Px&(∀y)~((Py&Lxy)→(Px&Lxy)))
② (∀x)~(Px&(∀y)~((Py&Lxy)→(Px&Lxy))) 1 5.E)의 11)
③ ~(Pa&(∀y)~((Py&Lay)→(Pa&Lay))) 2 5.E)의 13)
④ ~Pa ~(∀y)~((Py&Lay)→(Pa&Lay)) 3 5.E)의 6)
○
⑤ (∃y)((Py&Lay)→(Pa&Lay)) 4 5.E)의 10)
⑥ ((Pb&Lab)→(Pa&Lab) 3 5.E)의 12)
⑦ ~(Pb&Lab) Pa&Lab 6 5.E)의 4)
⑧ Pa 7 5.E)의 2)
⑨ Lab 7 5.E)의 2)
○
⑩ ~Pb ~Lab 7 5.E)의 6
○ ○

e2)는 열린나무이다. 따라서 e)는 논리적 진실이 아니다. 따라서 e)는 논리적 거짓이거나 우연 명제이다. e)가 논리적 거짓인가의 여부를 알기 위해서는 e3)이 일관성이 있는가를 알아보면 된다.

e3) {(∃x)(Px&(∀y)~((Py&Lxy)→(Px&Lxy)))}

e3)의 진리나무는 e4)이다.

e4)			
①	(∃x)(Px&(∀y)~((Py&Lxy)→(Px&Lxy)))		
②	Pa&(∀y)~((Py&Lay)→(Pa&Lay))		1 5E)의 12)
③	Pa		2 5.E)의 2)
④	(∀y)~((Py&Lay)→(Pa&Lay))		2 5.E의 2)
⑤	~((Pa&Laa)→(Pa&Laa))		4 5.E)의 13)
⑥	Pa&Laa		5 5.E)의 8)
⑦	~(Pa&Laa)		5 5.E)의 8)
⑧	Pa		6 5.E)의 2)
⑨	Laa		6 5.E)의 2)
⑩	~Pa	~Laa	7 5.E)의 7)
	x	x	

e4)는 닫힌나무이다. 따라서 e3)은 일관성이 없고 5.G)의 2)에 따라 e)는 논리적 거짓이다.

f) (∀x)~(∃y)((Pay&Pxa)&~Pxy)

(∀x)(Bx→Pax)

~(∀x)(~Bx∨~Pxa),

~(∀x)~(Bx&~(∃y)~(By→Pxy))

f)가 타당한지를 알기 위해서는 f1)의 일관성 여부를 알아보아야 한다.

f1) {(∀x)~(∃y)((Pay&Pxa)&~Pxy), (∀x)(Bx→Pax), ~(∀x)(~Bx∨~Pxa), (∀x)~(Bx&~(∃y)~(By→Pxy))}

f1)의 진리나무는 f2)이다.

f2)

1	(∀x)~(∃y)((Pay&Pxa)&~Pxy) √	
2	(∀x)(Bx→Pax) √	
3	~(∀x)(~Bx∨~Pxa) √	
4	(∀x)~(Bx&~(∃y)~(By→Pxy) √	
5	(∃x)~(~Bx∨~Pxa) √	3 5.E)의 10)
6	~(~Bb∨~Pba) √	5 5.E)의 12)
7	Bb	6 5.E)의 7)
8	Pba	6 5.E)의 9)
9	Bb→Pab √	2 5.E)의 13)
10	~Bb × Pab	9 5.E)의 4)
11	~(Bb&~(∃y)~(By→Pby) √	4 5.E)의 13)
12	~Bb × (∃y)~(By→Pby) √	11 5.E)의 6)
13	~(Bc→Pbc) √	12 5.E)의 12)
14	Bc	13 5.E)의 8)
15	~Pbc	13 5.E)의 8)
16	~(∃y)((Pay&Pba)&~Pby) √	1 5.E)의 13)
17	(∀y)~((Pay&Pba)&~Pby) √	16 5.E)의 11)
18	~((Pac&Pba)&~Pbc) √	17 5.E)의 13)
19	~(Pac&Pba) √ Pbc ×	18 5.E)의 6)
20	~Pac ~Pba	19 5.E)의 6)
21	Bc→Pac √ ×	2 5.E)의 13)
22	~Bc × Pac ×	21 5.E)의 4)

f2)는 닫힌나무이다. 따라서 f)는 타당한 논증이다.

5장과 관계된 문제들

1) 아래 문장들의 논리적 성격을 진리나무 방식으로 검증하라.

① $(\forall x)(\forall y)((Bx\&\sim By)\rightarrow(Lyx\&Lxy))$

② $((\exists w)\sim Fw\rightarrow(\forall y)Ly)\rightarrow(\forall x)(\sim Fx\rightarrow Gx)$

③ $(\forall w)(Fw\rightarrow Lw)\rightarrow(\exists y)(Fy\&Ly)$

2) 아래의 문장들이 동치인가를 진리나무 방식으로 검증하라.

① $(\forall w)(Qw\rightarrow Rw)$, $\sim(\exists y)\sim Ry\&\sim(\forall x)Qx$

② $(\forall w)(\sim Pw\vee Gw)$, $\sim(\exists y)(\sim Gy\&Py)$

3) 아래 집합들의 일관성 여부를 진리나무 방식으로 검증하라.

① $\{(\exists x)(Px\vee Lxx), (\forall y)\sim Lyy, (\forall z)(\sim Pz\vee(\exists x)Lxz)\}$

② $\{(\exists x)(\exists y)(\sim Lxy\rightarrow Lyx), (\forall w)\sim(\exists y)Lwy\}$

4) 아래 논증들의 타당성 여부를 진리나무 방식으로 검증하라.

① $(\forall y)(Gy\rightarrow Py)$

$(\forall z)(Pz\rightarrow Mz)$

———————

$(\forall x)(\sim Gx\vee Mx)$

② $(\forall x)((\forall y)Lyy\rightarrow Gxx)$

———————

$\sim(\forall z)\sim(Gzz\vee\sim zz)$

6장 PL의 형식증명이란 무엇인가?

6) PL의 형식증명이란 무엇인가?

형식증명이란 진리표와 같은 의미론적 방식이 아닌 구문론적 방식에 의해 논증의 타당성을 검증하는 논리적 장치이다. 따라서 PL에서의 형식증명이란 PL의 문장들의 논리적 성격이나 논증의 타당성 등을 구문론적 방식의 의해 검증하는 논리적 장치이다. PL에서의 하나의 형식증명이란 PL의 문장들을 나열한 것이라 할 수 있다. 따라서 PL에서의 하나의 형식증명은 SL에서의 형식증명과 유사하게 6.A)처럼 설명될 수 있다.

6.A) S1, …, Sn이 PL에서의 하나의 형식증명이기 위해서는 S1, …, Sn은 아래의 조건들을 만족시켜야 한다.

i) S1, …, Sn은 모두 PL의 문장들이다.

ii) S1, …, Sn의 모든 Si는 전제이거나 앞에 나오는 문장으로부터 추론규칙들을 사용하여 유도된 것이다.

iii) 제일 끝에 나오는 Sn은 S1, …, Sn의 결론이다.

1부의 11장에서 우리는 가장 기본적인 타당한 논증형식들과 증명방식들로만 구성된 10가지 추론규칙만을 사용하는 형식증명체계를 SD라고 불렀다. SD(Deduction in Sentence Logic)의 추론규칙들은 진리함수적 연결사들과 관계된 추론규칙들이다. 따라서 SD라는 형식증명체계는 SL의 문장들이나 논증들의 논리적 성격의 증명을 위해서 적용될 수 있지만 PL의 문장들과 PL의 논증들에 대한 증명에는 적용될 수 없다. PL의 문장들에는 양화사가 사용된 문장들이 포함되어 있기 때문이다. 여기서는 PL의 문장들과 논증들의 증명을 위해 SD의 10개의 추론규칙들과 양화사와 관계된 추론규칙 6가지를 포함한 16가지의 추론규칙들만을 사용할 것이고, 이 16가지 추론규칙들만을 사용하는 형식증명체계를 PD(Derivation in Predicate Logic)라고 부르겠다.

6.B) PD의 추론규칙들

MP(전건긍정의 법칙), CP(조건증명), Simp(단순화의 법칙)
Conj(연언법칙), DS(선언삼단논증), Add(추가법칙)
BE(동치기호 제거법칙), BI(동치기호 도입법칙)
RA(간접증명), Reit(반복법칙)

QN-∀(∀양화사 부정)

i	~(∀x)□	i	(∃x)~□
	(∃x)~□ i QN-∀		~(∀x)□ i QN-∀

QN-∃(∃양화사 부정)

i	~(∃x)□	i	(∀x)~□
	(∀x)~□ i QN-∃		~(∃x)□ i QN-∃

UI(Universal Instantiation: 보편예시)

i	(∀x)□
	□(a/x) i UI

EI(Existential Instantiation: 존재예시)

```
i   | (∃x)□
k   |   | □(a/x)
    |   |--------
m   |   | △
    | △            i, k~m EI
```

*만족되어야 할 조건

i) a는 가정된 □(a/x) 이전의 어떤 가정에서도 사용되지 않은 새로운 개체상수이다.

ii) (∃x)□에 a가 사용되지 않았다.

iii) △에 a가 사용되지 않았다.

UG(Universal Generalization: 보편일반화)

```
i   | □(a/x)
    | (∀x)□          i UG
```

*만족되어야 할 조건

i) a는 앞의 가정들에서 사용되지 않은 새로운 개체상수이다.

ii) a는 (∀x)□에서 사용되지 않았다.

EG(Existential Generalization: 존재일반화)

```
i   | □(a/x)
    | (∃x)□          i EG
```

(EG의 사용 시 □에 나오는 개체상수 a를 모두 개체변수 x로 대체할 필요는 없다.)

PD의 추론규칙들 중 진리함수적 연결사들과 관계된 법칙(MP, CP, Simp, Conj, DS, Add, BE, BI, RA, Reit)들에 대한 설명이나 형식증명에 관해 일반적으로 알아야 될 내용에 대한 설명은 SD에서와 동일하다. 따라서 이를 위해서는 1부의 11장을 참조하기 바란다. PD의 추론규칙들 중 1부의 11장에서 설명되지 않은 규칙들은 양화사와 관계된 규칙들이다. 따라서 이 규칙들을 잘 이해하기 위해서는 양화사의 의미와 기능에 대한 이해가 요구된다.

6.1) QN-∀(∀양화사의 부정)의 기능과 사용 방법은 무엇인가?

QN-∀와 QN-∃는 앞에서 소개한 QN을 PD의 추론규칙으로 재구성한 것에 불과하다. 앞에서 설명했듯이 ~(∀x)□와 (∃x)~□는 동일한 의미의 표현들이다. 따라서 ~(∀x)□가 T이면 (∃x)~□도 반드시 참이어야 하고 (∃x)~□가 T이면 ~(∀x)□도 T 이어야 한다.

a) 1) 모든 범죄자가 악한 것은 아니다. (~(∀x)(Px→Dx))

---

2) 어떤 범죄자는 악하지 않다. ((∃x)(Px&~Dx))

a)는 타당한 논증이다. 모든 범죄자가 악한 것이 아니면 적어도 하나의 악하지 않은 범죄자가 있어야 할 것이기 때문이다. 2)의 번역인 (∃x)(Px&~Dx)는 (∃x)~(Px→Dx)와 동일한 의미의 번역이다. 따라서 a')은 타당한 논증이다.

a') ~(∀x)(Px→Dx)

(∃x)~(Px→Dx)

a')이 타당한 이유는 a')의 논증형식 때문이고 a')의 논증형식은 6.C)로 정리될 수 있다.

6.C)

			(QN-∀)	
~(∀x)□		i	~(∀x)□	
―――――	⇒			
(∃x)~□			(∃x)~□	i QN-∀

6.C)의 도식화된 QN-∀는 a')의 타당한 논증형식을 PD의 추론규칙

으로 도식화한 것이다. 따라서 QN-∀는 보편양화문장의 부정(~(∀x)□ 형태)으로부터 존재양화문장((∃x)~□형태)을 도출해 낼 수 있고 '(∃x)~□' 형태의 문장으로부터 '~(∀x)□' 형태의 문장을 도출해 낼 수 있다는 법칙이다. 간단한 예를 통해서 QN-∀의 용법을 살펴보겠다.

b) ① ~(∀x)Px&~Lab
② Lab∨Qc
―――――――――――
③ Qc&(∃x)~Px

b)가 타당하다는 것을 보이기 위해서는 ①과 ②의 두 전제로부터 추론규칙을 사용하여 ③을 도출하여야 한다. b')은 b)에 대한 PD에서의 증명이다.

b')		
1	~(∀x)Px&~Lab	Ass
2	Lab∨Qc	Ass
3	~Lab	1 Simp
4	Qc	2, 3 DS
5	~(∀x)Px	1 Simp
6	(∃x)~Px	5 QN-∀
7	Qc&(∃x)~Px	4, 6 Conj

b')에서 연언문인 1을 단순화시키면 ~Lab와 ~(∀x)Px를 얻는다. ~(∀x)Px는 '~(∀x)□' 형태의 문장이므로 6단계에서 QN-∀를 사용하여 (∃x)~Px를 도출했다.

6.2) QN-∃의 기능과 사용 방법은 무엇인가?

QN에 따라 '~(∃x)□'와 '(∀x)~□'는 동일한 의미의 표현들이다. QN-∃는 '~(∃x)□'와 '(∀x)~□'가 동일한 의미이고, 따라서 '~(∃x)□'

가 T이면 '(∀x)~□'도 T일 수밖에 없고 '(∀x)~□'가 T 이면 '~(∃x)□'도 T일 수밖에 없다는 것을 PD의 추론규칙으로 재구성한 것이다.

c) 선한 살인범은 존재하지 않는다.(~(∃x)(Mx&Gx))

모든 것들은 선한 살인범이 아니다.((∀x)~(Mx&Gx))

c)는 타당한 논증이다. 선한 살인범이 존재하지 않으면 모든 존재하는 것들은 선한 살인범은 아닐 것이기 때문이다. c)의 논증형식은 6.D)처럼 정리될 수 있다.

6.D) (QN-∃)

~(∃x)□		i	~(∃x)□	
————	⇒			
(∀x)~□			(∀x)~□	i, QN-∃

6.D)의 QN-∃는 c)의 타당한 논증형식을 PD의 추론형식으로 재구성한 것이다. 간단한 예를 통해서 QN-∃의 용법을 살펴보겠다.

d) ~(∀x)(Rx→Qx)&~(∃y)~Lya

(∀y)Lya&(∃x)~(Rx→Qx)

d)의 PD에서의 형식증명은 d')이다.

d')	1	~(∀x)(Rx→Qx)&~(∃y)~Lya	Ass
	2	~(∀x)(Rx→Qx)	1 Simp
	3	~(∃y)~Lya	1 Simp
	4	(∀y)Lya	3 QN-∃
	5	(∃x)~(Rx→Qx)	2 QN-∀
	6	(∀y)Lya&(∃x)~(Rx→Qx)	4, 5 Conj

d')에서 1은 '□&△' 형태의 문장이므로 Simp를 사용하여 두 연언인 ~(∀x)(Rx→Qx)와 ~(∃y)~Lya를 도출했고, 첫 번째 연언인 ~(∀x)(Rx→Qx)는 '~(∀x)□' 형태의 문장이므로 QN-∀를, 두 번째 연언인 ~(∃y)~Lya는 '~(∃x)□' 형태의 문장이므로 QN-∃를 사용하여 각기 (∃x)~(Rx→Qx)와 (∀y)Lya를 도출했다.

6.3) UI의 기능과 사용 방법은 무엇인가?

UI란 한 보편양화문장으로부터 그 보편양화문장의 한 대체예가 도출될 수 있다는 법칙이다.

e) 모든 사람은 포유동물이다.

———————————

만약 길동이가 사람이면 길동이는 포유동물이다.

e)는 타당한 논증이다. 만약 모든 사람이 포유동물이고 길동이가 사람이면 길동이는 반드시 포유동물일 것이기 때문이다. e)의 PL에서의 번역은 e')이다.

e') (∀x)(Px→Mx)

———————

Pa→Ma

e')의 전제는 보편양화문장이므로 e')의 논증형식은 6.E)로 정리될 수 있다.

6.E)

			(UI)	
(∀x)□		i	(∀x)□	
————	⇒			
□(a/x)			□(a/x)	i. UI

(여기서 변수 x는 임의의 변수이고 개체상수 a도 임의의 개체상수이다.)

6.E)의 UI는 e')의 타당한 논증형식을 PD의 추론형식으로 재구성한 것이다. UI에서 '□(a/x)'는 □에 나타나는 개체변수 x를 모두 임의의 개체상수 a로 대체한 대체 예이다. UI에서 변수 x에 대체될 수 있는 것은 임의의 개체상수이므로 대체 예에서 x에 대체되는 개체상수로서 어떠한 개체상수가 대체되어도 무방하다. UI의 사용 시 어떤 개체상수도 대체 예로서 사용될 수 있다는 것은 보편양화명제의 특성을 고려할 때 지극히 타당하다.

f) (∀y)Py

f)는 '모든 대상은 P이다'의 의미이다. 만약 모든 대상이 P이면 어떤 대상도 P일 것이므로 Pa, Pb, Pk와 같이 어떠한 개체상수를 변수 y에 대체한 대체 예도 f)가 참이면 참일 수밖에 없다. 따라서 6.F)의 예들은 UI를 사용한 적절한 예들이다.

6.F)	(∀y)Py	(∀w)Lxx	(∀y)Lay	(∀x)Lax
	Pa	Lmm	Laa	Lak
	Pk			

구체적인 예를 통해 UI의 용법을 살펴보겠다.

g) (∀w)(Pa→Lwa)
Pa
―――――――
Laa&Lba

g')은 g)에 대한 형식증명이다.

g') 1	$(\forall w)(Pa \to Lwa)$	Ass
2	Pa	Ass
3	$Pa \to Laa$	1 UI
4	Laa	2, 3 MP
5	$Pa \to Lba$	1 UI
6	Lba	2, 5 MP
7	Laa&Lba	4, 6 Conj

3은 변수 w를 개체상수 a로 대체한 대체 예이고 5는 변수 w를 개체상수 b로 대체한 대체 예이다. UI의 사용 시 변수에 어떤 개체상수도 대체될 수 있으므로 3과 5는 UI를 적절하게 사용한 경우이다.

6.4) EI의 기능과 사용 방법은 무엇인가?

6.B)에서 보았듯이 EI는 비교적 복잡한 추론규칙이고 EI를 이해하기 위해서는 존재양화명제에 대한 이해가 요구된다. 하나의 예를 통해 비형식적으로 EI를 설명해 보겠다.

h) ① $(\forall x)(Px \to Hg)$

② $(\exists x)Px$

Ⓒ Hg

P는 '~는 철학자이다'를, H는 '~는 현명하다'를, g는 '크립키'를 나타낸다면 h)는 h')처럼 독해될 수 있다.

h') ① 모든 대상에 대해서, 만약 그 대상이 철학자이면 크립키는 현명하다.

② 어떤 대상은 철학자이다.

Ⓒ 크립키는 현명하다.

h')는 타당한 논증이다. h')가 타당하다는 것을 설명해 보겠다. h')의

두 번째 전제 ②에 따르면 적어도 하나의 철학자가 존재한다. 그러나 ②는 그 철학자가 누구인지에 대해서는 전혀 언급하고 있지 않다. 존재하는 철학자가 크립키일 수도 있지만 그렇지 않을 수도 있으므로 그 철학자가 바로 크립키라고 가정할 수 없다. 따라서 결론인 ⓒ의 증명을 위해 ②에서 언급되고 있는 철학자가 크립키가 아닌 임의의 대상(길동이)이라고 가정하겠다. 한편 ①은 보편양화명제이므로 개체변수 x를 어떤 개체상수로 대체한 대체 예도 ①로부터 도출될 수 있고 '만약 길동이가 철학자이면 크립키는 현명하다'는 ①의 대체 예이다. 가정된 '길동이는 철학자이다'와 '만약 길동이가 철학자이면 크립키는 현명하다'로부터 결론인 '크립키는 현명하다'가 도출된다. 임의의 대상을 철학자라고 가정했을 경우에도 '크립키는 현명하다'가 유도 되었으므로 결론은 정당화되었다고 할 수 있다.(여기서 임의의 대상 길동이 대신 크립키를 대체했을 경우에도 결과는 동일하다는 것을 주목하라.) '크립키는 현명하다'를 도출해 낸 과정은 아래와 같이 정리될 수 있다.

h") ① 모든 대상에 대해서, 만약 그 대상이 철학자이면 크립키는 현명하다.
② 어떤 대상은 철학자이다.
③ 길동이는 철학자이다.(②로부터 가정)
④ 만약 길동이가 철학자이면 크립키는 현명하다.(①로부터 추론)
⑤ 크립키는 현명하다.(③, ④로부터 추론)

ⓒ 크립키는 현명하다.

h")는 설득력 있고 타당한 논증방식이라 할 수 있다. ③에서 특정한 대상이 아닌 임의의 대상을 ②의 대체 예라고 가정했을 경우에 결론인 '크립키는 현명하다'가 도출되었기 때문이다. h")는 h*)로 PL에서 표현된다.

h*) 1	(∀x)(Px→Hg)	Ass
2	(∃x)Px	Ass
3	Pa	Ass
4	Pa→Hg	1 UI
5	Hg	3, 4 MP
6	Hg	2, 3~5 EI

h*)에서 2로부터 3을 가정하고 6을 도출하는 과정은 6.G)로 도식화될 수 있다.

6.G)

(∃x)□		i	(∃x)□		
□(a/x)를 가정		i		□(a/x)	
△	⇒				
△		m		△	
			△		i, i~m EI

(* EI의 사용 시 만족해야 할 조건)

1) a는 □(a/x) 이전의 어떤 가정에서도 사용되지 않은 새로운 개체 상수이다.

2) (∃x)□에 a가 사용되지 않았다.

3) △에 a가 사용되지 않았다.

6.G)의 EI는 존재양화문장과 그에 대한 대체 예를 가정하고 이들로부터 결론을 유도해 내는 논증방식을 PD의 추론규칙으로 재구성한 것이다. EI의 사용 시 6.G)의 세 가지 조건이 만족되어야 한다는 것은 명백하다. 6.G)의 조건 1)과 2)는 존재양화문장의 대체 예를 위해 가정된 대상이 앞의 전제들과 존재양화문장에서 언급되고 있는 대상과 동일한

대상일 가능성을 배제해 주는 역할을 하고, 조건 3)은 결론에서 언급되고 있는 대상이 가정에서의 대상과 동일한 대상일 가능성을 배제해 주는 역할을 하고 있기 때문이다. 따라서 6.H)에 열거된 것들은 모두 EI를 잘못 사용한 예들이다.

6.H)

```
| (∃x)Px
| (∀x)Law
|______
|  | Pa
|  |____
|  | Laa
```

```
| (∃y)Py
| Lab
|______
|  | Pc
|  |____
|  | Pc
| Pc
```

```
(∃w)(Pw&Law)
______________
  | Pa&Laa
  |__________
  |
```

구체적인 예를 통해 EI의 용법을 살펴보겠다.

i) (∃w)Pw

(∀x)(Px→(∃y)Lcy)

(∀z)(Pz→Lab)

(∃y)Lcy&Lab

i')은 i)에 대한 형식증명이다.

i')

1	(∃w)Pw		Ass
2	(∀x)(Px→(∃y)Lcy)		Ass
3	(∀z)(Pz→Lab)		Ass
4		Pd	Ass
5		Pd→(∃y)Lcy	2 UI
6		Pd→Lab	3 UI
7		(∃y)Lcy	4, 5 MP
8		Lab	4, 6 MP
9		(Ey)Lcy&Lab	7, 8 Conj
10	(∃y)Lcy&Lab		1, 4~9 EI

i')에서 결론의 도출을 위해 사용된 EI는 적절하게 사용되었다. i')의 4에서 d는 앞의 전제들에서 사용되지 않은 새로운 개체상수이고 결론인 '(∃y)Lcy&Lab'에 d가 사용되고 있지 않기 때문이다.

6.5) UG의 기능과 사용 방법은 무엇인가?

UG는 보편양화사를 도입하기 위해 사용되는 추론규칙이다. 자연언어에서의 논증을 통해 UG를 설명해 보겠다.

j) ① 어떤 임의의 대상(길동이)도 유기체이다.

© 모든 대상은 유기체이다.

j)는 타당한 논증이다. 어떤 임의의 대상도 유기체이면 모든 대상은 유기체일 것이기 때문이다. j)에 대한 PL에서의 번역은 j')이다.

j') Ha

(∀x)Hx

j')에서 j)의 ①이 'Ha'로 번역되었다. 엄격하게 말하면 'Ha'는 ①에 대한 잘못된 번역이다. 'Ha'는 지시하는 구체적인 대상인 길동이가 유기체라는 의미의 문장이지 임의의 대상이 유기체라는 의미는 아니기 때문이다. 따라서 ①에 대한 올바른 번역은 결론처럼 (∀x)Hx일 것이다. 단지 여기서는 UG를 설명하기 위한 방편으로 a는 임의의 대상을 지칭하는 것으로 가정하겠다. j')는 6.I)로 도식화될 수 있다.

6.I) (UG)

□(a/x)		i	□(a/x)	
———	⇒			
(∀x)□			(∀x)□	i, UG

(* UG사용 시 만족되어야 할 조건)

1) a는 앞의 전제들에서 사용되지 않은 새로운 개체상수이다.

2) (∀x)□에 a가 사용되지 않아야 한다.

6.I)의 UG는 j')의 논증형식을 PD의 추론규칙으로 재구성한 것이다. UG의 사용 시 1)과 2)의 두 조건들이 만족되어야 한다는 것은 명백하다. 만약 가정들에 a가 사용되었다면 □에 사용된 개체상수 a는 임의의 대상을 지칭하는 개체상수라기보다는 가정들에서 언급되고 있는 대상과 동일한 대상을 지칭하는 개체상수일 것이고, (∀x)□에서 a가 사용되었을 경우 a는 임의의 대상을 지시하는 개체상수가 아닐 것이기 때문이다. 1)과 2)는 a가 임의의 개체상수임을 보증해 주는 역할을 한다. 따라서 아래의 예들은 UG를 잘못 사용한 예들이다.

6.J)

Pa		Lab
———		———
(∀x)Px	Laa	Pa
	(∀w)Lwa	(∀y)Py

구체적인 예를 통해 UG의 용법을 살펴보겠다.

k) (∀y)(Py→Lyy)
Lab&Pc
(∀x)Px
———————
(∀z)Lzz

k')는 k)에 대한 형식증명이다.

k') 1	(∀y)(Py→Lyy)	Ass
2	Lab&Pc	Ass
3	(∀x)Px	Ass
4	Pd→Ldd	1 UI
5	Pd	3 UI
6	Ldd	4, 5 MP
7	(∀z)Lzz	6 UG

7은 Ldd로부터 UG를 통해 도출된 것이다. 7에서 UG는 적절하게 사용되었다. 'Ldd'에 사용된 개체상수 d는 전제들에서 사용되지 않은 새로운 개체상수이고 (∀z)Lzz에 d가 사용되고 있지 않기 때문이다.

6.6) EG의 기능과 사용 방법은 무엇인가?

EG는 존재양화사를 도입하기 위해 사용되는 PD의 추론규칙이다. 우선 자연언어에서의 논증을 통해 EG를 살펴보겠다.

l) 길동이는 키가 큰 사람이다.

어떤 사람은 키가 크다.

l)은 타당한 논증이다. 길동이가 키가 크고 사람이면 적어도 하나의 키가 큰 사람이 존재할 것이기 때문이다. M은 '~는 사람이다'를 T은 '~는 키가 크다'를 나타낸다면 l)의 PL에서의 번역은 l')이다.

l') Ma&Ta

(∃x)(Mx&Tx)

타당한 논증 l)의 형식은 6.K)로 도식화될 수 있다.

6.K) (EG)

$$\frac{\Box(a/x)}{(\exists x)\Box} \quad \Rightarrow \quad \begin{array}{l|ll} i & \Box(a/x) & \\ & (\exists x)\Box & i\ \text{EG} \end{array}$$

(EG의 사용 시 □에 나오는 a를 모두 변수 x로 대체할 필요는 없다.)

6.K)의 EG는 l')의 타당한 논증형식을 PD의 추론규칙으로 재구성한 것이다. EG의 사용 시 한 가지 주의할 것은 □에 나오는 일정한 개체상수 a를 모두 일정한 개체변수 x를 사용해서 대체할 필요는 없다는 것이다. 이 점을 일반적인 논증을 통해 살펴보겠다.

m) ① **길동이는 자기 자신을 사랑한다.**

어떤 대상은 자기 자신을 사랑한다.

② **길동이는 자기 자신을 사랑한다.**

길동이는 어떤 대상을 사랑한다.

③ **길동이는 자기 자신을 사랑한다.**

어떤 대상은 길동이를 사랑한다.

m)의 ①, ②, ③은 모두 타당한 논증이다. 길동이가 자신을 사랑한다면 길동이가 사랑하는 적어도 하나의 대상(길동이)이 존재하는 것이고 또한 길동이를 사랑하는 적어도 하나의 대상(길동이)이 존재할 것이기 때문이다. m)의 PL에서의 번역은 m')이다.

m') ① $\frac{Laa}{(\exists y)Lyy}$ ② $\frac{Laa}{(\exists y)Lay}$ ③ $\frac{Laa}{(\exists y)Lya}$

m)의 ①, ②, ③이 모두 타당하므로 m')의 ①, ②, ③도 모두 타당하

다. 따라서 6.L)의 예들은 모두 EG를 적절하게 사용한 예들이다.

6.L)	Taba	Tbbb	Lcc	Lcc
	(∃x)Txbx	(∃y)Tyyy	(∃z)Lcz	(∃z)Lzc

구체적인 예를 통해 EG의 용법을 살펴보겠다.

n) Pa&(∀x)(Px→Lxx)

―――――――――――――

(∃y)(Lay&Py)&(∃w)Lww

n)에 대한 PD에서의 형식증명은 n')이다.

n')			
	1	Pa&(∀x)(Px→Lxx)	Ass
	2	Pa	1 Simp
	3	(∀x)(Px→Lxx)	1 Simp
	4	Pa→Laa	3 UI
	5	Laa	2, 4 MP
	6	(∃w)Lww	5 EG
	7	Laa&Pa	2, 5 Conj
	8	(∃y)(Lay&Py)	7 EG
	9	(∃y)(Lay&Py)&(∃w)Lww	6,8 Conj

6은 Laa에 EG를 사용하여 도출한 것이고 8은 'Laa&Pa'에 EG를 사용하여 도출한 것이다. 6에서는 개체상수 a가 모두 변수 w에 의해 대체되었고, 8에서는 첫 번째 a가 변수 y로 대체되지 않았다. 그러나 EG의 사용 시 개체상수가 모두 개체변수로 대체될 필요가 없으므로 6과 8은 모두 EG를 적절하게 사용한 경우들이다.

6장과 관계된 문제들

1) UI의 사용 시 Px에서의 변수 x를 어떤 개체상수로 대체해도 되는 이유를 설명하라.

| (∀x)Px
| Pa

2) EI의 사용 시 가정된 Pb에서 b는 이전에 사용되지 않은 새로운 개체상수이어야 하는 이유를 설명하라.

| (∃x)Px
| | Pb
| |———

3) UG의 사용 시 Paa의 개체상수 a는 이전의 가정들에서 사용되지 않은 새로운 개체상수이어야 하는 이유를 설명하라.

| Paa
| (∀x)Pxx

4) EG의 사용 시 '(∃x)Pxa'처럼 Paa의 개체상수 a를 모두 개체변수 x로 대체하지 않아도 되는 이유를 설명하라.

| Paa
| (∃x)Pxa

5) 아래의 형식증명에서 PD의 법칙이 잘못 사용된 경우를 모두 열거하고 그 이유를 밝혀라.

1	Lab	Ass
2	(∀x)Lxa	Ass
3	(∃x)Px	Ass
4	Pb	Ass
5	Laa	2 UI
6	(∃x)Lxx	5 EG
7	(∃x)Lxx&Pb	4, 6 Conj
8	(∃x)Pxx&Pb	3, 4~7 EI
9	Laa	2 UI
10	(∀y)Lyy	9 UG
11	(∀y)Lyy&((∃x)Pxx&Pb)	8, 10 Conj

6) 아래의 형식증명의 각 단계에 사용된 법칙을 5)번처럼 규정하라.

```
| (∀x)Lxb
| (∀x)(Px&~(∀y)(Py→Lyb))
|------------------------------
| Pa&~(∀y)(Py→Lyb)
| ~(∀y)(Py→Lyb)
| (∃y)~(Py→Lyb)
|   | ~(Pc→Lcb)
|   |------------------------------
|   |   | ~(∀x)(~Px&(∃y)Lyx)
|   |   |--------------
|   |   | ~(Pc→Lcb)
|   |   | Lcb
|   |   |   | Pc
|   |   |   |------
|   |   |   | Lcb
|   |   | Pc→Lcb
|   | (∀x)(~Px&(∃y)Lyx)
| (∀x)(~Px&(∃y)Lyx)
```

7장 PD에서 연역논리의 기본 개념들은 어떻게 검증되는가?

7) PD에서 연역논리의 기본 개념들은 어떻게 검증되는가?

1부의 12장에서 설명했듯이 한 집합이 논리적 일관성이 있다는 것과 한 명제가 우연명제라는 것은 형식증명 방식으로 증명될 수 없다. 반면에 한 문장이 논리적 진실이라는 것이나 논리적 거짓이라는 것, 그리고 두 문장이 논리적 동치라는 것과 한 논증이 타당하다는 것, 또한 한 집합이 일관성이 없다는 것은 형식증명으로 증명될 수 있다. 따라서 논리적 진실, 논리적 거짓, 논리적 동치, 일관성이 없음, 타당함 등은 PL의 형식증명체계의 하나인 PD에서 검증될 수 있다.

7.1) 연역논리의 기본 개념들에 대한 PD에서의 검증방식은 어떠한가?

PD는 PL에서의 형식증명체계이므로 기본 개념들에 대한 검증방식은 SL에서의 형식증명체계인 SD에서의 검증 방식과 동일하다. PD에서의 검증 방식은 7.A)로 정리될 수 있다.

7.A) ① 논리적 진실: 전제 없이 □를 PD의 추론규칙을 사용해서 도출해내면 □는 논리적 진실이다.

② 논리적 거짓: 전제 없이 ~□를 PD의 추론규칙을 사용해서 도출했다면 □는 논리적 거짓이다.

③ 논리적 동치: '□↔△'가 논리적 진실임을 PD에서 증명하면 □와 △는 논리적 동치이다.

④ 논리적 일관성이 없음: P1, …, Pn으로부터 PD의 추론규칙을 사용해서 모순을 도출해 내면 {P1, …, Pn}은 논리적 일관성이 없다.

⑤ 타당성: 전제들로부터 PD의 추론규칙을 사용해서 결론을 도출했다면 그 논증은 타당하다.

PL의 문장들과 논증들이 어떠한 논리적 성격을 가지고 있는가에 대한 검증은 7.A)에 정리된 내용에 따라 PD의 규칙을 적용하면 된다. 한 예로 '(∀x)(Px→Gx)'와 '~(∃y)(Py&~Gy)'가 동치라는 것을 증명하기 위해서는 7.A)의 ③을 따라야 한다. 7.A)의 ③에 따르면 '(∀x)(Px→Gx)'와 '~(∃y)(Py&~Gy)'가 동치라는 것을 보이기 위해서는 '(∀x)(Px→Gx)↔~(∃y)(Py&~Gy)'가 논리적 진실이라는 것을 보여야 한다. 7.A)의 ①에 따르면 앞의 식이 논리적 진실임을 보이기 위해서는 '(∀x)(Px→Gx)↔~(∃y)(Py&~Gy)'를 전제없이 PD의 규칙을 사용해서 도출해야 한다. 따라서 '(∀x)(Px→Gx)'와 '~(∃y)(Py&~Gy)'가 동치라는 것에 대한 증명은 아래 a)의 형태로부터 시작해야 한다.

a) |
   | (∀x)(Px→Gx)↔~(∃y)(Py&~Gy)

7.2) PD의 형식증명에서 PD의 추론규칙의 실제적인 적용 방식은 어떠한가?

앞의 a)에 제시된 동치 문제와 타당성 문제에 대한 PD에서의 형식증명을 통해 PD의 추론규칙들의 적용 방식을 살펴보겠다. 우선 '(∀x)(Px→Gx)'와 '~(∃y)(Py&~Gy)'가 동치라는 것을 PD에서 증명해 보겠다. 앞에서 언급했듯이 '(∀x)(Px→Gx)'와 '~(∃y)(Py&~Gy)'가 동치라는 것을 PD에서 보이기 위해서는 전제 없이 쌍조건문인 '(∀x)(Px→Gx)↔~(∃y)(Py&~Gy)'를 도출해야 한다. '(∀x)(Px→Gx)↔~(∃y)(Py&~Gy)'의 주 논리작용자는 ↔이므로 이 문제에 대한 증명은 a')의 형태를 취해야 한다.

```
a') i  | (∀x)(Px→Gx)→~(∃y)(Py&~Gy)
    l  | ~(∃y)(Py&~Gy)→(∀x)(Px→Gx)
    m  | (∀x)(Px→Gx)↔~(∃y)(Py&~Gy)        i, l BI
```

a')의 m은 i와 l에 BI를 사용해서 도출된 것이다. 따라서 i와 l을 각각 도출해 낼 수 있으면 두 문장이 동치라는 것은 증명된 것이다. i의 도출은 a")으로 정리될 수 있다.

```
a") 1     | | (∀x)(Px→Gx)                  Ass
          | |-----------
    2     | | | (∃y)(Py&~Gy)               Ass
          | | |-----------
    3     | | | | Pa&~Ga                   Ass
          | | | |--------
    4     | | | | Pa→Ga                    1 UI
    5     | | | | Pa                       3 Simp
    6     | | | | | ~(A&~A)                Ass
          | | | | |--------
    7     | | | | | Ga                     4, 5 MP
    8     | | | | | ~Ga                    3 Simp
    9     | | | | A&~A                     6, 8 RA
    10    | | | A&~A                       2, 3~9 EI
    11    | | | A                          10 Simp
    12    | | | ~A                         10 Simp
    13    | | ~(∃y)(Py&~Gy)                2~12 RA
    14(i) | (∀x)(Px→Gx)→~(∃y)(Py&~Gy)      1~13 CP
    l     | ~(∃y)(Py&~Gy)→(∀x)(Px→Gx)
    m     | (∀x)(Px→Gx)↔~(∃y)(Py&~Gy)      i, l BI
```

a")에서 i는 조건문이므로 1부의 12장의 12.H)에 따라 CP를 사용해 i

의 유도를 시도하였고 '~(∃y)(Py&~Gy)'의 주 논리작용자가 '~'이므로 RA를 시도하였다. 또한 10에서는 앞의 가정들과 '(∃y)(Py&~Gy)', 그리고 'A&~A'에 a가 사용되지 않았으므로 EI가 적절하게 사용되었다. 3과 4로부터 모순인 'Ga'와 '~Ga'를 도출할 수 있다. 그러나 이 경우 'Ga&~Ga'는 EI로 사용될 수 없다. 'Ga&~Ga'에서의 a는 'Pa&~Ga'에서 사용되고 있기 때문이다. 이러한 이유로 a가 포함되지 않은 문장기호로 구성된 'A&~A'의 도출을 시도한 것이다.

한편 1의 도출은 a‴)처럼 정리될 수 있다.

a‴) 14	(∀x)(Px→Gx)→~(∃y)(Py&~Gy)	1~13 CP
15	~(∃y)(Py&~Gy)	Ass
16	(∀y)~(Py&~Gy)	15 QN-∃
17	Pa	Ass
18	~Ga	Ass
19	Pa&~Ga	17, 18 Conj
20	~(Pa&~Ga)	16 UI
21	Ga	18~20 RA
22	Pa→Ga	17~21 CP
23	(∀x)(Px→Gx)	22 UG
24	~(∃y)(Py&~Gy)→(∀x)(Px Gx)	15~23 CP
25	(∀x)(Px→Gx)↔~(∃y)(Py&~Gy)	14, 24 BI

a‴)에서 24의 주 논리작용자가 '→'이므로 전건인 ~(∃y)(Py&~Gy)를 가정하고 후건인 (∀x)(Px→Gx)의 유도를 시도하였다. 22에서 a가 임의로 사용된 개체상수이므로 23에서 UG는 적절하게 사용되었다. a")과 a‴)을 종합하면 '(∀x)(Px→Gx)'와 '~(∃y)(Py&~Gy)'가 동치라는 것에 대한 형식증명은 a*)로 정리될 수 있다.

a*)

1	(∀x)(Px→Gx)	Ass
2	(∃y)(Py&~Gy)	Ass
3	Pa&~Ga	Ass
4	Pa→Ga	1 UI
5	Pa	3 Simp
6	~(A&~A)	Ass
7	Ga	4, 5 MP
8	~Ga	3 Simp
9	A&~A	6~8 RA
10	A&~A	2, 3~9 EI
11	A	10 Simp
12	~A	10 Simp
13	~(∃y)(Py&~Gy)	2~12 RA
14	(∀x)(Px→Gx)→~(∃y)(Py&~Gy)	1~13 CP
15	~(∃y)(Py&~Gy)	Ass
16	(∀y)~(Py&~Gy)	15 QN-∃
17	Pa	Ass
18	~Ga	Ass
19	Pa&~Ga	17, 18 Conj
20	~(Pa&~Ga)	16 UI
21	Ga	18~20 RA
22	Pa→Ga	17~21 CP
23	(∀x)(Px→Gx)	22 UG
24	~(∃y)(Py&~Gy)→(∀x)(Px→Gx)	15~23 CP
25	(∀x)(Px→Gx)↔~(∃y)(Py&~Gy)	14, 24 BI

a*)에서 전제 없이 25가 도출되었으므로 '(∀x)(Px→Gx)↔~(∃y)(Py&~Gy)'는 논리적 진실이고 7.A)의 ③에 따라 '(∀x)(Px→Gx)'와 '~(∃y)(Py&~Gy)'는 논리적 동치라는 것이 PD에서 증명되었다.

PD의 추론규칙의 적용 방식에 대한 독자들의 이해를 돕기 위해서 타당성의 문제를 하나 더 살펴보겠다. 1장에서 술어논리에 대비되는 명제논리의 한계들에 대해 살펴보았다. 술어논리에 대비되는 명제논리의 대표적인 한계들은 1) 동어반복의 명제들이 표현될 수 없다는 것, 2) 관계를 나타내는 명제들로 구성된 논증을 표현할 수 없다는 것, 3) 정언명제들로 구성된 논증들을 표현할 수 없다는 것이었다. 일반명제들에 대한 PL에서의 번역을 다룬 장에서 살펴보았듯이, 이러한 명제논리의 한계들은 동일성을 나타내는 기호(=)의 도입과 양화사들을 사용하여 술어논리에서 극복될 수 있었다. 여기서는 정언명제와 개체들 사이의 관계를 나타내는 명제로 구성된 논증의 타당성이 PD로 검증될 수 있다는 것을 구체적인 예를 통해 살펴보겠다.

b) **① 모든 사람은 포유동물이다.**

② 길동이, 길순이, 길남이는 모두 사람이다.

③ 길동이는 길순이보다 길순이는 길남이보다 키가 크다.

④ 한 대상 a가 다른 대상 b보다 키가 크고 b가 다른 대상 c보다 키가 크면 a는 c보다 키가 크다. ('키가 크다'는 관계는 이행적이다.)

© 어떤 포유동물은 길순이보다 키가 크고 길남이보다도 키가 크다.

b)는 정언명제들(①과 ©)과 개체들 사이의 관계를 나타내는 명제들(③과 ④)로 구성된 논증으로 타당한 논증이다. 모든 사람은 포유동물이고 길동이, 길남이, 길순이는 모두 사람이므로 이들 셋은 모두 포유동물일 것이고, 길동이가 길순이보다 키가 크고 길순이가 길남이보다 키가 크면 포유동물인 길동이는 길남이와 길순이보다 키가 클 것이기 때문이다. b)가 타당한 논증이라는 것은 SL에서는 증명될 수 없다. 그러나

PD에서는 b)의 타당성이 쉽게 증명될 수 있다. T는 '~는 … 보다 키가 크다'를, P는 '~는 사람이다'를, M은 '~는 포유동물이다'를 나타내고 a, b, c가 각기 길동이, 길순이, 길남이를 지칭한다면 b)의 PL에서의 번역은 b')이다.

b') ① (∀x)(Px→Mx)
② Pa&(Pb&Pc)
③ Tab&Tbc
④ (∀x)(∀y)(∀z)((Txy&Tyz)→Txz)

ⓒ (∃x)(Mx&(Txb&Txc))

b')의 PD에서의 형식증명은 b*)이다.

b*)		
1	(∀x)(Px→Mx)	Ass
2	Pa&(Pb&Pc)	Ass
3	Tab&Tbc	Ass
4	(∀x)(∀y)(∀z)((Txy&Tyz)→Txz)	Ass
5	Pa→Ma	1 UI
6	Pa	2 Simp
7	Ma	5, 6 MP
8	(∀y)(∀z)((Tay&Tyz)→Taz)	4 UI
9	(∀z)((Tab&Tbz)→Taz)	8 UI
10	(Tab&Tbc)→Tac	9 UI
11	Tac	3, 10 MP
12	Tab	3 Simp
3	Tab&Tac	11, 12 Conj
14	Ma&(Tab&Tac)	7, 13 Conj
15	(∃x)(Mx&(Txb&Txc))	14 EG

b*)에서 ①, ②, ③, ④ 4개의 전제로부터 결론인 '(∃x)(Mx&(Txb&Txc))'가 PD의 추론규칙을 사용하여 도출되었다. 따라서 SD에서는 불가능했던 b)는 타당한 논증이라는 것에 대한 증명이 PD에서는 쉽게 수행되었다.

7.3) PD를 쉽게 정복하는 방법은 있는가?

1부의 12장에서 언급했듯이 형식증명을 쉽게 수행할 수 있는 비법이나 왕도는 없고, 증명의 각 단계에 따라 어떤 추론규칙을 사용하는 것이 효과적인가를 증명자 스스로가 신중히 결정해야 한다. 특히 PD는 SD의 추론규칙 외에도 양화사와 관련된 6개의 추론규칙을 추가로 사용해야 하고 UI나 EI의 수행 시 어떤 개체상수를 사용하느냐가 성공적인 형식증명을 위한 결정적인 역할을 한다. 따라서 PD를 익숙하게 수행하기 위해서는 PD의 추론규칙들에 대한 철저한 이해가 요구된다. SD와 마찬가지로 PD에서의 증명을 쉽게 수행할 수 있는 비법은 없다. PD의 추론규칙들에 대한 철저한 이해를 바탕으로 다양한 문제를 통한 꾸준한 연습만이 이를 위한 최선의 방책이라 할 수 있다. 여기서 필자는 단지 PD를 힘겨워하는 사람들을 위해 PD의 추론규칙을 사용하는 데 필요한 몇 가지 힌트를 제공하고자 한다. PD는 PL을 위한 형식증명체계이고 양화사와 관련된 추론규칙 외에는 SD와 추론규칙들을 공유하고 있다. 따라서 필자의 힌트는 양화사와 관계된 추론규칙의 적용에 대한 것에 국한될 것이다.

7.B) PD의 전략

1) 1부의 12.H)에 열거된 SD의 전략은 PD에서도 유용하다.

2) 양화사와 관련된 추론규칙의 적용 시 유의할 점.

ⓐ 가정들이나 가정들로부터 직접적으로 유도된 문장이 '~(∀x)□'와 '~(∃x)□' 형태의 문장일 경우 QN-∃를 사용하라.

ⓑ 가정들이나 가정들로부터 직접적으로 유도된 문장들이 '(∃x)□' 형태의 문장과 '(∀x)□' 형태의 문장을 포함하고 있을 경우 UI보다 EI를 먼저 사용하라.

ⓒ UI와 EI의 사용 시 결론의 도출에 용의한 개체상수를 사용하라.

ⓓ 도출하려는 문장이'(∃x)□'나 '(∀x)□' 형태의 문장일 경우 직접적인 도출이 용이 하지 않으면 대체 예(□(a/x))를 구하고 이로부터 UG나 EG를 사용하라.

독자들의 이해를 돕기 위해 7.B)에 열거된 전략에 따라 하나의 형식 증명을 수행해 보겠다.

c) ① (∀x)(Px→~(∃y)Lyx)

② (∃w)(Pw&Qw)

③ Lab

Ⓒ (∃x)Lxb&(∃x)~Lbx

c)의 Ⓒ는 연언문이다. 따라서 1부의 12.H)의 2.ⓑ에 따라 '(∃x)Lxb'와 '(∃x)~Lbx'를 따로 도출하고 Conj를 사용하여 Ⓒ를 구하는 전략을 취하면 c1)을 얻게 된다.

c1)			
	1	(∀x)(Px→~(∃y)Lyx)	
	2	(∃w)(Pw&Qw)	
	3	Lab	
	4	(∃x)Lxb	
	i	(∃x)~Lbx	
	C	(∃x)Lxb&(∃x)~Lbx	4, i Conj

c1)에서 4는 3으로부터 EG를 통해 쉽게 도출된다. 전제들 중 1은 보편양화문장이고 2는 존재양화문장이므로 7.B)의 2.ⓑ에 따라 2에 대해 EI를 1에 대해 UI를 사용하면 c2)를 얻게 된다.

c2)			
	1	(∀x)(Px→~(∃y)Lyx)	Ass
	2	(∃w)(Pw&Qw)	Ass
	3	Lab	Ass
	4	(∃x)Lxb	3 EG
	5	Pc&Qc	Ass
	6	Pc	5 Simp
	7	Pc→~(∃y)Lyc	1 UI
	8	~(∃y)Lyc	6, 7 MP
	9	(∀y)~Lyc	8 QN-∃
	i	(∃x)~Lbx	
	C	(∃x)Lxb&(∃x)~Lbx	4, i Conj

c2)에서 7은 변수 x에 대체될 개체상수 c를 선택해 1에 UI를 사용해 도출된 것이다. 9는 8이 '~(∃x)□' 형태의 문장이므로 7.B)의 2.ⓐ에 따라 QN-∃를 사용하여 도출한 것이다. c2)의 i인 '(∃x)~Lbx'에서 술어기호 L다음의 첫째 자리에 개체상수 b가 사용되고 있다. 따라서 '(∃x)~Lbx'를 얻기 위해서는 9에서 y에 대체될 개체상수로 b를 선택하여 UI를 사용하여야 한다. 9에 UI를 사용하여 얻어진 문장에 EG를 사용하면 c3)를 얻게 된다.

c3)			
	1	(∀x)(Px→~(∃y)Lyx)	Ass
	2	(∃w)(Pw&Qw)	Ass
	3	Lab	Ass
	4	(∃x)Lxb	3 EG
	5	Pc&Qc	Ass

6	Pc	5 Simp
7	Pc→~(∃y)Lyc	1 UI
8	~(∃y)Lyc	6, 7 MP
9	(∀y)~Lyc	8 QN-∃
10	~Lbc	9 UI
11	(∃x)~Lbx	10 EG
12	(∃x)~Lbx	2, 5~11 EI
13	(∃x)Lxb&(∃x)~Lbx	4, 12 Conj

c3)에서 12는 EI가 적절히 사용된 경우이다. 5에서 새로운 개체상수 c가 사용되었고 '(∃x)~Lbx'에 c가 사용되지 않았기 때문이다. c3)에서 1, 2, 3의 전제들로부터 '(∃x)Lxb&(∃x)~Lbx'가 PD의 추론규칙에 따라 도출되었다. 따라서 c는 타당한 논증이라는 것이 7.B)에 따라 증명되었다.

7.4) '='가 포함된 PL에 대한 형식증명은 어떠한가?

술어논리의 장점 중의 하나는 수와 양을 나타내는 명제를 표현할 수 있다는 것이다. 또한 앞에서 보았듯이 수와 양을 나타내는 명제를 PL에서 표현하기 위해서는 '=' 기호의 도입이 요청된다. 따라서 수와 양을 나타내는 PL의 문장들이나 논증들의 논리적 성격을 형식증명으로 검증하기 위해서는 PD의 추론규칙 외에 '='와 관련된 추론규칙들이 필요하다. PD=를 '='와 관련된 추론규칙이 추가되어 형식증명을 하는 체계라고 하면 PD=의 추론규칙은 7.C)로 정리될 수 있다.

7.C) PD=의 추론규칙

① MP, Cp, Simp, Conj, DS, Add, BE, BI, RA, Reit

② QN-∀, QN-∃

③ UI, EI, UG, EG

④ =int(동일성 기호 도입법칙)

i	a=a =int

(*유의할 점)

i) 증명 중 어디에서나 =int를 사용할 수 있다.

ii) =int에 사용되는 개체상수는 어느 것이어도 무방하다.

⑤ =eli(동일성 기호 제거법칙)

i	□	i	□
l	a=b	l	a=b
	□(a/b) i, l =eli		□(b/a) i, l =eli

(*유의할 점)

i) □(a/b)에서 □에 사용된 모든 b가 a로 대체될 필요는 없고
□(b/a)에서 □에 사용된 모든 a가 b로 대체될 필요는 없다.

'='가 포함된 PL의 문장들과 논증들에 대한 형식증명을 위해서는 =int와 =eli의 두 추론규칙의 도입이 요청된다. =int와 =eli는 우리의 건전하고 타당한 논리적 직관을 추론규칙으로 도식화한 것이다. 우선 =int는 동어반복의 동일성명제는 논리적 진실이라는 것에 입각한 추론규칙이다.

d) 길동이는 길동이다.

d)는 논리적 진실이다. 따라서 d)의 PL에서의 번역인 a=a는 전제 없이 그 자체로 정당화된 것이라 할 수 있다.

7.D) (=int)

1)

a=a

⇒

a=a	=int

7.D)의 1)을 논증으로 간주할 경우 타당한 논증이라 할 수 있다. 어

떠한 전제를 추가할지라도 7.D)의 1)은 타당할 것이기 때문이다.

=int는 7.D)의 1)의 이러한 성격을 추론규칙으로 도식화한 것이다. 간단한 예를 통해 =int의 용법을 살펴보겠다.

e) (∃y)b=y→(∀x)Px

Pa

e)의 형식증명은 e')이다.

e')			
1	(∃y)b=y→(∀x)Px	Ass
2	b=b	=int
3	(∃y)b=y	2 EG
4	(∀x)Px	1, 3 MP
5	Pa	4 UI

e')에서 1의 전건인 '(∃y)b=y'를 도출하기 위해 2에서 =int를 사용하여 'b=b'를 도출했다. =int는 증명의 어느 곳에서나 사용될 수 있고 어떤 개체상수도 선택될 수 있으므로 2에서는 =int가 적절히 사용되었다.

=eli는 두 개체가 동일하면 두 개체는 모든 속성을 공유해야 한다는 라이프니츠의 법칙을 추론규칙으로 도식화한 것이다.

f) 길동이는 미남이다.
길동이와 개똥이는 동일인이다.

개똥이는 미남이다.

f)는 타당한 논증이다. 만약 길동이와 개똥이가 동일한 하나의 개체이고 길동이가 미남이라면 동일 개체인 개똥이도 반드시 미남일 것이기 때문이다. f)의 PL에서의 번역은 f')이다.

f') Ma

a=b

Mb

f')는 타당한 논증인 f)의 PL에서의 번역이므로 f')은 타당한 논증이다. f')이 타당한 것은 f')의 논증형식 때문이고 이 논증형식은 7.E)로 정리될 수 있다.

7.E) (=eli)

□		i	□	
a=b		l	a=b	
———	⇒			
□(b/a)			□(b/a)	i, l =eli

간단한 예를 통해 =eli의 용법을 살펴보겠다.

g) (∀x)(Px→Lxb)

b=c

Pb

(∃x)Lxx

g')은 g)에 대한 PD=에서의 증명이다.

g')		
1	(∀x)(Px→Lxb)	Ass
2	b=c	Ass
3	Pb	Ass
4	Pc→Lcb	1 UI
5	Pc	2, 3 =eli
6	Lcb	4, 5 MP
7	Lcc	2, 6 =eli
8	(∃x)Lxx	7 EG

g')의 5는 3의 'Pb'에서의 b를 =eli를 사용해 c로 대체한 것이고 7은 6의 'Lcb'에서 =eli를 사용해 b를 c로 대체해서 도출한 것이다.

7장과 관계된 문제들

1) 아래에서 PD의 법칙이 올바르게 사용되었는지를 밝히고 잘못 사용되었다면 왜 잘못되었는지를 설명하라.

①

i	Laa&Pa	
	(∀x)(Lxa&Px)	i UG

②

i	(∃x)(Lab&Px)	
l	Lac	
m	Lab&Pd	
n	Pd	
	Pd	i, m~n EI

2) 아래의 문장들이 논리적 진실임을 PD에서 증명하라.

① ~(∀x)(~Lx∨~Kx)→((∃z)Lz∨(∃y)Ky)

② ~((∃x)Lx→(∃y)Ky)∨(∃z)(Lz→Kz)

3) 아래의 두 쌍의 문장들이 동치임을 PD에서 증명하라.

① (∃y)((Ly&My)→Ny), ~(∀x)~(Lx→(~Nx→~Mx))

② ~(∃w)(∀y)(Lwy&Kwy), (∀x)((∀z)Lxz→(∃y)~Kxy)

4) 아래의 집합들이 일관성이 없음을 PD에서 증명하라.

① {(∀x)(Px∨~Lxa), ~(∃y)~Lya, ~(∃z)Pz&Lca}

② {(∀w)(∃y)(Lw→Ky), (∀y)~(∀x)(~Lx∨Ky), (∀y)~(∀x)~(Lx&~Ky)}

5) 아래의 논증들이 타당함을 PD에서 증명하라.

① ~(∃y)(Ly&~Ky)

(∃x)~(∀y)((~Gx∨~Lx)∨~(Qy&Myx))

(∀z)~Kz→(∀x)(∀z)(Mxz→Kx)

(∃z)(Kz&Qz)

② (∀w)(~Lww∨~(~Qw∨~Rw))

~(∀x)Rx

(∃w)~Lww

③ (∃w)~(∃z)((Qz→w=z)→(w=z&~Qz))

(Qc&Qd)&(∀w)(Qw→Rw)

---

c=d

6) 1부의 12.J)의 추론규칙들과 12.K)의 대체법칙들을 PD의 법칙들에 추가하여 위의 1)에서 5)까지의 문제들을 증명하라.

8장 술어논리는 어떠한 한계를 가지는가?

8) 술어논리는 어떠한 한계를 가지는가?

1장에서 언급했듯이 술어논리는 명제논리에 대비되는 명백한 장점을 지니고 있는 논리체계이다. 명제논리의 한계들이 술어논리에서는 극복될 수 있기 때문이다. 우선 '길동이는 길동이다'와 같은 동어반복의 동일성명제가 '=' 기호를 도입하여 PL에서 표현될 수 있고, 동일성의 명제는 논리적 진실이라는 것이 PL에서 쉽게 설명될 수 있다. 또한 개체들 사이의 관계를 나타내는 명제들이나 집합들 사이의 관계를 나타내는 정언명제들이 PL로 표현되어 적절하게 다루어질 수 있다. 명제논리의 한계를 극복하는 이러한 장점 이외에도 술어논리는 양화기호들을 사용하여 수와 양이 표현될 수 있다는 특징을 가지고 있다. 주지된 사실로서 술어논리의 이러한 특징과 장점은 초기의 논리실증주의자들로 하여금 '='를 포함한 술어논리를 과학을 기술하는 이상적인 과학언어의 기본으로 삼게 하였다. 현재에도 술어논리는 명제논리와 함께 기초논리, 고전논리, 표준논리 등으로 불리며 대학 등에서 학생들에게 집중적으로 교육되고 있다.

그러나 명제논리와 술어논리가 누리고 있는 이러한 학문적 위상에도 불구하고 많은 논리학자들과 언어철학자들에 의해 이들 기초논리들의 한계나 문제점들이 지적되어 왔다. 이들의 지적은 대체로 두 가지로 구별될 수 있다. 첫째는 명제논리와 술어논리로 대표되는 기초논리는 일상에서 접하게 되는 다양한 논증들을 적절하게 다룰 수 있을 만큼 충분하지 못하다는 것이고, 둘째는 기초논리는 우리의 건전한 논리적 직관을 수용하지 못하며 따라서 부정확하다는 지적이다.

기초논리에 대한 이러한 두 가지 지적을 타당성 개념과 관련하여 살펴보겠다. 타당성의 정의에 따르면, 한 논증은 전제들이 모두 참이고 결론이 거짓일 가능성이 없으면 타당한 논증이고, 그럴 가능성이 있으면 타당하지 않은 논증이다. 따라서 논리학의 기본 개념들 중의 하나인 타당성은 '가능성'이라는 양상 개념에 의존하여 정의되고 있는 셈이다. 타당성의 정의에서 볼 수 있듯이, 학문적인 담화에서는 물론 일상적인 담화에서도 양상 개념이 포함된 표현은 흔히 사용되고 있고 중요한 역할을 하고 있다. '2+3=5라는 명제는 필연명제이다'나 '최진실이 유명한 영화배우라는 것은 우연적인 사실이다'와 같은 표현들에서 볼 수 있듯이 '필연적이다', '우연적이다', '가능하다'와 같은 양상적 표현들은 일상적인 담화에서도 흔히 사용되고 있는 표현들이다. 그러나 기초논리인 명제논리와 술어논리에서는 이러한 양상적 표현들을 나타낼 만한 논리적 장치가 결여되어 있다. 따라서 기초논리는 양상 개념들이 포함된 명제들로 구성된 논증들을 적절히 다룰 수 있을 만큼 충분하지 못하다고 할 수 있다.

양상 개념이 포함된 명제들로 구성된 논증을 다룰 수 있을 만큼 기초논리가 충분하지 못하다는 것이 기초논리에 대한 첫 번째 지적과 관련된 대표적인 예들 중의 하나라고 한다면, 타당성 개념이 논리적으로 좋은 논증에 대한 우리의 건전한 직관을 수용하지 못한다는 비판은 기초

논리에 대한 두 번째 지적과 관련된 예라 할 수 있다. 타당성의 정의에 따르면, 전제들이 참이고 결론이 거짓일 수 없는 모든 논증은 타당한 논증이다. 따라서 전제들의 집합이 일관성이 없는 집합일 경우 그 논증은 결론에 관계없이 무조건 타당한 논증이다. 한 예로 a)는 타당한 논증이다.

a) ① 길동이는 영희를 사랑하고 사랑하지 않는다.

ⓒ 지구는 둥글다.

타당성의 정의에 따르면 a)는 타당한 논증이다. ①이 논리적 거짓이므로 전제가 참일 가능성이 없기 때문이다. 그러나 a)와 같은 논증이 타당하다는 타당성의 정의에 따른 결론은 논리적으로 좋은 논증에 대한 우리의 건전한 상식적 직관에 상충된다고 볼 수도 있다. a)와 같은 논증에 있어 전제와 결론은 내용적으로 전혀 관련이 없는 것처럼 보이기 때문이다.

타당성의 정의가 논리적으로 좋은 논증이기 위한 기준이 될 수 있는가의 문제는 현재까지도 철학적, 논리학적 논란의 대상이 되고 있다. 그러나 타당성의 정의에 대해 비판적인 철학자나 논리학자의 입장에 따르면 기초논리인 명제논리와 술어논리는 타당성의 정의를 핵심적인 원칙의 하나로 받아들이고 있으므로, 기초논리학은 논리적으로 좋은 논증에 대한 우리의 건전한 직관을 수용하지 못하고 있고, 따라서 부정확한 논리체계라 할 수 있다.

기초논리에 대해 첫 번째 종류의 지적을 하고 있는 철학자들은 기초논리의 기본 체계를 유지하면서 기초논리를 확장하여 기초논리의 한계를 극복하려고 시도하고 있다. 반면에 기초논리에 대해 두 번째 종류의 지적을 하고 있는 철학자나 논리학자들은 기초논리의 체계 중 잘못된 일부를 수정•변경하여 기초논리의 한계나 문제점을 해결하려고 시도하였다. 기초논리는 일정한 한계와 문제점을 안고 있다고 파악한 철학자와 논리학자들의 이러한 시도에 의해서 양상논리, 인식논리, 규범논리, 시제논리, 다치논리, 자유논리, 적합논리 등 다양한 논리체계들이 형성되었다. 그러나 기초논리의 한계나 문제점의 극복을 위해 생겨난 이러한 논리체계들은 모두 기초논리의 기본 체계로부터 확장하여 성립된 확장논리(Extended Logic)이거나 기초논리의 일부를 변경하여 구성된 파생논리(Deviant Logic)라 할 수 있다. 이처럼 대부분의 다양한 형식논리체계들이 기초논리를 기본으로 확장된 것이거나 기초논리로부터 파생된 것이므로, 이러한 논리체계들에 대한 이해를 위해서는 기초논리인 명제논리와 술어논리에 대한 학습이 우선적으로 또한 필수적으로 요구된다고 할 수 있다.

해답(1부)

2장 해답

3) ① 타당하지 않다. 전제가 참일지라도 결론이 거짓일 가능성이 있기 때문이다. 커다란 유성이 지구와 충돌하여 지구의 자전 방향이 지금까지와 반대로 되는 경우를 상상하라.

4) 논증 j)의 결론을 어떤 명제로 바꾸어도 그 논증은 타당하다. 전제들의 집합이 일관성이 없으므로 전제들이 모두 참일 가능성이 없기 때문에 결론이 무엇이든 논증 j)는 타당하다.

3장 해답

3) i) 전기가 나갔으면 오븐이 데워지지 않는다.

오븐이 데워지지 않으면 과자를 만들 수 없다.

전기가 나갔다.

과자를 만들 수 없다.

ii) 타당한 논증이지만 실제로 좋은 논증은 아니다. 전기 이외에 다른 에너지원을 사용할 수 있으므로 두 번째 전제가 실제로 참이 아니다.

4장 해답

1) ④ 타당하다. 전제들 중의 하나가 논리적 거짓이면 전제들의 집합은 일관성이 없고 따라서 전제들이 모두 참이고 결론이 거짓일 가능성이 없다.

3) ① 타당할 수도 타당하지 않을 수도 있다. 타당하지 않은 대표적인 경우는 □와 △가 논리적 진실일 경우이고 타당한 대표적인 경우는

□와 △가 논리적 거짓일 경우이다.

5장 해답

1) ① 문장이다. 주 연결사는 '∨'이다.

③ 문장이 아니다. 중간의 '~'나 '&'의 조합은 SL의 문장이기 위한 규칙에 위배된다.

6장 해답

1) ③ ~A∨(~B∨~C)

여기서 A는 '철수는 A를 받을 것이다'를, B는 '영희는 A를 받을 것이다'를, C는 '길동이는 A를 받을 것이다'를 나타낸다.

3) 진실이는 미녀이거나 추녀이다. '진실이는 미녀이다'를 A로 '진실이는 추녀이다'를 B로 대체하면 위 문장의 SL에서의 번역은 (A∨B)&~(A&B)이다.

7장 해답

2)

A B D K	~~(A∨~(B&~~D))→(D∨~~(B↔K))
F T T	F F F F T T
T T F F	T T T T F F F F F F

T일 수도 F일 수도 있으므로 우연명제이다.

3)

A B C	((A&B)→C)&((A&~B)∨(~A&B))
T T T	T T F F F F
T T F	T F F F F F
T F T	F T T T T F
T F F	F T T T T F
F T T	F T T F T T
F T F	F T T F T T

F F T	F T F F F F
F F F	F T F F F F

따라서 우연명제이다.

8장 해답

1) '⊨□'는 공집합도 □를 진리함수적으로 함축한다는 뜻이다. 따라서 '⊨□'가 성립하면 □는 논리적 진실이다.

2) 7장의 g)의 질료적 조건문은 ((A→((B→C)→D))&((~D∨~E)&((~E&D)↔C)))→(A→C)이다.

A B C D E	((A→((B→C)→D))&((~D∨~E)&(~(E&D)↔C)))→(A→C)
F	T F T
T T F F	T F T T T T T F T F T F

이 질료적 조건문이 F인 줄은 성립하지 않는다. 따라서 이 질료적 조건문은 논리적 진실이고 7장의 g)의 논증은 타당하다.

9장 해답

1) ②

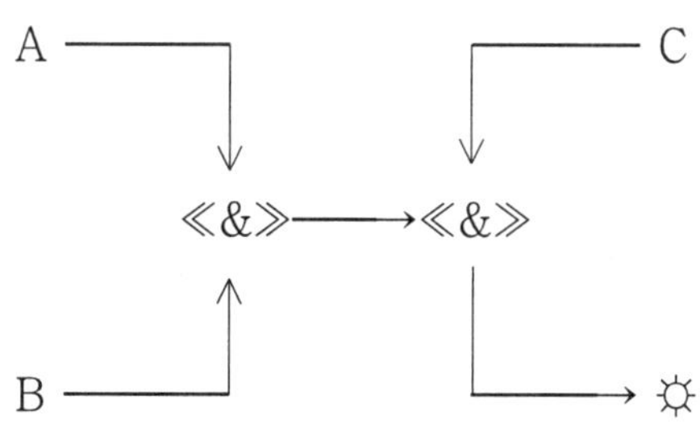

2) ② 170

10장 해답

3) 그렇지 않다. □로부터 구성한 진리나무의 모든 가지가 열렸다는

사실로부터 우리가 알 수 있는 것은 □가 논리적 거짓이 아니라는 것이다. 따라서 □는 우연명제일 수도 있다. 한 예로 (A&B)∨(A∨C)는 우연명제이지만 진리나무를 작성했을 경우 모든 가지가 열렸다.

4) 아니다. 닫힌 나무이다. □의 진리나무와 △의 진리나무가 닫힌나무라는 것은 □와 △가 모두 논리적 거짓이라는 것을 의미한다. 따라서 ~□은 논리적 진실이고 ~□→△는 논리적 거짓이다.

11장 해답

1) 그렇다. □가 참이면 △→□도 참일 수밖에 없기 때문이다. 즉, □가 참이고 △→□가 거짓일 가능성은 없다.

12장 해답

3) ~A∨A가 논리적 진실이면 ~(~A∨A)는 논리적 거짓이다. 따라서 ~(~A∨A)가 논리적 거짓임을 보이기 위해서는 ~A∨A가 논리적 진실임을 증명해야 한다.

```
1  |  | ~(~A∨A)          Ass
   |  |----------
2  |  |  | A             Ass
   |  |  |--------
3  |  |  | ~A∨A          2 Add
4  |  |  |   ~(~A∨A)     1 Reit
5  |  | ~A               2~4 RA
6  |  | ~A∨A             5 Add
7  |  | ~(~A∨A)          1 Reit
8  | ~A∨A                1~7 RA
```

4) ~(A∨~B)와 ~(B→A)가 동치임을 보이기 위해서는 ~(A∨~B)↔~(B→A)가 논리적 진실임을 증명해야 한다.

1	$\sim(B\rightarrow A)$	Ass
2	$A\vee\sim B$	Ass
3	B	Ass
4	A	2,3 DS
5	$B\rightarrow A$	3~4 CP
6	$\sim(B\rightarrow A)$	1 Reit
7	$\sim(A\vee\sim B)$	2~6 RA
8	$\sim(B\rightarrow A)\rightarrow\sim(A\vee\sim B)$	1~7 CP
9	$\sim(A\vee\sim B)$	Ass
10	$B\rightarrow A$	Ass
11	B	Ass
12	A	10, 11 MP
13	$A\vee\sim B$	12 Add
14	$\sim(A\vee\sim B)$	9 Reit
15	$\sim B$	11~14 RA
16	$A\vee\sim B$	15 ADD
17	$\sim(A\vee\sim B)$	9 Reit
18	$\sim(B\rightarrow A)$	10~17 RA
19	$\sim(A\vee\sim B)\rightarrow\sim(B\rightarrow A)$	9~18 CP
20	$\sim(A\vee\sim B)\leftrightarrow\sim(B\rightarrow A)$	8, 19 BI

해답(2부)

2장 해답

2) 우선 첫 번째 식은 PL의 문장인 반면 두 번째 식은 'Lya'에서의 y가 자유변수이므로 PL의 문장이 아니다. 따라서 첫 번째 식은 '어떤 사람(적어도 한 사람)은 길동이를 사랑한다'는 정확한 의미를 나타내는 반면, 두 번째 식은 적어도 한 사람이 존재한다는 것을 나타낼 뿐 그 사람과 길동이 사이의 관계에 대해서는 어떠한 진술도 하지 못하고 있는 셈이다.

3) ⑨ 이 식의 주 논리작용자는 제일 뒤에 나오는 '→'이다. 따라서 이 식은 조건식이고 모든 변수들이 속박되었으므로 PL의 문장이다.

3장 해답

1) ② '길동이'를 a로, '영희'를 b로, '사랑한다'를 L로 나타내면 ②의 PL에서의 번역은 Lab&(∀x)(Lax→x=b)이다.

⑫ '철학자이다'를 P로, '논리학자이다'를 L로, '현상학자이다'를 K로 나타내면 ⑫의 PL에서의 번역은 다음과 같다.

~(∀x)(Px→Lx)&((∀y)(Ly→Py)&(∃z)(Lz&Kz))

4장 해답

3) ② I

D={x: x는 자연수이다}

F~: ~는 홀수이다.

G~: ~는 짝수이다.

L~…: ~는 …보다 크다.

I에서 이 문장은 참이다. 따라서 이 문장은 논리적 거짓이 아니다. D를 a와 b 두 대상으로 구성된 것으로 설정하면 위 문장의 진리함수적 확장은 ((Fa&~Ga)&(((Ga&Laa)→~Fa)&((Gb&Lba)→~Fb)))∨((Fb&~Gb)&(((Ga&Lab)→~Fa)&((Gb&Lbb)→~Fb)))이다. Fa가 T이고 Ga와 Gb가 F이면 앞의 선언이 T이므로 3)의 ②는 T이다. 따라서 3)의 ②는 논리적 거짓이 아니다.

7) ① I

D={x: x는 포유동물이다}

P~: ~는 사람이다.

R~: ~는 포유동물이다.

I에서 (∀x)(Px→Rx)와 (∀x)Rx는 T이지만 (∀x)Px는 F이다. 따라서 7)의 ①은 타당하지 않다. D를 a와 b 두 대상으로 구성된 것으로 설정하면 위 논증의 진리함수적 확장은 다음과 같다.

(Pa→Ra)&(Pb→Rb)

Ra&Rb

Pa&Pb

Pa가 F이고 Ra와 Rb가 T이면 전제들은 참이고 결론은 거짓이다. 따라서 7)의 ①은 타당하지 않다.

5장 해답

1) ③ 논리적 진실의 여부

$\sim((\forall w)(Fw \to Lw) \to (\exists y)(Fy \& Ly))$ √

$(\forall w)(Fw \to Lw)$ √

$\sim(\exists y)(Fy \& Ly)$ √

$(\forall y)\sim(Fy \& Ly)$ √

$Fa \to La$ √

$\sim(Fa \& La)$ √

/ \

~Fa La

/ \ / \

~Fa ~La ~Fa ~La

○ ○ ○ ×

열린나무이므로 논리적 진실이 아니다.

논리적 거짓의 여부

$(\forall w)(Fw \to Lw) \to (\exists y)(Fy \& Ly)$ √

/ \

$\sim(\forall w)(Fw \to Lw)$ √	$(\exists y)(Fy \& Ly)$ √
$(\exists w)\sim(Fw \to Lw)$ √	$Fa \& La$ √
$\sim(Fa \to La)$ √	Fa
Fa	La
~La	○
○	

열린나무이므로 논리적 거짓이 아니다. 따라서 1)의 ③은 우연명제이다.

4) ①

$(\forall y)(Gy \to Py)$

$(\forall z)(Pz \to Mz)$

$\sim(\forall x)(\sim Gx \lor Mx)$ √

$(\exists x)\sim(\sim Gx \lor Mx)$ √

$\sim(\sim Ga \lor Ma)$ √

Ga

$\sim Ma$

$Ga \to Pa$ √

$Pa \to Ma$ √

```
        /       \
     ~Ga         Pa
      ×        /    \
            ~Pa      Ma
             ×        ×
```

닫힌 나무이므로 4) ①은 타당한 논증이다.

6장 해답

1) '$(\forall x)Px$'는 D 속의 '모든 대상은 P이다'라는 의미의 식이다. 또한 하나의 개체상수는 D 속의 한 대상을 지시하는 기능을 하고 있다. 따라서 모든 대상이 P이면 D 속의 어떤 대상도 P이어야 한다. 이러한 이유로 UI 사용 시 변수에 어떤 개체상수가 대체되어도 무방하다.

5) 4단계의 Pb에서 1과 2에 a와 b가 사용되고 있으므로 b는 사용될 수 없다. 8단계의 EI는 정당화될 수 없다. $(\exists x)Pxx\&Pb$에서 사용된 개체상수 b는 가정 4에서 사용된 개체상수이기 때문이다. 10단계의 UG는 정당화될 수 없다. 개체상수 a는 1단계와 2단계의 전제들에서 이미 사용되고 있기 때문이다.

2) ①

1	~(∀x)(~Lx∨~Kx)	Ass
2	(∃x)~(~Lx∨~Kx)	1 QN-∀
3	~(~La∨~Ka)	Ass
4	~((∃z)Lz∨(∃y)Ky)	Ass
5	La	Ass
6	(∃z)Lz	5 EG
7	(∃z)Lz∨(∃y)Ky	6 Add
8	~((∃z)Lz∨(∃y)Ky)	4 Reit
9	~La	4~8 RA
10	~La∨~Ka	9 Add
11	~(~La∨~Ka)	3 Reit
12	(∃z)Lz∨(∃y)Ky	4~11 RA
13	(∃z)Lz∨(∃y)Ky	2, 3~12 EI
14	~(∀x)(~Lx∨~Kx)→((∃z)Lz∨(∃y)Ky)	9~18 CP

5) ②	1	$(\forall w)(\sim Lww \vee \sim(\sim Qw \vee \sim Rw))$	Ass
	2	$\sim(\forall x)Rx$	Ass
	3	$(\exists x)\sim Rx$	2 QN-∀
	4	$\sim Ra$	Ass
	5	$\sim Qa \vee \sim Ra$	4 Add
	6	$\sim Laa \vee \sim(\sim Qa \vee \sim Ra)$	1 UI
	7	$\sim Laa$	5, 6 DS
	8	$(\exists w)\sim Lww$	7 EG
	9	$(\exists w)\sim Lww$	3, 4~8 EI

참고문헌

명제논리와 술어논리

Baker, S. *The Elements of Logic.* New York: McGraw-Hill, 1965.

Bergmann, M. & J. Moor & J. Nelson. *The Logic Book.* New York: Random House, 1980.

Bonevac, D. *Deduction.* Palo Alto, Calif.: Mayfield, 1987.

Clark, R. and P. Welsh. *Introduction to Logic.* New York: D. Van Nostrand, 1962.

Copi, I. *Introduction to Logic.* 4th ed. New York, Macmillan, 1972.

Fraassen, B. Van, and K. Lambert. *Derivation and Counterexample.* Encino, Calif.: Dickenson, 1972.

Jeffrey, R. *Formal Logic: Its Scope and Limits.* New York: McGraw-Hill, 1967

Leblanc, H. and W. Wisdom. *Deductive Logic.* 2nd rev. ed. Boston: Allyn, & Bacon, 1972.

Mates, B. *Elementary Logic.* 2nd ed. New York: Oxford University Press, 1972.

Thompson, R. H. *Symbolic Logic.* Toronto: Macmillan, 1970.

Quine, W. V. O. *Methods of Logic.* 3rd ed. New York: Holt, Rinehart and Winston, 1972.

논리와 비판적 사고

Moore, W. E. *Creative and Critical Thinking.* Boston: Houghton Mifflin, 1967.

Salmon, M. H. *Introduction to Logic and Critical Thinking.* New York: Harcourt Brace Jovanovich, 1984.

귀납논리

Rescher, N. *Induction: An Essay on the Justification of Inductive Reasoning.* Pittsburgh: Univ. of Pittsburgh Press, 1980.

Salmon, W. C. *Logic.* 3rd ed. New Jersey: Prentice-Hall, 1984.

Skyrms, B. *Choice and Chance.* 2nd ed. Encino, Calif.: Dickenson, 1975.

확장논리와 파생논리

Anderson, A. and N. Belnap. *Entailment: The Logic of Relevance and Necessity.* Princeton: Princeton Univ. Press, 1975.

Lewis, D. *Counterfactuals.* Cambridge: Cambridge Univ. Press, 1973.

Stalnaker, R. *Inquiry.* Cambridge: Bradford Book, 1985.

Von Wright, G. H. *An Essay on Modal Logic.* Amsterdam: North-Holland, 1951.

수리논리와 수리철학

Benacerraf, P. and H. Putnam. *Philosophy of Mathematics.* New Jersey: Prentice-Hall, 1964.

Beth, E. W. *The Foundation of Mathematics.* Amsterdam: North-Holland, 1964.

Kllene, S. C. *Introduction to Mathematics.* Princeton: D. Van Nostrand, 1952.

Mendelson, E. *Introduction to Mathematical Logic.* Princeton: D. Van Nostrand, 1964.

Quine, W. V. O. *Mathematical Logic.* Cambridge: Harvard Univ. Press, 1951.

논리학사

Bochenski, I. *A History of Formal Logic.* Notre Dame: Notre Dame Univ. Press, 1961.

Kneale, W. and M. Kneale. *The Development of Logic.* Oxford: Oxford Univ. Press, 1962.

지은이

손병홍

일리노이 주립대학교(University of Lilinois at Chicago)에서 양상논리의 의미론에 대한 연구로 철학박사 학위를 취득했다.

주된 저서로는 「기초논리학」, 「논리학」, 「과학적 지식과 인간다운 삶」「가능 세계의 철학」 등이 있고,

주된 역서로는 「죽는 철학자의 3일간 대화」, 「위대한 철학자들」 등이 있으며,

주된 논문은 "Philosophical Issues in Modal Logic", "헤세이티스틱 양상현실론", "통세계적 동일성 문제에 대한 고찰" 등이 있다.

한국논리학회 회장 등을 역임 했으며, 현재 한림대학교 인문대학 철학과 교수로 재직 중이다.

논리학 -명제논리와 술어논리-

첫판 1쇄 2008년 5월 16일

첫판 2쇄 2012년 8월 16일

지은이 손병홍

펴낸이 장석홍

펴낸곳 도서출판 장서원

140-160 서울 용산구 남영동 7-1(201호)

전화 703-5362 팩스 797-5362

등록 제 03-01213호

shjang1011@ hanmail.net

정가 20,000원